李載裕《イ・ジェユ》とその時代

1930年代ソウルの革命的労働運動

金炅一《キム・ギョンイル》 著

井上學
元吉宏 共訳

同時代社

Yi Chae-yu yŏn'gu
: 1930-yŏndae Sŏul ŭi hyŏngmyŏngjŏk nodong undong

Originally published by Ch'angjak kwa Pip'yŏngsa, 1993

Printed in Japan

逮捕当時の李載裕（農夫に変装している）

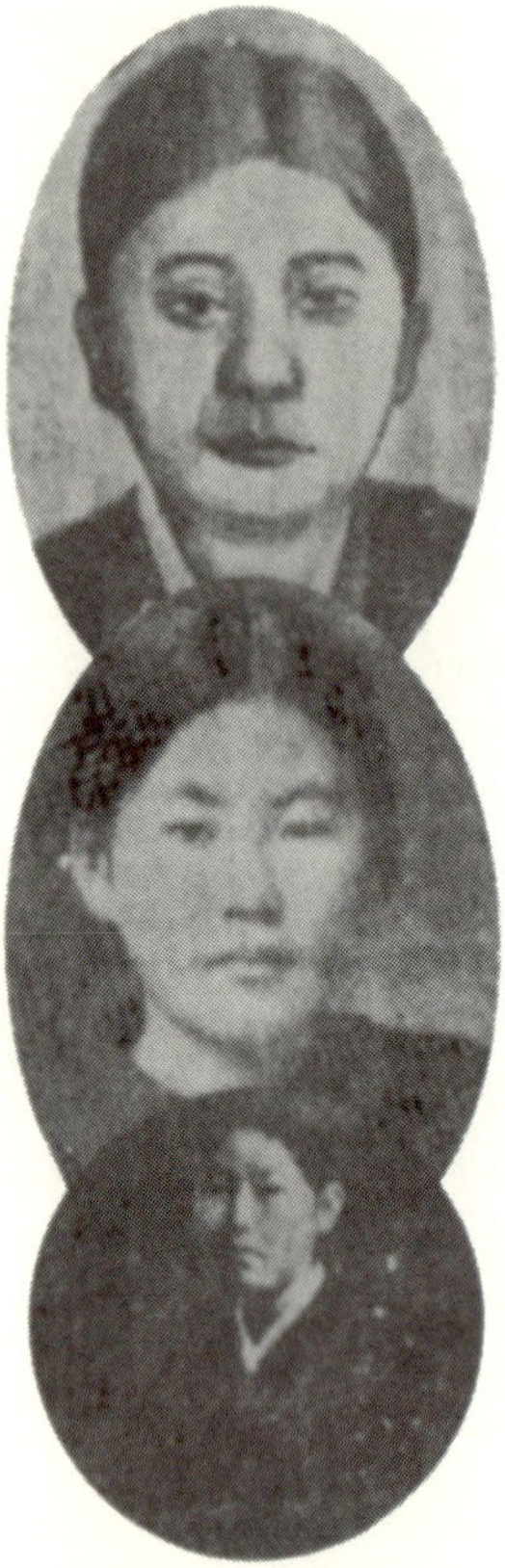

上から李順今、朴鎮洪、兪順熙

1930 年代前半期活動当時の李載裕

李観述

鄭泰植

権栄台

三宅鹿之助

1936年12月25日逮捕された李載裕（前列左から3番目）と彼を逮捕するため農夫、行商人、労働者、学生などに変装した京畿道警察部高等課警察官

京城日報 號外

執拗兇悪の朝鮮共産黨遂に壞滅す

追撃開始以來四年有餘
元兇李載裕遂に就縛
一切の國際ルートと絶縁
赤の獨裁者を夢みて暗躍

百姓姿に變裝し
雪林に現れた怪漢
刑事隊包圍して逮捕

李載裕の生立ち

奇縁の日
十二月二十五日

李載裕の逮捕を大書特筆した「京城日報」1937年4月30日号外

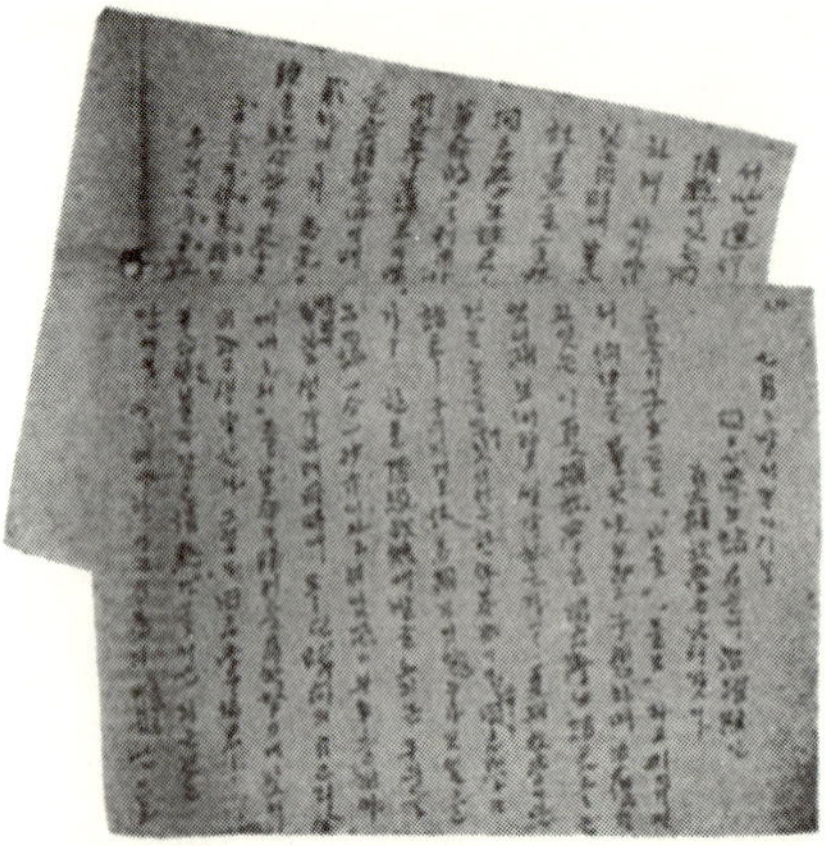

李載裕が作成した学生運動に関するパンフレット

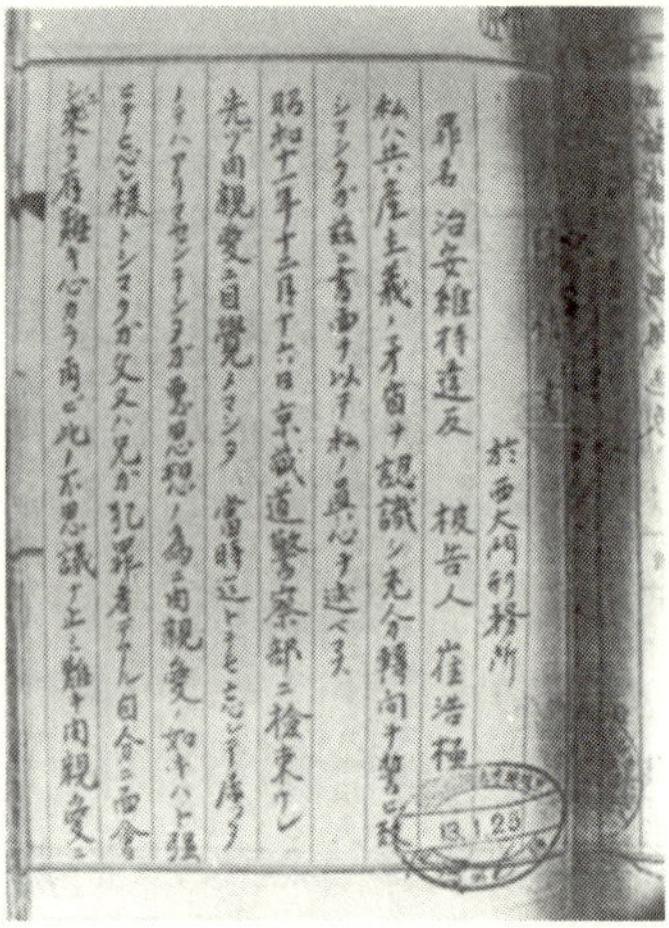

第３期の運動者崔洪極が予審過程で提出した陳情書

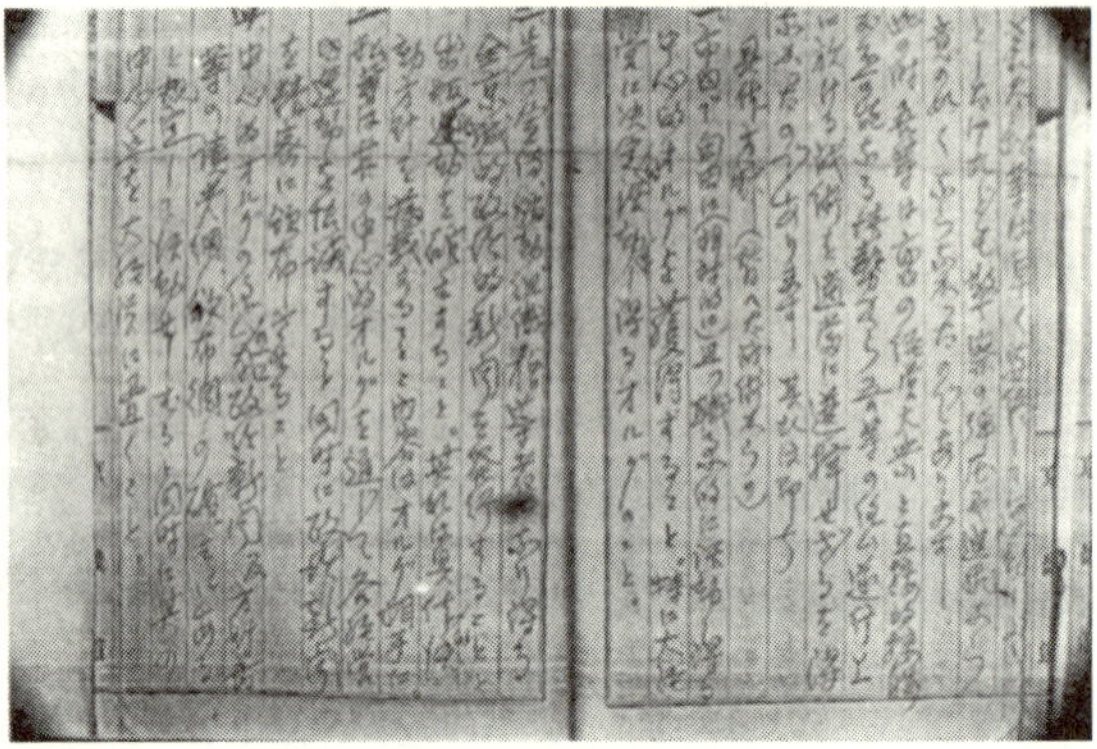

李載裕が警察調査過程で直接作成した自身の運動方針書

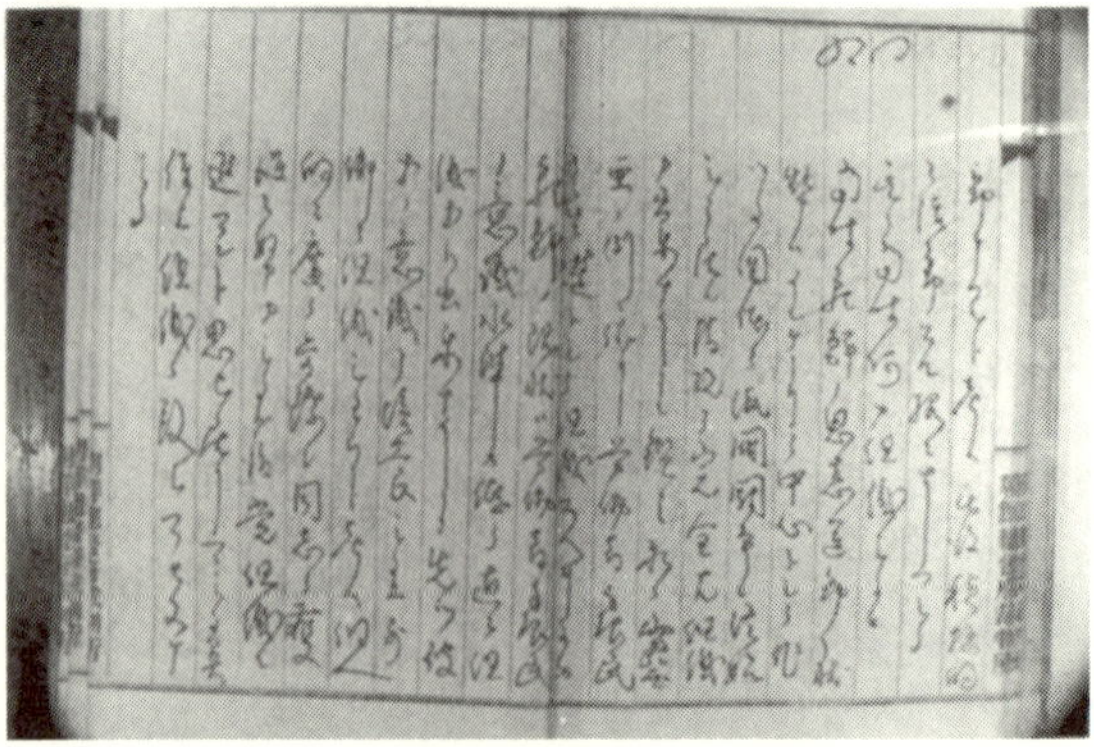

李載裕訊問調書の一部

1935 年 1 月下旬から 1936 年 12 月 25 日逮捕されるまで李載裕が李観述と住んだ楊州郡廬海面孔徳里 92 番地 2 の全景

オンドルを敷いた家の個室

李載裕が最後に逮捕された倉洞駅付近の現場

孔徳里新酒幕洞の夜学講習所室内

まえがき

日帝下〔朝鮮〕労働運動の展開過程を見れば、一九二〇年代「文化」政治期における全国的範囲の活発な労働組合組織化を経て、一九三〇年代以後には非合法方式による革命的労働組合を組織することが主流をなしたことがわかる。一九八七年以来二〇年代の労働運動を研究しつつ、三〇年代の労働組合運動に関心をもち始めた。後者の理解なくしては前者の認識は不可能だと考えたからである。多くの資料を発掘しつつ、この時期の非合法運動として筆者が特に関心をもったのは、一九三〇年代前半期咸興、興南一帯を中心として四次にわたり持続したいわゆる太平洋労働組合（太労）系列の運動、一九三〇年代中半期ソウルを中心とした李載裕《イ・ジェユ》グループの運動、一九三〇年代後半期元山地域を中心として展開された「民族解放統一戦線結成」のための革命的労働組合運動であった。

この過程で筆者の関心をとらえたのは李載裕であった。彼の「英雄的活動は地下革命運動史上最高の記録としてわが民族の記憶に残った」とか、「当代最高の革命家」、「三十年代左翼運動の神話」という評価にもよるが、他の共産主義者とは異なる運動方式が注目されたためである。抑圧的軍事独裁政権が支配した一九七〇年代と八〇年代前半においてさえ、一九三〇年代の非合法運動の歴史がありのままに明らかにされていないままに、この時期の運動についての漠然とした推定から、それを神話化する一定の雰囲気が進歩的知識人と学生の間にあった。筆者もそうした話をききながら大学時代を送り、大学院へ進んだ。この時期の運動の歴史を知りたいという好奇心と欲求は、具体的な資料を少し見るや直ちに失望に変わった。散発的に孤立して展開された運動、観念的で教条的な運動者の性向、一部の地域と時期を除いて全般的には微々たる大衆的基盤しかなかったことなどを考慮すれば、運動の実態はせいぜいその程度なのか、運動者の自己満足だったのか、労働運動と民族解放運動は窮極的に何のための運動であったのかと、反問せざるをえなかった。

しかし、李載裕が残した若干の文を見て、筆者はそうした判断をしばらく留保することにした。彼が私に言葉をかけてきたためにである。李載裕を理解したいという強烈な欲求から筆者は彼に関する文章を書き始めたのだが、関連事件についての粗略な判決文をもってしては限界があり、また学位論文に追われていたので、やむをえずその作業を中断するほかなかった。この間筆者は、学位論文を通じて二〇年代の労働運動を次第に整理しつつ、李載裕に関する資料を捜し出すことに努めた。紆余曲折のすえ、五千頁を超える膨大な分量の筆写本である、李載裕事件の調書を閲覧できたことが大きな助けとなった。日本文の調書で、担当警察官が書いた流し字の書体を判読するには強い忍耐と時間が要求されたが、それに注いだ努力や苦痛よりは、もともと紛失していた一部を見ることができなかったほうがはるかに残念であった。この調書は、判決文等に比べはるかに多くの情報を含んでいるが、植民地警察の苛酷な拷問下で作成されたものであり、歪曲と偏向をもった資料である。そのような限界にもかかわらず、筆者はこれまで公開されなかった新しい資料を深層的、批判的に検討して、その時代の現実に接近しようとした。レンガと土で家をこしらえるように、検証した資料によって具体的な歴史的事実を一つ一つ積み重ね、それを基礎に梗概を構成しようとしたのである。

一九三六年一二月二五日京畿道警察部に逮捕されて以後、李載裕は警察の訊問で一四回の公式的訊問調書を残し、その他に検事訊問調書四回、予審判事訊問調書三回、公判における三次の調書が残っている。本書では、警察調書は単に調書と表記し、その他はその系統を明示した。その中で筆者が見ることができなかったのは、第八回から第十一回にかけて四次の警察調書である。分量的には警察調書全体七百余頁中の二五〇余頁、約三五％にあたる。内容的には、第二期の「再建グループの時期」で、特に出版物の刊行の部分が主な内容と推定される。そのため本書においては、この部分の叙述が十分でない点を念頭においていただきたい。本書の巻末に、資料的価値が大きいと考えられる二つの資料を収録した。〔日訳版では割愛した〕一つは一九三六年一〇月に京城準備グループ機関誌として発刊された『赤旗』第一号であり、もう一つは解放後、当時の運動家が李載裕を回想し彼を讃えつつ、彼の運動を整理、評価した記録である。前者は日本文から筆者が翻訳したもので、後者は綴字法などの表記を現在の方式に直したため原文と多少異なる。また後者の文章は、事実について誇張と不正確さが一部含まれている。しかしながら全般的にみれば、日帝警察によって作成された「被疑者の記録」や捜査記録では、李載裕の運動は実際に比べて過少評価されているのであり、根本的な限界があることを指摘しておきたい。

筆者は本書によって、李載裕の生と思想がこの時期の労働運動と民族解放運動に占めている意味を浮き彫りにしようとした。一九三〇年代ソウルを中心にした李載裕の運動は、コミンテルン等の国際主義路線によって派遣された者たちの運動と不可避的に対立的関係をもって発展した。本書で筆者は、国際主義路線に追従する運動者たちの英雄主義的で権威主義的運動方式とは対照的に、国内に運動の基盤をおく李載裕に代表される運動を強調しようとした。同時に、李載裕が逮捕され獄死した後、このような国内主義の主体的伝統が否定される過程を提示することによって、日帝末期のいわゆる京城コムグループと解放後の運動を認識する端緒を提供しようとした。李載裕の運動は、抑えつけられ飢えている民衆の生に対する暖かい愛情の表現である。日帝によって歪曲され、歴史家に無視され、現在も変わらずに疑問視されている労働大衆の活力と力量に対する信頼を、彼は決して失わなかった。運動の過程では理論と実践の適切な結合を強調しつつ、特に実践的運動において、彼は卓越した能力と天賦の指導力を示した。なによりも彼は、この時期の社会主義者たちの一部が民族問題を軽視、あるいは無視したのとは対照的に、民族問題を運動の中心において思考し、行動した稀に見る運動者であった。つまり、彼は革命的であると同時に民族的であり、また民族的であると同時に民衆的であった。

このような李載裕の運動は、この時期の非合法運動の精髄であり、花であった。韓国現代史の展開過程で、社会主義と共産主義は労働者・農民などの労働大衆に対する献身と大義を標榜しつつ、下層大衆に持続的に影響を及ぼした理念であった。歴史が単純な過去の事実ではなく、現代的な意味と関心から書かれるものであることを認定するにしても、現在の要求と必要から過去を組み合わせようと歪曲してはならず、歴史家はいつも、その時代の実際の現実に接近するために努力しなければならないということを強調したい。このような点から、典型的な共産主義者としての李載裕の生は、この時期の支配的な理念と運動を代弁するものだといってもよいのである。白南雲《ペク・ナムン》、金元鳳《キム・ウォンボン》、洪命憙《ホン・ミョンフィ》など左派や、中道左派の人物が最近とりあげられつつあるが、それとともに、本書が右派の社会運動家や社会思想家中心の主流的な歴史叙述を克服して、現代史において進歩と変革を担った人物の歴史についての大きな空白を埋める一助になれば、筆者の喜びである。

一九九三年五月

金炅一

李載裕年譜

1905年（1歳）　8月28日咸鏡南道三水郡別東面船所里で生まれる
1907年（3歳）　母死亡
1922年（18歳）　上京〔京城へ〕
1924年（20歳）　4月私立普成高普2学年に編入学．6月同校中退、父死亡
1925年（21歳）　4月開城松都高普4学年編入．9月同校内に社会科学研究会組織
1926年（22歳）　11月5日同校退学処分．12月渡日
1927年（23歳）　日本大学専門部入学．新人会の労働学校登録．11月高麗共産青年会日本部候補会員
1928年（24歳）　4月朝共日本総局委員．5月高麗共青日本総局宣伝部責任．6月京畿道の日本居住労働要視察人に編入．8月第4次朝共事件で逮捕、ソウルへ押送
1930年（26歳）　11月京城地法で治安維持法違反懲役3年6か月宣告
1931年（27歳）　夏服役中採石場使役で金三龍と会う
1932年（28歳）　7月京城刑務所移管．12月22日京城刑務所から満期出獄、蓮建洞の李仁行の室に寄宿
1933年（29歳）　2月金三龍と再会．李仁行、李粉善と読書会．3月安炳春と会う．春ソウル地域の党再建のための5大スローガン樹立．4月李景仙が学生運動の女子中等学校を担当．5月東崇洞に転居．6月李鉉相と会う．金炯善と会談（～7月初）．7月新設洞砂村の貧民村に移住．朝共再建京城トロイカ結成（李載裕、安炳春、卞洪大、李鉉相、崔小福）．鄭泰植と会う．龍山地域化学部門の下位トロイカ結成（卞洪大、李鍾熙、申徳均）．8月永登浦地域金属部門下位トロイカ結成（安炳春、安三遠、李丙驥）．9月東大門地域纖維部門の下位トロイカ結成（李鉉相、李順今、権五相など）．鐘淵紡績罷業を契機に京城コムグループに共同闘争委員会提案．10月『工場内活動方針』作成．『大工場で活動する必要』編集・刊行．『学校内日常闘争』作成．11月安承楽との会談で間島共産党被告救援運動提案．崔小福とともに『学生運動の活動綱領書』作成．李鉉相により東大門外製糸工場の代表者会議召集．12月三宅教授と会う．『群衆接触時の注意』、『会合時の注意』、『日常生活の注意』、『逮捕・拷問にどのように対処するか？』作成．

25日李鉉相逮捕

1934年（30歳）　１月李順今、安炳春とともに西大門警察署に逮捕．３月西大門警察署脱走失敗．４月西大門警察署から脱出し、三宅の大学官舎（東崇洞）に隠身．５月17日鄭泰植逮捕．21日三宅の逮捕により官舎から脱出．６月道路工事人夫で生活（～８月）．８月朴鎮洪と新堂洞で同居．９月『自己批判文』完成．10月兪順熙・孔成檜逮捕（龍山署事件）．李観述・朴英出と会う．11月『学校内の活動基準』、『工場内の活動基準』作成．12月朝共再建京城再建グループ結成．『歳末カンパニア闘争方針書』刊行

1935年（31歳）　１月李仁行・朴鎮洪・朴英出逮捕．新堂洞のアジト脱出．５月楊洲郡蘆海面孔徳里に定着（～36.12.25）

1936年（32歳）　３月徐球源と会う．６月京城コムグループに左翼戦線の統一のため京城地方協議会を提案．朝共再建京城準備グループ結成．７月『８・１カンパニアの具体的実行方法』作成．８月崔浩極と会う．10月『赤旗』第１号発行．11月『赤旗』第２号．12月『赤旗』第３号．12月25日楊洲郡蘆海面倉洞で逮捕

1937年（33歳）　4月23日検察送致．5月1日予審回付．５月朴鎮洪１年6か月服役後出獄．6月23日安炳春2年服役後出獄．7月19日李観述と連絡中李順今逮捕．21日朴鎮洪逮捕．９月6日朴鎮洪起訴中止で釈放．

1938年（34歳）　２月初旬予審終結．6月24日第1回公判．７月5日第2回公判．12日第3回公判．

1942年（38歳）　８月（あるいは９月）刑期満了

1944年（40歳）　10月26日清洲保護教導所で獄死

改訂版まえがき

この本を出してからすでに一〇年を越す歳月が流れた。本が発刊された以後この本に対する反響をチラホラ聞くようになった。李載裕の運動と関連した人々、この本に登場する運動者たちの子孫や知り合いがときおり手紙や電話などを通し、当事者らに関連した資料を求めたり詳しい話を聞きたがった。彼等は自身の父や親戚が「左翼」に関連したという理由で解放と分断の長い年月の間、あらゆる苦難に会いながらも息をひそめて生きて来た人々が大部分だった。

たとえ彼等の要求のすべてには応えられなかったにしてもこの場を借りて、筆者はこの時期の社会主義者の大部分が帝国の時代である二〇世紀に日本帝国主義の略奪と戦争、苛酷な植民支配と民族抹殺政策に対抗して、自身の全てを献身的に捧げたという事実をもう一度強調したい。国家で表象される共同体が存立の危機に処した時、彼等は他の誰よりも自身の若さと生命を投げ出してその呼びかけに答えようとした。思想と理念の問題で民族解放に対する彼等の情熱と献身が歴史的記憶から忘却されてしまい、彼等の子孫らがそれによる精神的苦痛と物質的欠乏を甘受するということは非人間的で不公平な処置であろう。

二〇〇四年六月頃には日本の井上學氏から手紙を受けとった。井上氏は『朝鮮研究』に掲載された三宅教授などの対談文[1]と一緒に自身が書いた「三宅鹿之助と朝鮮」という論文を送ってくれた。その後にも李載裕を日本に紹介する文を斡旋してくれ、この本が日本語で紹介されるように配慮してくれた。この場を借りて感謝申し上げる。ところが彼は私が全く考えもしなかった問題を尋ねてきた。来年（すなわち二〇〇五年）が李載裕誕生一〇〇周年であるが韓国で特別な記念行事がないかということだった。李載裕が共産主義者として北朝鮮で生まれたうえに彼の子孫がいないため推進するほどの主体もないし、社会運動圏や市民団体にも彼の名前がよく知られていないために特別な動きがないと思っていると答えはしたが、筆者としては多少の当惑を感じたというのが率直な心境だった。

井上氏の問いは二つの点で筆者を呼び覚ましてくれた。一つは反共イデオロギーと国家保安法の桎梏が、一個人の歴史的記憶にまで相変らず作用しているという厳然たる現実だった。また他の一つは誕生を賛えるという事実を通し、今や歴史の表舞台から消えてしまったと見なされてきた一個人を歴史的記憶からまた呼び出すという新たな感じだった。後者の感じはまた他の契機を通してもきた。二〇〇五年一〇月二九日、筆者は李載裕追慕事業準備委員会が主管する「李載裕先生六〇周忌追悼式」に招待を受けた。本来彼は一九四四年一〇月二六日清州刑務所で獄死したが、彼を賛える社会団体と社会運動者たちが週末である一〇月二九日を利用して、追悼式を開催したのだった。

智異山の麓に位置する全羅北道南原の民主労働党中央研修院で開催された六〇周忌追悼式は、提案書に書かれているように「国の独立と解放された社会のため、炎のように」生きたが、解放以後分断六〇年の歴史で「忘却の淵の中に」消えてしまった「民族の記憶喪失を治癒」するためのものだった。彫刻家チョ・ウォルヒ氏が別箇に個人的に作業してきて、行事の便りを伝え聞いて追悼事業会に寄贈した李載裕の胸像を初めて見たのも新鮮だったが、筆者は追悼式を主管し参加した人々が、社会運動の実践と歴史的伝承の脈絡から李載裕を理解し解釈しようとする態度に深い印象を受けた。それは確かに客観と科学の名のもとで、資料と事実だけから李載裕を見た筆者の接近とは違ったものだった。歴史と実践に対する彼等の感覚と情熱は、過ぎ去った歴史のある時期に固められ色あせて行った李載裕の運動に再び息を吹き込むものと見られた。

統一以後を見通しながら我が国社会運動の歴史的伝統をたてなければならないという立場で李載裕を理解すべきだという話ももっともなように聞こえたし、今日韓国の若者達がチェ・ゲバラをよく知っていて憧れているのに、なぜ彼よりも人間的であり劇的であり、革命的な生活を送った李載裕に対しては知らずにいるのかという嘆きにも耳がそそられた。申采浩が「浪客の新年漫筆」（一九二五）という文で「釈迦が入ってくれば朝鮮の釈迦にならず釈迦の朝鮮になり、孔子が入ってくれば朝鮮の孔子にならず孔子の朝鮮になり、どんな主義が入ってきても朝鮮の主義にならずに主義の朝鮮になる」と述べて、一部の知識人の思想的無主体性を痛烈に批判した事実がふっと思い浮かんだ。

金日成の回顧録に李載裕に対する言及が出てくるという話も初めて聞いた。確認してみるべきだと考え、ソウルに戻ってすぐ探してみた。回顧録形式の『世紀とともに』第六巻の普天堡事件に対する叙述で金日成は、戦時体制に移行しながら朝鮮民族に対する抑圧と同化政策を強化させた日帝に対し、「朝鮮民族は生きている。朝鮮民族は自分の言葉と文字を絶対に捨てはしない。朝鮮民族は『内鮮一体』や『同祖同根』を認めず皇民化を拒否する。朝鮮民族は日本が滅びるまで武器を手放さず抗戦を続ける」という事を強調した後に続いて、李載裕に対し次の通り言及していた。

一九三七年五月初め、わたしはいま一つの思いがけない国内ニュースに接した。朝鮮共産主義運動の大物李載裕が逮捕されたという『毎日申報』特別号〔号外〕の詳報を目にしたのである。それは四ページ刷りの大特集であった。それには、警察に六回も逮捕され、六回とも脱出した李載裕が七回目に逮捕された経緯と、彼の経歴がオーバーといえるほどくわしく載っていた。新聞は李載裕を「朝鮮共産運動壊滅の最後の陣」、共産主義運動「二十年の歴史最後の大物」などとし、彼の逮捕によって朝鮮共産主義運動は終わりを告げるにいたったと喧伝していた。〔中略〕李載裕が名だたる共産主義者であることは事実である。彼は三水の出身だった。日本へ渡って苦学をした彼は労働運動に参加し、帰国後はソウルを活動舞台として共産主義運動をおこなったが、主に太平洋労組を担当して咸興一帯まで行き来し、各地方の労組、農組運動を指導した。聞くところによれば、度胸があり、臨機応変の機知と変装術にも長け、逮捕されるたびに脱出に成功したという。新聞は、もうこれ以上脱出は不可能であるから、朝鮮共産主義運動は最後の幕を下ろしたようなものだと断言した（『世紀とともに』第6巻、朝鮮労働党出版社、一九九五、一五六～五七頁。）〔訳文は、『金日成回顧録　世紀とともに』6、金日成回顧録翻訳出版委員会訳　雄山閣出版　一九九五、一一八～九頁〕

本文で見るように李載裕は一九三六年一二月二五日警察に逮捕されたが、李載裕に対する警察と検事の公式捜査が終結するまで日帝は報道を統制して一般に知らせなかった。そして四か月後である一九三七年四月三〇日李載裕事件に対する記事が公式解禁され、朝鮮日報（東亜日報は当時停刊状態にあった）と京城日報、毎日申報などは号外と特集を発行し、これより若干遅れた同年五月初め金日成は満州でこの便りに接した。それから一月後である一九三七年六月四日、金日成の抗日遊撃隊が咸北甲山郡恵山鎮にある普天堡を攻撃した、いわゆる普天堡事件が起きたのだ。

李載裕が逮捕された回数や太平洋労働組合運動に関与した事など右の回顧には若干の不正確さはあるが、李載裕の逮捕の便りを伝え聞いた直後に金日成が普天堡戦闘を断行したという事実は注目に値する。自身の説明のとおり、日帝による民族抹殺の抑圧が強化されて行ったこの時期に、李載裕の逮捕で終息するように見られた国内運動の脈を繋ぐことにより、民族構成員の間で広がって行った失望と挫折感、そして知識人らの虚無感を克服して民族解放運動に活力を呼び込むための意図があったのだ。フランスの社会史学者フェルナン・ブローデル（Fernand Braudel）の表現を借りれば、金日成の回顧を通し筆者は、一九三七年六月の時点に国境を越えて小さい村を一時的でも占領しようと思ったこの事件の意味を単純な事件史（event history）ではなく歴史的局面（conjuncture）の見解から理解できるようになった。

ひいてはこれを通じて、国内社会主義運動と満州での抗日武装闘争運動は民族解放という共同の大義に収斂されえたという事実を筆者は強調したい。国内共産主義運動に対する北朝鮮学界の公式評価は、分派的で派閥的であったという一九五八年反分派闘争の規定から依然として自由でないのが事実だが、分派や競争でない共同の大義と闘争の歴史を共有することにより韓国・北朝鮮の歴史は互いに収斂されるはずだ。

さらに李載裕の運動は、韓国と日本を含む東アジアにおける連帯と平和のための共同の歴史のモデルを示すものだった。帝国主義とファシズムに対抗する共同の大義のため、京城帝国大学の教授だった三宅鹿之助は拘束と解職という個人的犠牲を甘受しながら、自身の家に四〇余日間李載裕を快く隠してくれた。咸境南道興南地方で労働者として仕事をしながら革命的労働運動に献身した磯谷季次のように、少なからぬ日本人が植民地朝鮮の革命運動に自発的に参加した。日本に渡っていった植民地の青年達は反帝と反戦のため日本の社会運動に進んで献身したし、多くの日本人が植民地民族解放運動の趣旨に共感して支援と助けを惜しまなかった。

二〇世紀前半期の民間の次元でのこのような交流と連帯は、今日二国の市民団体が植民支配を巡っての過去の問題や挺身隊問題、歴史わい曲のような争点で得られた一定の成果につながっている。このような伝統の延長線で、解放と分断後六〇年を越す分断と冷戦の歴史を克服し、新しい時代・東アジアの平和と人間らしい社会の建設を展望することができるだろう。このような点で、この本は李載裕の誕生一〇〇周年と逝去六〇周忌に捧げる筆者の献詞であると同時に彼の歴史的復権のための要求である。

二〇〇五年一二月

金昞一

（1）参考文献にある古屋貞雄外「暗黒下の日朝人民の連帯—昭和初期日本人先覚者の体験を聞く（座談会）」『朝鮮研究』、日本朝鮮研究所、一九六六年八月号がそれである。

李載裕とその時代――一九三〇年代ソウルの革命的労働運動◆目次

凡例

一、人名、地名は漢字表記した。一部原音のカタカナ表記がある。
一、人名の読みは各部の初出にルビを振った。
一、原書にある「索引」（主に人名索引）は省略した。
一、原書には「李載裕調書」がふんだんに活用されているが、その引用部分は原書の記述を翻訳した。
一、「調書」以外の日本官憲資料および日本語新聞からの引用部分は、原資料の該当箇所の表現をもって訳文にあてた。
一、訳注、訳者による補記は、〔　〕で示した。
一、原著には収録されている二つの資料、『赤旗』第1号（一九三六年一〇月二〇日）、金剛山人「朝鮮民族解放の英雄的闘士李載裕脱出記」（『新天地』一九四六年四・五月号）は、紙数の関係で省略した。

訳　者

第一部

出生と成長、運動の開始

一、出生と成長、民族意識の形成

李載裕《イ・ジェユ》は一九〇五年八月二八日咸鏡南道三水郡別東面船所里（現在の地名は、朝鮮民主主義人民共和国両江道三水郡蕃浦里）で生まれた。父李珏範《イ・ガクポム》は別東面事務所の雇員や三水郡庁の書記など転々と一五年ほど勤めたが、一九二四年李載裕が二〇歳の時死亡した。母李氏は彼が三歳の時病で死亡したが、父は李載裕と一〇歳しか歳がちがわない朴順徳《パク・スンドク》という若い妻を迎え入れた。家族にはほかに、祖父李啓南《イ・ギョンナム》と祖母李氏、叔父と李載録《イ・ジェロク》という一〇歳下の異母弟がいた。李載裕がいつ結婚したのかは確かではないが、本籍地に金氏という妻がいたことが確認されている。彼女は李載裕が一九三三年後半期以来警察に追われている時ソウルにきて李載裕に会おうとしたが、李載裕が住居をあちこち移していたので会うことができなかった。のちに彼女は本籍地で再婚した。(1) 李載裕の家族はもともとは火田民で村では中ぐらいの生活であり、父の生前には村でも相当の暮らしをしていた。山林、田畑など合わせて三百円ほどの資産があったという。(2) 父が継母を迎えてから、李載裕は主に祖母に育てられたため家庭愛もなく家族に対する愛着心もなかった。しかし家庭に対して特別不平不満があったわけではなく、家庭的に不幸だと思ったこともなかった。(3)

幼児の時から一二歳まで、李載裕は祖父のもとで漢文を習い、父が郡庁書記に在職していたので父と叔父から「一般教養」と日本語を習った。一時三水の公立普通学校五学年に補欠入学したこともあったが、「あまりにも科目が低級で習うこともなく」(4) 四か月ほどで退学してしまった。郷里では植民地の子供たちがたいがいそうするように、彼も農事を手伝いながら時間をつくって「独学で内地語（日本語）と算術を学んだ」ので、日本語の本を読む程度のことはできたが会話は普通学校入学前にはできなかった。

一九一九年三・一運動が起こって、朝鮮独立思想が青年たちの胸をときめかせ開化文明の波は津々浦々にいきわたった。有名な三水甲山の谷間をわたって伝わってくる隣接する満州や遠くソウルからの消息は、田舎の少年の胸をときめかした。そして、彼は「お使いに行く金を旅費にしてソウルへ行った」のである。一九二二年頃のことであった。[5] 一九二四年四月私立普成高等普通学校二学年の編入試験を受け合格したが、六月授業料未納、父親の死亡という事情が重なり退学してしまった。翌年一九二五年に開城の私立松都高等普通学校四学年の編入試験を受け合格した。松都高普では、主に李聖燮《イ・ソンソプ》、金賢鎮《キム・ヒョンジン》、朴泌根《パク・ピルグン》など咸南洪原郡出身の学生達とつきあった。一九二五年九月李載裕を中心に七名ほどの学生が、マルクス・レーニン主義を研究する社会科学研究会をつくった。同じ頃ソウルで朝鮮学生科学研究会が創立されていた。研究会を結成した彼等は、ソウルから講師を招き唯物史観の講義を聴こうとしたが警察に知られ禁止されてしまった。このような社会科学研究熱の台頭は、一九二〇年代中半期に反封建運動の一環として青年層に広まっていた「反宗教闘争」を背景にしていた。彼等は一週間に四時間ある聖経〔聖書〕の授業を廃止し、授業時間以外の自由選択とすることを要求して同盟休校を決行した。学校当局は「左翼学生」が首謀者だとにらみ彼等を退学させようとしたが、正当な要求であったため退学処分を下すことはできなかった。ところが同級生の河奎抗《ハ・ギュハン》が開城府百雲台で父親河永録《ハ・ヨンノク》の還暦祝いに松都高普の教師と学友多数を招いた一九二六年一〇月一七日、口の悪い数人の学生が「基督教学校の教師が酒を飲んだ」といって一部教師を罵倒する事件が起こった。これが校長の耳に入り、学生達が「酒を飲んで暴言を吐いた」として李載裕ら七名に一一月五日退学処分を下した。[6] 社会科学研究、「反宗教闘争」に没頭した松都時代はこうして終わってしまった。

ソウルに来た李載裕は一年ほど図書館に通って、高等普通学校に入る準備をしながら時間ができると哲学書やマルクス経済学、共産主義に関する文献を読んだ。この時期に河上肇訳『唯物史観』などを見たが確実に理解することはできなかったと後日陳述している。開城時代にも図書館で「左翼書籍を読み学校の授業は聴かなかった」というが、学校の成績は抜きん出ており級友の信望を一身に受けていたという。陳腐で型にはまった植民地教育が、意欲的で創造的な彼の知的欲求を充足できなかったことは当然なことであった。既に見たように松都高普での盟休も、基督教関連科目を廃止し社会科学科目を教えてくれるよう要求したのが発端であった。

同時に、李載裕が民族意識に目覚めたのもこの時期であった。ソウルに来てから、中学校はもちろん専門学校に入学する時も「民族差別があり、朝鮮人の入学難が絶叫」されている社会状況において、良い成績で試験に合格しても学校側が家庭事情や財産などを調査して入学させない場合がたびたびあったという事実を聞いて、彼の民族意識は次第に芽生えたのである。ただ彼がいうところによれば、このような民族差別的待遇に対する不平不満から「朝鮮が独立すればそうしたことがなくなるだろう程度の考えはあったが、朝鮮が独立しなければならないとまでの具体的考えはなかった」。彼の民族主義思想はまだ「主義として固まった思想とはいえな」かったのである。(7)

二、日本での生活、京城刑務所、共産主義者としての成長

松都高普で退学処分を受けた直後の一九二六年一二月、李載裕は苦学する目的で東京へ渡った。日本大学専門

部社会科に在籍し苦学したが[8]、学費のために退学、労働に従事した。東京市本所区寺島の国民新聞出張所配達夫として働きながら、金漢卿《キム・ハンギョン》、金桂林《キム・ゲリム》、印貞植《イン・ジョンシク》、尹道淳《ユン・ドスン》らと交流した。特に金漢卿はソウルでの学生時代に学生団体の幹部として互いに知っている仲だった。「ソウルでは単純な学生であったが、東京に来てからは労働運動を行って」いた彼は、在日本朝鮮労働総同盟の幹部として働いており李載裕を指導した。李載裕はこうして金漢卿から「共産主義の指導教養」を受けつつ、次第に共産主義運動に共鳴していった。一九二七年春から東京大学で新人会主催の社会科学を研究する夜学労働学校が設立されるや、ここに登録して二、三か月学んだ。労働学校では新人会員あるいは著名な社会主義者である佐野学、福本和夫などが教師として教えた。彼等は合法労働団体にもきて講演したので、〔李載裕とは〕個人的な交際はなかったが、彼等の講義を聴くことはそれほど難しいことではなかった。

　このように共産主義思想に傾きつつ、李載裕は労働運動に興味をもって全国無産者評議会〔日本労働組合評議会〕、東京合同労働組合をはじめ左翼団体に加入した。当初は東京に朝鮮人労働団体があることを知らず、あとで在日本朝鮮労働総同盟があると聞いて直ちに加入し、組織宣伝部員として活動した。そして東京朝鮮労働組合北部支会中央委員、在東京朝鮮青年総同盟委員、新幹会東京支会委員として、朝鮮人労働団体と思想団体の合法団体で活躍した。

　合法団体でのこうした活動とともに、一九二七年後半期以来李載裕は非合法運動に参加した。一九二七年一一月頃高麗共産青年会日本部の候補となり、翌一九二八年四月中旬には金漢卿を責任秘書とする朝鮮共産党日本総局に加入し、委員となった。直後に高麗共産青年会日本総局に加入、責任秘書は印貞植であり李載裕は宣伝部責任となった。この時期に、彼は全日本無産青年同盟解散命令に対する抗議文を内務大臣に発送し、これを各地の運動者に配布すべく印刷したのだが警察に検挙されてしまった[9]。二か月後の同年六月はやくも要視察人に編入された。一九二八年八月に検挙され朝鮮へ押送されるまで三年間の東京生活で、警視庁をはじめ神田、錦町、その他の警察署におよそ七〇余回検束されたほどの活躍ぶりであった。この時期の実践的な運動経験が以後の活動の重要な基盤となったといえる。第四次朝鮮共産党関係者として検挙され、朝鮮へ護送されて予審に回された李載裕は、一九三〇年一一月五日京城地方法院において、治安維持法違反罪で懲役三年六か月、未決通算五百日を宣告され[10]、西大門刑務所に収監されたが、一九三二年七月七日京城刑務所に移管された。

私が真正の共産主義者になったのは此の判決が言渡されてからです。前科者の前途は暗黒なものです。其れよりも共産主義者としての一生を終り、革命家としての美名を後世に残そうと決心しました。其の頃の刑務所には未だ自由があった。マルクスの『資本論』の訳本の差入方を願出たところ此を許された。私は『資本論』を精読し此をマスターした。刑務所こそは私にとっては共産主義大学でありました[11]。

ところで、日本で朝鮮共産党および高麗共産青年会に加入した事実について、李載裕は検事の訊問調書でこれを全面的に否定している[12]。

刑務所に収監されたが、事実無根のことなので必ず免訴になると信じて、初めは弁護士試験を受けるために法律を勉強していた。予審まで三二か月ほどあったが、その間予審判事からはただ一回五分ほどの訊問があっただけで、当然免訴になると考えていたのに公判に回付され処刑されるや、積もった憤りがこみあげ、服役後思想方面の研究を志し、刑務所内で『唯物史観』『資本論』などを研究した結果、現在の社会と対照して共産主義が現社会に適合すると確信し、出獄後必ず運動をする決心に達した[13]。

自分の「犯罪事実」を軽くするための陳述かもしれないが、ともあれ朝鮮共産党に加入したことをはじめ、東京での活動自体はまだ完全な思想運動として展開されたのではないということを示唆している。「職業上の関係で労働連盟に加入したので別に運動はしなかった」[14]という陳述も同一の脈絡で理解できる。はっきりしていることとは、李載裕が確実な共産主義者になったのは監獄での生活と経験が直接の契機になったという事実である。監獄で差入れされた書籍を通して思想の研究を重ね、「出獄前から、出所後の方針を準備しようと決めた」[15]と陳述していることからもそれがわかる。

彼の思想の原初には、子供の頃の故郷でのある体験があった。彼がまだ郷里にいる時、三水郡書記で先に高等普通学校を卒業した朴基春《パク・キチュン》という人が社会運動をした嫌疑を受け警察に銃殺された、と語っている。[16]李載裕の家から四里ほど離れたところに捨てられていた彼の死体は、だれであれその死体に手をつける者は同類とみなすという警察の方針によって、うち捨てられたままであった。李載裕たちはそれを見に行ったようである。日帝に対する自分の反抗心はこの時から芽生え始めたという。[17]ソウルと開城で苦学した頃民族的差別待遇を経験して成長した民族意識と共産主義思想は、日本での生活を通して一層強い信念に固まり、以後の労働運動そして監獄での研究によって真正な共産主義者となる過程を辿ったのである。

三、過去の運動批判と運動方針の模索

コミンテルンのいわゆる一二月テーゼ〔朝鮮問題についての決議。一九二八年一二月〕以前までの一九二〇年代〔朝鮮〕共産主義運動に対する李載裕の評価は、コミンテルン一二月テーゼにおける評価や、あるいは解放以後北朝鮮の公式的評価と大きく異なってはいない。李載裕が三宅鹿之助と作成した情勢討論書によれば、李載裕は「党が小ブルジョアインテリゲンチャによって構成されていること、労働者との結合が欠如していることが、今日に

至るまでの朝鮮共産主義運動の永続的危機の重要な一因」だとする一二月テーゼの一節を引用しつつ、こうした少数のインテリゲンチャによる共産主義運動は労働者大衆の運動になっていないと評価している。従ってその運動は強力な組織的運動にならず、「敵の弾圧、攻撃に対して脆弱であるだけでなく、内部的にも分裂、対立、危機―派閥の不可避性を内包するほかなかった」[18]。特に彼が非難したのは、朝鮮共産主義運動に幽霊のようについてくるいわゆる派閥の問題であった。彼は「朝鮮の共産主義運動はマルクス・レーニン主義、共産主義的理論についてなんの理解ももたない、浮動性、無原則的、無規律的な封建時代の伝統である派閥性によって深く浸潤されているインテリゲンチャの運動」[19]だと主張した。いわゆる火曜派、ソウル派、上海派などは無論のこと、彼の属していたML派もこうした批判から免れなかった。李載裕によれば、ML派の成立はこうした無原則的、無規律的派閥闘争を外観上克服する運動の一歩前進をもたらしたと評価することもできるが、しかしプロレタリア的基礎をもたない小ブルジョアジーによる手工業的な統一であり、決して「下からの統一」ではなく、上層指導部の首領たちによる頭だけの機械的な統一であり、党外部の派閥闘争を党内部に移行させたに過ぎなかったのである。従って、派閥闘争の激化は党＝ML派を分裂、解体させるほかなかったのである[20]。

それでは、一二月テーゼ以後の運動はどのように評価されているのであろうか。李載裕は一九二九年から一九三三年までの運動を、大きく二つの時期に区分して言及している。初めの時期は、一二月テーゼに見るようにコミンテルンの冷酷なほどの厳格な批判と指導から出発した。そこに画期的な元山総罷業をはじめ労働者の大衆的進出があり、運動戦線において「インテリゲンチャの政治的浮浪者……派閥分子を総掃蕩」する朝鮮共産主義運動の飛躍的分水嶺をなした。朝鮮の共産主義者は一九二九年以後このような国際的指令と運動の大衆的高揚、そして自らの革命的要求に立脚して運動に進出したが、この運動における致命的障碍は派閥的残滓がここでも蠢動したということであった。李載裕はその事例として、ソ上合同派（ソウル派と上海派の合同）、火曜派、M

L系の、三グループによる再建運動をあげ、批判的に検討した。例えば李東輝《イ・ドンフィ》、金綴洙《キム・チョルス》などのソウル上海派主流と、李雲赫《イ・ウンヒョク》、宋道浩《ソン・ドホ》らのソウル旧派出身者が連合して結成した「朝鮮共産党再建設準備委員会」に対しては、派閥の首脳たちによって組織された手工業的、浮動的組織だと批判した。また金丹冶《キム・ダニャ》、権五稷《クォン・オジク》、蔡奎恒《チェ・ギュハン》などによる火曜派の「朝鮮共産党組織準備委員会」は「具体的指令を機械的に適用した（モスクワ共産大学）留学生団の浮動的組織」であり、梁明《ヤン・ミョン》、韓海《ハン・ヘ》、高光洙《コ・グヮンス》などが中心となったML派の再建運動は正統派を自称する小ブルジョア的インテリ集団であって、両者とも派閥を完全に清算していないと批判した。(21) このような点で、一九二九年から一九三〇年の間に集中的に展開されたこれらの運動が、特に目立った成果をあげず、すべて失敗に終わったことは当然であったといえる。これ以後「日本でプロレタリア運動が発展し、中国革命が急速に進展したことを背景として、朝鮮では労働大衆が革命化し、大衆的な勢いに押されて派閥部隊は工場内活動等々を主張」し、工場内に入って労働大衆を獲得しそれを革命的に指導するという動きが現れた。これが二番目の時期である。この時期に派閥の残滓は工場内労働大衆の圧力によって相対的に弱化されてきたがまだそれを完全に克服できなかった、と李載裕は評価した。李載裕はその事例として、呉蒜世《オ・サンセ》、金一洙《キム・イルス》、尹滋瑛《ユン・ジャヨン》、韓琠鍾《ハン・ジョンジョン》（韓汝玉《ハン・ヨオク》）らが中国共産党朝鮮国内工作委員会の指導下に展開した党再建運動や咸南一帯を中心に四次にわたり持続的に展開した太平洋労働組合運動、上海で金丹冶の指導下朝鮮に特派された金炯善《キム・ヒョンソン》と金命時《キム・ミョンシ》らに主導されたいわゆる「単一再建委員会」事件、および高景欽《コ・ギョンフム》、李宗林《イ・ジョンニム》、姜進《カン・ジン》などML系共産主義者たちが主導した共産主義者協議会事件(22)、などをあげた。一九三一年から一九三二年に展開されたこれらの「非革命的、反動的派閥部隊」の運動は、客観的には日帝の弾圧とスパイ策動を一層たやすくしただけではなく、プロレタリアの間でボルシェビキ的統一の要求を挫折させ、運動の分裂と対立を引き起こしその戦闘力を減殺させたのである。

第二期の運動に対する李載裕の評価を知るもう一つの資料がある。後に権栄台《クォン・ヨンテ》の後継組織であるいわゆる京城コムグループにおいて、李載裕と対立した組織を指導した安承楽《アン・スンナク》との「理論闘争」がそれである。当時ソウルのボルシェビキ組織を統一しようとしていた李載裕は、いろいろな運動者から安承楽の話を伝え聞いて一九三三年一一月李順今《イ・スングム》の紹介で彼と会った。安承楽は咸南の太平洋労働組合系列と朝鮮の派閥運動に関する李載裕の考えを聞いた。これに対して李載裕は、共産主義者協議会事件、太労系の金鎬盤《キム・ホバン》一派の事件、工作委員会事件、鄭泰玉《チョン・テオク》（鄭台玉《チョン・テオク》）事件、金炯善一派の事件などを具体的にあげて各々批判した。

例えば、共産主義者協議会事件の運動者たちは、上海のドイツ人デュランと協議会幹部との間にある程度の連絡があったといって、自分たちが国際党と連絡して正統党を組織する義務があると主張し、これを条件として過去の派閥的傾向を清算し中央部を統一したと宣伝した。また、工作委員会事件の運動者たちは、中国共産党満州省委員会指導下での連絡があった関係から、自分たちが党再建の任務をもっているように宣伝し、太労系では、太平洋労働組合書記局からの連絡をもつ自派が朝鮮の赤色労働組合および朝鮮共産党再建の任務をもっていると主張した。(23) さらに金炯善らは、金丹冶を中心として国際的連絡をもっていることを看板に、自分たちが党再建の任務をもっているかのように装い、鄭泰玉（鄭台玉）グループは、コミンテルンの共産青年同盟との連絡関係を背景に、自分たちが共青および党再建の任務をもっていると主張した。(24)

朝鮮共産党再建運動の領導権を争うこれら運動勢力に表れている派閥的性格を、李載裕は二種類に整理している。一つの傾向は、どのような経路を通してであれ国際共産党の線と連絡があるといって、大衆を獲得しようとせず、大衆の前に君臨しようとして活動はしないことである。二つ目は、これとは正反対に大衆を多数獲得するといって国際的連絡をまったく考慮せず、大衆を多数獲得することだけで朝鮮の党が確立されると主張するものである。後者の典型的な例としては、大衆を獲得することだけを重視し国際党との連絡を軽率にする共産主義者協議会運動をあげた。金鎬盤、鄭泰玉、金炯善らの運動は、国際線だけに重点をおき、国内の大衆的グループと提携しようとしない前者の具体的実例である。

李載裕は、こうした派閥的性格によって、各地方で共同闘争が大衆的に協定されているにもかかわらず、指導部がこれに意識的に反対するか拒否していると主張した。指導部に対する辛辣な批判とは対照的に、その下にいる労働者農民は革命的大衆として決して派閥的でないという事実を、李載裕は繰り返し主張した。彼が注目したことは、このような派閥的傾向が以前のように大衆層に受け入れられる傾向が漸次弱まりつつあり、各中央指導部の中でのみ現れていたという事実である。彼は、労働大衆自体は決して派閥的ではないのだから、指導者の態度と大衆を区別して見なければならないとして、各派のもとにいる大衆が統一される可能性を展望した。すなわち、具体的な闘争を通して革命的な労働大衆を全国的に統一するために活動することが、運動者の重要な任務だということである。したがって李載裕は、間違った二つの傾向に対して各々次のように忠告した。国際線を主張する前者に対しては、革命的闘争を通してその誤謬を清算するように勧め、一方大衆的基盤をもっている後者のグループに対しては、国際的に正しい路線で闘争を展開するようにしなければならないというのである。

こうして、コミンテルン一二月テーゼ以後一九三三年頃までに展開された重要な運動に対する検討と評価を基盤に、李載裕は自身の運動を開始した。一九三二年一二月二二日京城刑務所から満期出獄して以後、一九三六年一二月二五日日帝警察に逮捕されるまで四年間持続されたその運動は、大きく見て三つの時期に区分できる。この区分は一般的に広く受け入れられているが、李載裕自身が訊問調書で提示している。[25]それによれば、第一期は、一九三二年一二月二二日京城刑務所から出獄して以後、一九三四年一月二二日西大門警察署に検挙されるまでの一年余の時期。しばしば京城トロイカと呼ばれるこの時期は、検挙した警察署の名から付けられた「西大門事件」をもって終わった。第二期の運動は、一九三四年四月一四日西大門警察署を脱出し、翌年一九三五年一月一二日いわゆる「龍山事件」で下往十里のアジトを脱出するまでの一〇か月ほど持続した。比較的短いこの時期は、朝鮮共産党京城再建グループとして運動を展開した。第三期は、下往十里から脱走した後楊州郡蘆海面孔徳里で生活し、一九三六年一二月二五日検挙されるまでの時期である。朝鮮共産党再建京城準備グループとして活動したこの時期は、以前に比べると長くて約二年間持続した。以上の各時期を通じて、運動の基本目標、および具体的方針には大きな変更はなかった。しかし、各時期ごとに組織方式などをめぐっては若干方針の変化があり、活動した人物の構成や性格も異なっていた。

また李載裕は自身の運動の根拠地を、地域的にはまずソウルにと限定していたので、[26]三〇年代前半期のソウル地域を中心に展開された多くの運動が彼に影響を及ぼした。例えば、慎弦重《シン・ヒョンジュン》らの京城帝大反帝同盟運動が〔一九三一年九月に〕発刊した機関紙の名称は「赤旗」であり、李載裕グループが一九三六年に発刊する機関誌の名称はこれと同じである。また当時京城帝大教授と学生の間で一定の提携があったが、[27]李載裕も一九三三年に三宅教授と提携する。さらに、一九三三年一一月李載裕グループの李鉉相《イ・ヒョンサン》が召集した東大門外側製糸工場代表者会議は、前年一九三二年孔元檜《コン・ウォンフェ》らの赤衛隊運動において、李相悳《イ・サンドク》などが構想した印刷工場を中心とする工場代表者会議の経験を生かしたものであった。

なによりも、李載裕グループの運動に参加した相当数の運動家は、それ以前においてこの地域の運動に何らかの形で参加するか、関係のあった人々であった。例えば上述した慎弦重の京城帝大反帝同盟運動にかかわった柳栄京《ユ・ヨンギョン》は、李載裕のトロイカ運動では学校部門の培材高普を担当し、車啓栄《チャ・ゲヨン》は反帝部の救援部に属して活動した。一九三〇～三一年に展開された李平山《イ・ピョンサン》たちの京城学生RS協議会活動における韓国模《ハン・グンモ》、朴鎮洪《パク・チンホン》、李順今、李鍾嬉《イ・ジョンフィ》は、李載裕グループの重要なメンバーとして活動したし、李孝貞《イ・ヒョジョン》は柳海吉《ユ・ヘギル》らとともに権栄台の後継組織である金承塤《キム・スンフン》の運動線で活動を継続した。一九三二年に最も活発な運動様相を見せた反帝同盟京城地方組織準備委員会運動は、李観述《イ・グワンスル》、金度燁《キム・ドヨプ》、任沢宰《イム・テクチェ》たちが主導したが、李観述は第二期、第三期の李載裕グループだけでなく、それ以後の運動にも核心的役割を果たした。この組織は一九三三年一月検挙、瓦解したが、釈放された者の相当数が李載裕グループに加担した。例えば辺雨植《ピョン・ウシク》は李載裕運動の第一期において学生部門トロイカの一員として活動し、第三期準備グループの時期には李垣雨《イ・ウォヌ》とともに活動し、李順今、金令媛《キム・ヨンウォン》、李景仙《イ・ギョンソン》、任沢宰、任淳得《イム・スンドゥク》、尹金子《ユン・グムジャ》などを網羅した。また、李元鳳《イ・ウォンボン》は権栄台組織において昭和製糸で活動した。一九三二年孔元檜たちの赤衛隊で活動した権五敬《クォン・オギョン》と李貞淑《イ・ジョンスク》は、李載裕の第一期労働部門でそれぞれ京電、朝鮮絹織の責任を担った。またこの事件に関係した鄭栢《チョン・ベク》（鄭志鉉《チョン・ジヒョン》）や徐昌《ソ・チャン》（徐載浩《ソ・ジェホ》）なども李載裕グループと一定の関連をもっていた。[28]このように、三〇年代前半期の運動経験をもっていた多くの運動者が李載裕グループで活動を継続したのである。

　これまでに見たように、李載裕は以前の運動、特に三〇年代前半期の党再建運動を一定程度批判、評価する半面、ソウル地域で展開された主要な運動を綿密に検討、分析したうえで自身の運動を展開した。彼の運動理論と方針は大部分が刑務所内で服役中に構想された。出所後の五、六か月間は、情勢を知るために、自分が在獄中の「思想事件」を新聞を通して分析しようと図書館へ行き精密に研究した。こうした分析と研究を土台にして、彼は朝鮮共産主義運動の痼疾の病たる派閥が漸次克服されており、その重要な要因は指導部の派閥的傾向とは対照的な労働大衆の革命性に基因するとみた。彼は、過去の運動に対する痛烈な批判を土台に、無用な上部組織だけを先に作るのではないこと、運動はどこまでも工場を中心にした労働者大衆の運動でなければならないこと、同志は絶対に闘争を通してのみ獲得しなければならないこと、などの方針をたてて実践活動を展開した。空しい党組織だけを急いで手がけるのではなく、工場や学校での日常闘争を土台に、その過程で同志を獲得し、その後で初めて党を組織するということである。後述するように、彼がトロイカという独特の運動方式を考案したことも、つまりはこのような過去の運動に対する仮借ない批判と、その失敗の経験を土台としていたのである。

第二部　京城トロイカの時期——第一期

一、出獄と運動方針の樹立

京城刑務所から出所後、李載裕は蓮建洞三五番地金龍植《キム・ヨンシク》宅の李仁行《イ・インヘン》の部屋に寄宿した。妹の李粉善《イ・ブンソン》と一緒に下宿していた李仁行は李載裕の7寸甥〔従兄弟の子〕で、普成高等普通学校の学生だった。李載裕が出獄したことを聞いた多くの人が彼を訪問し、李載裕も国際情勢、朝鮮情勢そしてソウル地域の運動情勢を把握するために多くの人たちと頻繁に接触した。獄中で知り合い、先に出所していて李載裕の出獄日に出迎えにきた李星出《イ・ソンチュル》はたびたび李載裕を訪問したが、この李星出を通して卞洪大《ピョン・ホンデ》を紹介された。(1) 卞洪大は上海の金丹冶《キム・ダニャ》によって派遣された金烔善《キム・ヒョンソン》の運動に関係したが、李載裕グループに合流してソウルの労働運動部門で活動した。また出獄して数日後に安宗浩《アン・ジョンホ》が訪ねてきた。彼は郷里で子供のころからの友人であり、李載裕が東京にいた時同居していた。東京で李載裕が逮捕されたあと、荷物をまとめてくれたのが安宗浩であり、その関係で訪ねてきたのであった。(2) そして、刑務所で服役中に知った金三龍《キム・サムニョン》が一九三三年二月李載裕を訪問した。(3) この他にも多くの運動者と会った。安炳春《アン・ビョンチュン》、李順今《イ・スングム》ら京城トロイカの核心成員は無論、徐昌《ソ・チャン》、兪鎮熙《ユ・ジンフィ》、南萬熙《ナム・マンフィ》、鄭栢《チョン・ベク》、鄭宜植《チョン・ウィシク》、李東千《イ・ドンチョン》、金七星《キム・チルソン》、李松奎《イ・ソンギュ》（李蒙《イ・モン》）、梁河錫《ヤン・ハソク》、黄泰成《ファン・テソン》、鄭七星《チョン・チルソン》、兪順熙《ユ・スンフィ》など多数の運動者との幅広い意見交換を土台にして、情勢判断と運動方針の樹立に没頭したのである。こうして、本格的に運動に進出するために一九三三年五月李載裕は李仁行とともに東崇洞二九番地に住所を移したが、七月に金烔善らが警察に検挙され身辺が危うくなるや新設洞にある砂村という貧民村に移住した。この村で、日本人の家主が労働者を対象に賃貸ししていたバラック建ての長屋に住んだ。[4] これは、見方を変えれば李載裕が運動方針を確立し、引き続く警察の監視を避けるため潜伏し、本格的に労働運動に進出した時期ともいえる。一九三三年の真夏のことであった。

李載裕は共産主義運動に献身することを決意しつつ、合法領域の運動はこれ以上不可能なので、地下非合法運動によってのみそれが可能だと考えた。この考えは、当時の情勢において運動者に一般的に共有されていた方針であった。また運動の重点は労働者階級の組織化におかなければならないと考えられ、窮極的に朝鮮共産党の再建が志向された。さらに彼は、従来の運動に対する批判と評価を通して、少数指導者達の中央での「談合」による組織方式や、地方的な大衆基盤もなく全国的組織を作ろうという運動方式を拒否した。彼が提示した対案は、組織は罷業や盟休などの革命的闘争を通して結成されなければならないということと、あわせてどこまでも一地方の単一的組織を基盤にしなければならないということであった。[5] 闘争を通しての組織の結成は、彼が考案したトロイカ組織方式と密接に関連しており、全国的でない局部を基礎にして組織しなければならないという運動方針は、ソウル地域を中心に多様な系列の運動グループを統一する意図とつながっていたのである。彼は一九三三年晩春、次のような朝鮮共産党を再建する前提としての、ソウル地域の党再建のための五大スローガンを樹立した。一、全ての大衆闘争は反戦・反ファッショ・反帝闘争に転化せよ！　二、セクトと派閥清算は大衆の実践闘争の中で！　三、党の貯水池である革命的労働組合は産業別の原則で！　四、党再建は大経営細胞を中心とする地方再建で！　五、宣伝、煽動、組織、指導者である全国的政治新聞を創刊しよう！[6]

そしてこれを実現するために、李載裕は（1）自身の活動を土台に、工場、経営内での基礎工作運動、（2）他の独自的ボルシェビキ的活動線との結合、（3）国際線との連絡の定立、すなわち国際線の正しい指導との結合、という三大運動方針を樹立した。[7] これを具体的に実現するために、李載裕が接触した運動者を見ると、最初の、ボルシェビキ理論の革命的実践を経営内大衆層で遂行するという方針で獲得した主要な運動者には次のような人々がいる。運動のために工場に就職しようとした安炳春、学生層で活動を継続していた崔小福《チェ・ソボク》や専門学校、大学で活動しようとした鄭泰植《チョン・テシク》、あるいは職業的活動をしようと上京した李鉉相《イ・ヒョンサン》、安三遠《アン・サムオン》など。二番目の、他の独自的な活動線と接触した例としては金炯善やその影響下で運動していた卞洪大、あるいは孔元檜《コン・ウォンフェ》の指導下で活動していた徐昌（徐載浩）などをあげることができる。最後の範疇として李載裕があげていたのは京城大学の三宅教授で、権栄台《クォン・ヨンテ》組織との統一のための努力も部分的に関連する

二、トロイカ組織の実体と特性

組織的側面で李載裕の独創的運動方法としてあげることができるのが、いわゆるトロイカ運動である。これは過去の運動に対する批判と反省から彼が考案した独自的運動方式で、党組織以前に相互接触を通して理論的統一を図り、それを基盤に各自が自身の意思に従って自由に運動することをいう。つまり従来の党再建運動は、大衆的基礎もなしに全国的な組織をもってまず党をつくり、その後で大衆を獲得しようとしたために、前衛と労働大衆が簡単に分離されるという弊害があった。こうした点から、前衛が直接労働者となって労働大衆の中へ深く入り込み、個人的に同志を獲得して大衆的基盤を準備した後で党を組織しようというのである。「大衆がいない党は死んだ党」であるから、各運動者は「工場に入り、組織線もなしに、誰が権力者でもない状態で各自が同志を獲得[8]」するのである。李載裕自身の説明によれば、トロイカ運動とは次のようなものであった。

過去の運動のように使い途のない組織を濫発するのではなく、まず労働大衆の不平不満があるところで共産思想の宣伝煽動を行い、大衆を獲得して相当なグループが結成された時にはじめて組織をもつべきなのである。……従来のように人を指導することや、指導を引き受けることではなく、指導すると同時に自身も指導されるというところに共産主義者としての第一歩を踏み出し、自ら最下層の労働者と交流して大衆の中に同志を獲得し、徐々に上部組織として展開していこうとするのが私の根本方針だった。(9)

李載裕はこのような運動方式がロシアや西欧の運動で用いられているとしばしば強調したが、有力な指導部が先に党を組織するということではなく、ちょうど三頭の馬が自由に馬車を引くように、会員すべてがそれぞれ自由に宣伝し闘争するということである。(10) 彼の運動を京城トロイカと名づけるのはここに由来する。今まで、トロイカは李載裕グループのうち第一期の組織自体を指しているものと、しばしば思われてきた。しかしこの言葉は、一種の運動方針や活動方式を指すものであり、第一期に限定されるのではなく、時期につれていくらかの変化を伴いつつも一九三〇年代李載裕の運動全体を貫いていたというのが筆者の考えである。「トロイカは方式であり」、これを組織自体として理解するのは〔誤解と見るべきだが〕、特に李載裕〔自身〕が第二期以後の運動で自分が結成した組織をこの名称で呼んだため、一層の誤解と混乱をもたらした。

トロイカを組織それ自体として見た典型的な例は、明確な組織の実体とその「犯罪事実」を説得的に示し、それにふさわしい制裁を加えようとする日帝警察である。李載裕の運動についての最近の研究は、そのような警察資料を基にほとんど全的にその見解を踏襲、反映している。李載裕が警察に検挙され取調べを受けた時、警察は彼の運動に関してはまったく訊問せず、全国的組織について供述させようと拷問を加えたのであるが、(11) それは日帝警察の偏見と誤解によるものであった。当時大部分の党再建運動や赤色労組運動は、まず全国的組織を結成してそれぞれの部署を分担するということが慣例であったために、警察は李載裕の運動も当然そうだと信じ込み、捜査と取調べにあたったのである。こうした立場から日帝の捜査記録は、「朝鮮共産党再建京城トロイカを結成して労働者、農民、学生層において多数の同志を獲得して活躍」[12]したのが一九三三年七月だという。他の大部分の捜査記録もこれと一致した報告をしている。

ところで、李載裕は警察で京城トロイカが組織されたのは一九三三年九月頃で、この時大体のメンバーが決まり、同年一一月学生運動と労働運動の産業別責任者を決定したと陳述した。[13]また他の陳述において、より多くの労働大衆を獲得する意図から朝鮮共産党再建京城トロイカという共産主義者協議会と同様の団体をつくった、といっている。[14]こうした李載裕の主張を見ると、ややもすれば京城トロイカが結成されたという前出の警察の主張に信憑性があるとも言える。しかし、彼が言っているトロイカの内容を子細に検討してみれば、事情はまったく異なっている。前の調書の直後では、このような協議会式組織は会員すべてが平等に組織され、宣伝、教養、闘争することだと言っていた。従って、各成員は指導者の配置により部署を分担するというのではなく、赤色労組や共産主義青年同盟、反帝同盟等の部門で活動し、指導者と非指導者の区分なく、指導者も一般成員と同様に活動する組織だということである。トロイカ運動という、個人的接触による理論的統一を基礎とする党再建の基礎工作（工場内での大衆獲得）運動の継続過程では、各成員の自由意志によって互いに接触する人間の間では制裁や規律、統制がまったくなく、また相互の活動範囲や接触する人物はよく知らないし、知らせもしなかった。だから学生や工場の運動部門を誰かが指定するということではなく、各成員の意志によって自由に活動するということである。[15]これは大部分の非合法活動でなされていた、オルグによる中央集権的下向式組織方式とは著しい対照をなしていた。

李載裕のこのような組織方式は、小ブルジョアインテリを中心とする当時の思想運動が派閥闘争を続けており、これに代るべき労働者・農民の意識水準がまだ低く未成熟だという現実的制約において考案された。労働大衆を基盤に革命的労働組合を、進んでは党を組織しなければならないが、これを直接組織するのは不可能なのでまず労働大衆の意識を高揚し、前衛を組織するためにトロイカ方式を想定したのである。派閥問題との関連では、相異なる運動路線の運動者たちがまず共同闘争を通じて実践的側面で歩調を合わせつつ、理論的側面での統一を期してこれをトロイカという組織方式で束ね、ついでコミンテルン等国際線との連絡がつく時に正式組織に発展させようとする組織方針であった。従ってこれは、運動が本格的に進行される以前に、一種の便宜的なあるいはとりかかりとしての組織として設定されたものだと言える。第三期の運動における中心人物李観述《イ・グワンスル》と徐球源《ソ・グウォン》のうち、意識水準が高く理論的統一が出来ていた李観述は党再建組織に属したが、運動者としてまだ限界があった徐球源は京城トロイカに所属し(16)、李載裕の指導を受けていたことも、トロイカ組織がもっていたそうした性格を示している。

李載裕はこのようなトロイカ方式の組織を選んだ具体的理由として次の二つをあげた。第一に、李載裕が運動に進出した頃のソウル地域には彼の路線以外の運動者が相当数あったので、異なる路線系統の運動者までを包摂してより多くの同志を獲得するためである。第二に、万一警察に検挙された場合、組織体が暴露されることに備えるためであった(17)。これとともに筆者は、李載裕がこのような組織方式を採択したのは各成員の自発性と自主性を十分に保障し、確保するためであったと考える。李載裕が労働大衆の自発性と自主性をきわめて重要視したことは、いろいろな事例によって容易に確認できる。例えば李載裕は卞洪大に対して「偉大な人物一人が統一したからといって革命は成就するものではない。大衆的な個人個人が職場に入って活動し、多数の同志を獲得した後で党を結成しなければならない(18)」と主張した。また一九三三年九月ソウルゴムの同盟罷業において、運動を指導するために行くという考えに対抗して、労働者を応援しに行くのだと主張した事実（第三部第二章参照）や、直後に展開されていた鐘淵紡績製糸工場罷業において「勝つために活動しろとは主張したが、左翼的罷業ではないのに共産主義的に主導することは不可能だ」[19]と言ったこともその事例である。学生運動に対する「学生自身が闘争するように導くのであり、左翼的オルグが闘争を起こすということではない」[20]という主張も、指導者は表に出ず背後で煽動するということより、学生自身の闘争力量を認め、自発的に活動するように導かなければならないという意味が強いのである。

トロイカは組織内で徹底した上向式原理が貫徹していた組織方式であった。では異なるもう一つの組織原理、すなわち上から下への指導と統制という問題はどのように達成されたのか？ トロイカ組織でも指導者（またはオルグ）の位置は設定された。しかしこの指導者は中央集権的下向式組織におけるような非常に強い権限と支配力は行使しなかった。このことは、指導者は指導しつつ同時に被指導者から指導を受ける、という李載裕の主張に照らせば当然といえる。彼は個別的に活動する成員と接触して各自の活動方針や理論的問題、あるいは一人の力では解決できない問題を協議するに過ぎなかった。各成員と接触する指導者は、彼等の要求によって各々の部門運動に関して個別的に協議したのである。[21]

トロイカ組織は運動者間の縦の連結だけが保障され、横の連結は不可能だという徹底した点組織方式であった。命がけの非合法運動においては不可避的選択である。前述のように、トロイカ組織は下から上への徹底した上向式の長所を生かした組織原理であった。だが、上向式原則の実際の運営において一定の犠牲が伴った。李載裕は自分が協議を継続していた人たちの範囲をトロイカと呼び、厳格な組織として想定していなかった。しかし彼のそうした考えや判断とは無関係に、実際は彼が接触した人たちは一定の組織的実体を持っていたのである。李載裕は、個別に活動する各々の成員と自分自身が接触し、徹底した上向式の原理を保障したのだが、指導者と下位運動者の頻繁な個人的接触は組織をたやすく露呈させたのである。このことが、第二期の運動において李載裕に『自己批判文』を書かせた。無論李載裕はそのような危険に対して、組織のすべての成員が同じ場所で会合し協議することは避け、各々が二人ずつ会うというやり方をとった。[22] 第一期の運動で最高トロイカに属した李載裕、安炳春、卞洪大、李鉉相、崔小福の例をあげれば、李載裕が安炳春、李鉉相と個別に会って協議し、その後で安炳春は卞洪大に、李鉉相は崔小福に伝達して意見を聞き、次に決定するというやり方であった。[23] 後述するように、第二期と第三期の運動においてはこうしたやり方が一層強化され、互いに会う人の名前や身元も明かさないで協議が行われたのである。

この方式においては、指導者を含む上位あるいは最高組織の下に各々の下部組織を設定し、さらにその下に各組織をおいたが、その各々の組織をトロイカと呼んだ。つまり、トロイカというのは組織の名称ではなく、この方式によって結成された組織という意味で使われたのである。検事訊問調書に見られるように、検事が「トロイカに加担したか?」「トロイカという名前を付けたか?」と訊問したのに対して、李載裕は「トロイカ式運動」あるいは「トロイカ式にしよう」という表現を使って答弁していることも、[24] 李載裕がこれを組織としてではなく、組織方式として理解していたことを示唆している。検事の訊問に対して彼は一貫してトロイカは決して組織体ではなく、まず個人的に広く同志を獲得することに努め将来団体的発展をしようとすることだ、と主張したのである。[25]

無論第二期以後に結成された組織について、李載裕がトロイカという名称をつけて使った場合があった。例えば、調書において彼は、京城トロイカという名前は第二期に該当する一九三四年九月に自分が初めてつけたのでそれ以前にはそのような名称はないといい、[26] 第三期の運動において、京城トロイカには自分と徐球源の二人が属していたと陳述した。この時期に李載裕が、一種の組織名称としてのトロイカを使ったのは、彼が第一期に組織をもたなかったとして同僚から批判されたことと、異なる運動線との統一交渉のために団体の名称としてそのまま使用したことによっている。これらのことから、トロイカが組織それ自体として誤解される素地を李載裕自ら提供したことになったが、全体的に見て、組織方式としてのトロイカということが運動の全時期を通して適用されたのである。

三、トロイカの組織過程

次に、具体的な運動を通して李載裕が上部最高トロイカをつくっていった過程を見てみよう。新設洞の貧民村にアジトを置いて地下に潜伏する以前の一九三三年三月中旬李載裕は安炳春と出会った。[27] 李載裕が安炳春を知ったのは、安炳春の母李安全《イ・アンジョン》が李載裕が寄宿していた金龍植の家で部屋を借りて賄いをしていたためである。安炳春は母と会うためその家にたびたび出入りしていたので、自然に李載裕と接触する機会も重なった。李載裕は一般社会情勢、朝鮮の運動情勢、資本主義社会の欠陥などを機会あるたびに説明し一緒に討論した。安炳春は友人である培材高等普通学校の李東千やその親戚で同じ学校の金七星、姜亮燮《カン・ヤンソプ》らを李載裕に紹介した。李載裕は新聞記事や左翼書籍を材料に、[28] 彼等を教育、指導しつつ、安炳春には革命的労働運動をするなら街頭分子で活動するより工場に入って労働者として活動することが一層効果的だと勧めた。安炳春は賛成し、同月下旬龍山工作所永登浦工場職工になった。同年五月李載裕は安炳春に対し、現在ソウルを中心とする地下運動にはいくつかの路線があるが、われわれは他の路線の運動者をできるだけ多く引き入れなければならないと力説した。そして工場内で活動する際の運動条件、目的、方法などを討論して、トロイカ式の運動をすることで合意した。[29]

こうして一九三三年五月李載裕と安炳春の二人が最初のトロイカ成員となった。この時二人は卞洪大をトロイカに引き入れる協議をした。元来卞洪大は金炯善の指導下にあり李載裕と提携するためにきたのだが、数日後李載裕の組織に包摂されることについて賛成した。同年六月には京城帝大医学部裏の回春園（現在の含春苑）で李鉉相と会い、トロイカ成員に獲得した。もともと李鉉相は李載裕と同じ事件で検挙され、刑務所服役中に知り合った仲であった。続いて七月には李丙驥《イ・ビョンギ》（李淳福《イ・スンボク》）の紹介によって、京城帝大法文学部校内や庭球場で崔小福に会い承諾を得た。崔小福の加担には李鉉相が与っていた。こうして李載裕、安炳春、卞洪大、李鉉相、崔小福、五人による上部トロイカが形成されたのである。前出警察調書で京城トロイカが一九三三年七月に結成されたといっているのはこのことをさす。だが崔小福が上部最高トロイカ成員になったのは、李鉉相と李載裕の最終協議で決定された一九三三年九月中旬だった(30)。李載裕が一九三三年九月に京城トロイカを結成したと、警察調書より二か月遅くいっているのはこのためである。李載裕の元来の構想では、労働運動に重点をおき、崔小福を除く安炳春、李鉉相、卞洪大と自分による上部トロイカを想定したようだが、李鉉相の推薦で崔小福が最高トロイカに入るようになったと考えられる。部門別では安炳春、李鉉相、卞洪大が労働運動を、学生運動は崔小福が、そして李載裕は全体の総括を分担したが、これについて李載裕は「それは命令したものではないが、そのような分担になった(31)」と陳述した。ここでも成員の自由な意志によって運動するというトロイカ式の運動方針が貫徹されたのである。

前出五大スローガン第三項に見たように、労働組合を産別に組織する方針にもとづき、安炳春は永登浦を中心とする金属部門を、李鉉相は東大門外側の工場一帯を中心とする繊維部門を、そして卞洪大が龍山一帯を中心とする化学部門を分担することにした。学生運動では崔小福が男子中等学校を担当したが、女子中等学校と専門学校以上大学については責任者が決まっていなかった。しかし一九三三年四月李順今が紹介した李景仙《イ・ギョンソン》を女子中等学校担当に、また同年七月同郷の金月玉《キム・ウォロク》を通して京城帝大学生鄭泰植を引き入れ、専門学校以上大学の担当とした。李載裕のもともとの構想では、大学と専門学校を区分し、崔小福を通して延禧専門学校の李東寿《イ・ドンス》に専門学校を受け持たせようとしたが、李東寿が試験準備で忙しいという理由で活動を回避したので[32]、鄭泰植が引き受けたのである。そして李景仙と鄭泰植は五人の上部トロイカに属さず、李載裕が直接指導する形式をとり、この三人でトロイカを構成した。

次に安炳春の下部トロイカを事例に下部トロイカ結成過程を検討してみよう。永登浦を中心とする安炳春の下部トロイカ成員は、安炳春と李丙驥、安三遠の三人である。李丙驥がトロイカに編入された過程は次のようであった。李載裕が李丙驥を初めて知ったのは一九三三年四月であったが、六月頃李丙驥から自分は永登浦で自由労働をしているが、共産主義者として労働者の中で活動したいと言われた。李載裕は李丙驥に対して、永登浦にいる安炳春に会ってよく協議するようにと言った。李載裕は安炳春と会ってこれを告げ、李丙驥の正体をよく調査し「獲得」するようにと言った。安炳春は李丙驥と交際してみた結果、反動分子や派閥でなく「完全ではないが将来を見よう」と報告した[33]。一方、安三遠は李載裕が刑務所にいた時知り合っていた。彼は同年五月頃ソウルに来たが就職しないと警察に目をつけられるため、李載裕に職場を斡旋してもらい工場に入って運動をしたいと告げた。後で李載裕は李鉉相から、安三遠の労働運動をしたいという意志をきいて、永登浦の安炳春に紹介したという報告を受けた。こうして安炳春、安三遠、李丙驥三人が永登浦の労働運動部門における下部トロイカを結成したのは一九三三年八月中旬であった[34]。これに似た方式により卞洪大は申徳均《シン・ドクキュン》、李鍾嬉《イ・ジョンフィ》らと龍山一帯を中心に下部トロイカを組織して、東大門外側では李鉉相が李順今、兪順熙、権五相《クォン・オサン》と下部トロイカを組織した[35]。また崔小福は男子中等学校方面で李仁行、辺雨植《ピョン・ウシク》と学生トロイカを組織した[36]。

こうして各々の自由意志によってある程度組織された各部門は、各運動者の相互交流によって系統的に整理された。例えば、最初京城帝大を中心に大学の責任をもっていた鄭泰植の担当が専門学校部門にも拡大されたのにしたがい、李載裕は自分の影響下にある法学専門学校の韓成沢《ハン・ソンテク》を鄭泰植に紹介し引き継いだ。一方鄭泰植は李載裕を通して、自分の影響下にある中等学校の生徒を崔小福に引き継いだ。[37] また、安炳春は永登浦で労働運動を担当することになり、平素教育していた儆新、中央学校などの中等学校学生を崔小福らの学生トロイカに引き継いだ。[38] このような整理作業において、李載裕はそれらの間の連絡と仲裁の役割を遂行した。およそ一九三三年九月以後に組織の整理が行われ、労働運動では個別経営や工場を中心に、学生運動では各学校を中心とするトロイカを結成するために集中的努力がなされた。以下の各節で労働運動と学生運動の各部門の内容を見てみたい。

　結論からいえば、李載裕はこの時期の運動が、トロイカ組織に立脚した具体的な運動の実行という点で、完全なトロイカとはならなかったと評価していた。つまり、同盟罷業や同盟休校の闘争を通して各学校や工場に革命的で優秀な同志を獲得し、工場部門では赤色労組を、学校部門では反帝同盟を結成するため一九三三年下半期以来集中的努力をしたが、翌年一月の検挙でこれを達成することができなかったのである。赤色労組部門では上位各部門の責任者は決定したが、下部工場の整理ができず、学校部門でも男子中等学校を崔小福が担当することは決定したが、その下部である各学校単位までは整理されなかった。[39] 上部トロイカは結成されたが下部トロイカの整理は進まず、全体的に見ればトロイカ組織の完成には至らなかったのである。それにもかかわらず、李載裕グループ運動の全時期において、この時期は大衆的基盤と運動の活力という面で最も豊富で躍動的な内容をもっていた。

四、労働運動の展開過程

(1) 運動の目標と中心綱領

労働運動において李載裕が想定した基本的な運動方式は、各工場内で職場別にグループを結成して、労働者の日常的な不平不満を大衆的罷業闘争へ指導し、下から革命的労働組合を結成し漸次上部組織に移行するということだった。そうしてこれを産業別、地域別に区分して労働者層に強固な組織をつくり、ついでこの中で革命的意識が高まった「優良分子」を獲得して共産主義青年同盟、あるいは党組織へ発展させ、窮極的に党再建を実現しようとしたのである。

このような点から見れば、革命的労働組合は「朝鮮の独立と共産化を目的にする」朝鮮共産党の再建のための部門運動の一つとして設定されたと言える。ではこのような革命的労働組合運動の中心的綱領はなんであろうか？　李載裕は自分が作成した『一九三三〜三四年度労働者大衆層における中心スローガン』というパンフレットにおいて、現在ソウル市内の各経営内では労働者大衆の現実的不平不満が激発、闘争化しており、これは労働大衆の現実的意識を切実、果敢に代表する闘争なのだと主張した。そしてこのような闘争を通してのみ、労働者大衆の広範な層を獲得できるのであり、また全ての合法的労働者組織および非合法的派閥的労働者組織内で広範な下からの統一戦線を樹立できると述べ、次の一六項目にわたる中心綱領を提示した。

1. 労働者の罷業闘争の自由！　罷業に対する警察、軍隊の弾圧絶対反対！
2. 労働組合その他一切の労働者組織の自由！
3. 労働者を弾圧するためのすべての悪法絶対反対！　特に治安維持法、出版法、暴力行為取締令、制令第七号反対！
4. 一切の政治犯即時釈放！　死刑制度反対！
5. 労働者の言論、集会、出版、結社の自由！　政治的集会、デモの自由！
6. 一切の経営委員会創設の自由！　プロレタリアの自衛団創設の自由！
7. 労働者に対する一切の封建的、寄宿舎制的束縛反対！
8. 一日七時間（一週四〇時間）労働制獲得！
9. 妻ある労働者の最低賃金獲得！
10. 夜戦的労働強化、待遇改悪、賃金引下げ、時間延長等ブルジョア的産業合理化絶対反対！
11. 同一労働同一賃金獲得！
12. 婦人、児童の年季契約制および売買制絶対反対！
13. 一切の労働者組織内に左翼結成！
14. 下からの統一戦線強化！
15. 全京城的産業別労働組合の促成！
16. 全国的産業別労働組合の促進(40)！

（2）運動の組織過程

次に、こうした目標と綱領に立脚する労働運動の具体的組織様相を見てみよう。前述したように、京城トロイカの最高成員である李載裕、安炳春、卞洪大、李鉉相、崔小福の五人の内、崔小福を除く四人が労働運動部門で活動したが、それぞれを中心とする組織過程を具体的に見ていこう[41]。

安炳春は地域的には永登浦一帯の工場地帯を中心にし、産業別では金属部〔門〕の責任を担った。彼は、自分と同じく龍山工作所永登浦工場の職工である李丙驥、安三遠とともに下部トロイカに属した。この永登浦トロイカは、一九三三年八月永登浦漢江沿岸で組織された。トロイカ結成前後、安炳春は李丙驥、安三遠とともに、工場の資本系統、労働者数、労働賃金、労働者の年齢、職場別労働者数などを調査し、各自で職場を分担して活動しようとした。こうして永登浦一帯の工場地帯で、それぞれの工場を中心に労働大衆を獲得する活動が展開されたが、その結果龍山工作所では、方允昌《パン・ユンチャン》、李承吉《イ・スンギル》、慶奭浩《キョン・ソクホ》、池在鎬《チ・ジェホ》、金元玉《キム・ウォノク》、趙貴孫《チョ・グィソン》の六名を[42]、京城紡績では李禮粉《イ・イェブン》、崔承元《チェ・スンウォン》二名を、川北電気では金晋成《キム・ジンソン》、尹淳達《ユン・スンダル》、柳大雄《ユ・デウン》、朴琪壎《パク・キフン》、閔《ミン》某の五名の労働者を獲得した（表1参照）。京城トロイカの金属部組織は、龍山工作所永登浦工場と川北電気の二工場を中心にし、それぞれの工場で五〜八名の労働者を獲得したが、比較的大規模工場といえる龍山工作所の正式職工（本職工）は少数に過ぎず、大部分は臨時人夫であったと思われ、川北電気も中規模程度の工場だったと考えられる[43]。金属部門の工場グループ数は、他の部門に比べ相対的に少なく、工場の規模や労働者構成、地位において一定の限界があった。また他の資料によれば、この頃龍山工作所永登浦分工場の職工であった金舜鎮《キム・スンジン》[44]も、黄大用《ファン・デヨン》、孔成檜《コン・ソンフェ》[45]、金晋成、尹淳達らとともに、工場内の状況を調査し、永登浦工場地帯に赤色労働組合を組織するために活動しているが[46]、彼が検挙されるのは一九三五年一月なので、〈それ以前に作成された〉左記〈表1〉には出て

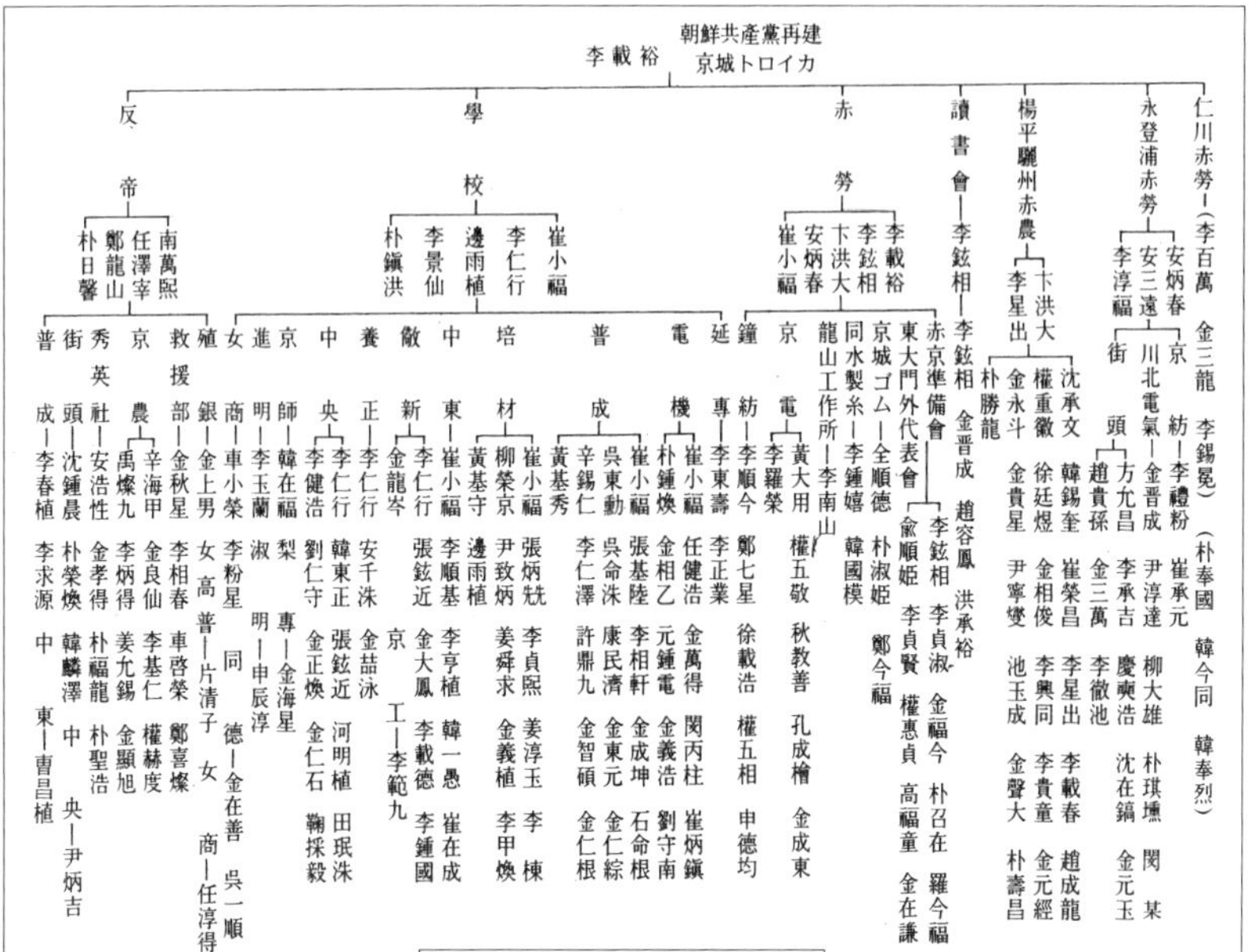

〈表1〉京城トロイカ組織系図

いない。後述するように、金舜鎮は元来安炳春、安鍾瑞などとともに慎甲範の運動線で活動していたが、この時期に李載裕グループでも活動し、引き続き第二期の再建グループ時期まで属した。慎甲範の運動線で活動した尹淳達、金晋成らも第一期李載裕の組織で同時に活動した。

龍山では卞洪大が活動しており、産業別での化学部責任者だった。一九三三年七月彼は李鍾嬉、申徳均と下部トロイカを結成し、各工場にグループを結成するための活動を展開した。〈表1〉で見れば、京城ゴムの全順徳《チョン・スンドク》、朴淑姫《パク・スクフィ》、鄭今福《チョン・グムボク》三人と、京城電気の黄大用、権五敬《クォン・オギョン》、秋教善《チュ・ギョソン》、孔成檜ら六名、龍山工作所の李南山《イ・ナムサン》がこれに該当する。ところで、調書において李載裕は、これ以外に多数の工場でグループが組織されたと陳述している。つまり工場別グループがあったのは、京城ゴム以外にも高麗ゴム、東明ゴム、ソウルゴム、中央ゴムなどがあり、その構成員には、中央ゴム（中央商工株式会社）に李鍾嬉外七名ほど、京城ゴム工業所には表の三人以外に金仁淑《キム・インスク》、李栄順《イ・ヨンスン》、金尚徳《キム・サンドク》、安龍乭《アン・ヨンドル》、韓炳顯《ハン・ビョンヒョン》ら五名ほどがいたという。また高麗ゴム工業所には羅今福《ナ・グムボク》外四、五名、高麗ゴムと同じ区内にあった東明ゴムにも羅今福を責任者にしてその下に四、五名の構成員がおり、ソウルゴム工業所には許《ホ》マリア、孟桂姙《メン・ゲイム》、池順伊《チ・スニ》ら七、八名がいた。このように見ると、化学部門の主力はゴム工業であり、この地域の五工場に四、五名ないしは七、八名による工場グループができていたと言える。地域的に見れば、京城ゴムと高麗ゴムが岡崎町（現在の南営洞一帯）にあり、ソウルゴムは新設洞、中央ゴムは並木町（現在雙林洞）にあって、後者二工場はむしろ東大門の近所にあった。これでわかるように地域的区分は厳格なものではなく、産別を優先して地域的分担を加味したと見られる。なお、日帝の調査は〈表2〉では、上記運動者中、ソウルゴムの孟桂姙らを権栄台グループとして分類している。これは孟桂姙が許マリアらとともに権栄台組織で活動していたためであるが、詳しい内容は次章で見る。

李鉉相は京城トロイカ繊維部の責任者として、地域的には東大門外側地域に根拠を置いていた。京城トロイカ繊維部組織は、前出のように李鉉相をはじめ李順今、権五相、兪順熙の四人によって一九三三年九月に結成され、朝鮮製糸、同水製糸、朝鮮絹織、鐘淵紡績などに各二〜五人の労働者を獲得した。〈表1〉には鐘淵紡績と同水製糸だけしか出ていないが、李載裕の陳述によればこの他にも多数の労働者が工場別グループに網羅されていたという。つまり朝鮮絹織株式会社には、李貞淑《イ・ジョンスク》、李貞賢《イ・ジョンヒョン》、金南謙《キム・ナムギョム》、金福今《キム・ボククム》（金鉉《キム・ヒョン》）、朴召在《パク・ソジェ》、権恵貞《クォン・ヘジョン》などがいて、鐘紡、京城製糸所には李丙嬉《イ・ビョンフィ》、柳海吉《ユ・ヘギル》（柳福童《ユ・ボクトン》）外一〇名ほどが、片倉製糸には卞洪淑《ピョン・ホンスク》と梁河錫の親戚の女工等五、六名がいた。また昭和製糸には女工をしていた兪順熙の下に七、八名の構成員がいた。同水製糸には中央商工会社を辞めて移ってきた李鍾嬉を中心に五、六名の女性労働者がおり、住友製糸には李鍾淑《イ・ジョンスク》外四、五名の構成員による工場グループがあった。日帝が言及している朝鮮製糸での運動を李載裕は言及していないが、それとは別に片倉製糸、昭和製糸、住友製糸などをあげている。このように繊維

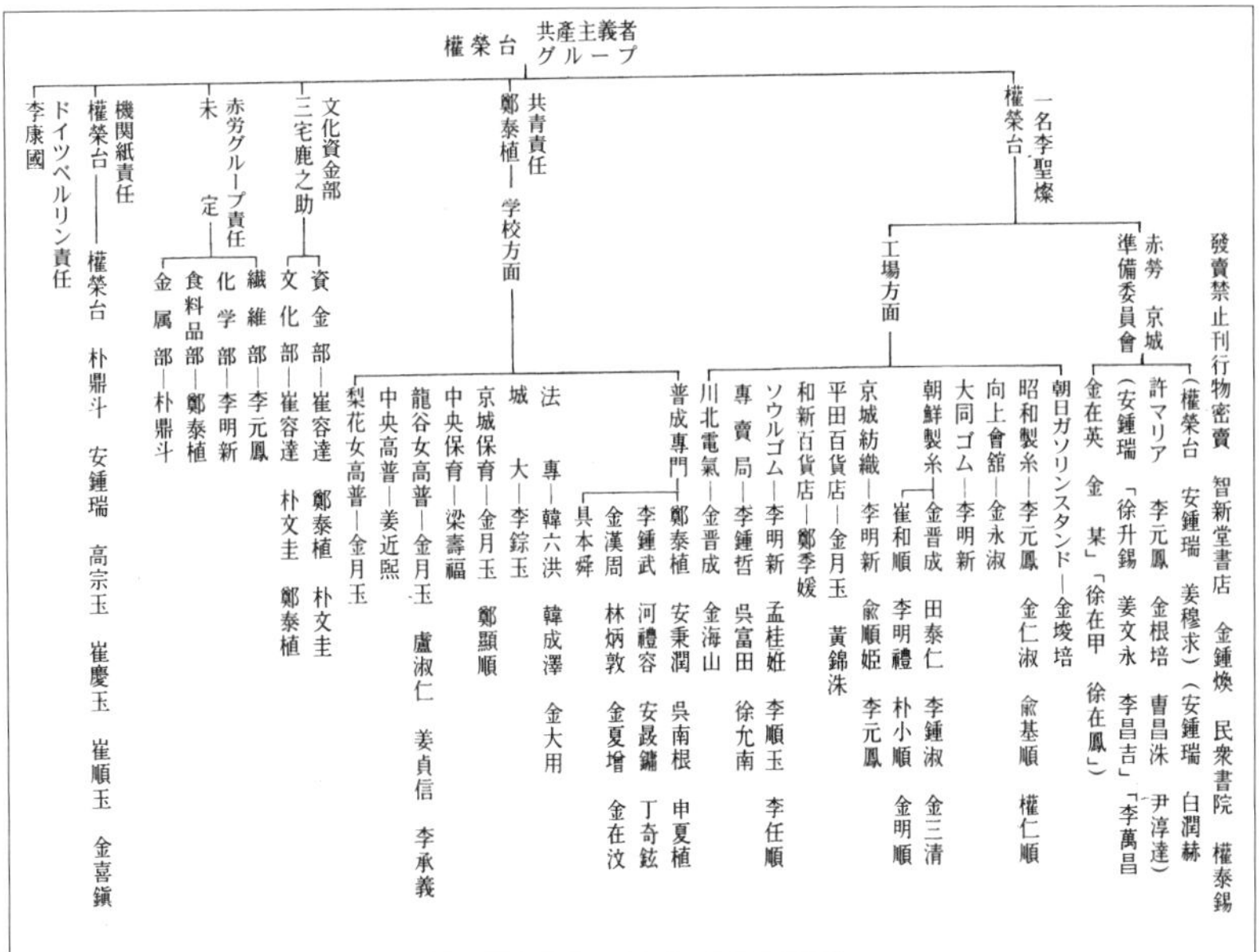

〈表2〉京城コムグループ組織系図

部の主力は製糸、紡績、絹織などの産業部門であり、七工場でそれぞれ四、五から一〇名程度の工場グループが結成された。なお、〈表2〉で見るように、権栄台組織と重複している工場として朝鮮製糸と昭和製糸があり、運動者としては、李載裕組織で昭和製糸の女工だった兪順熙が権栄台組織の京城紡績に入っており、住友製糸の李鍾淑は権栄台組織では朝鮮製糸に属している。このことは、繊維部門における女性労働者の高い転職率を反映しているとも言えるが、あわせて専門的運動のため工場を変えた様子も現わしていると考えられ、派閥問題と関連して注目される現象である。

全体的に見れば、産別部門で最も大衆的基盤をもっていたのは化学と繊維部門だった。永登浦を中心とする金属部門は、工場の規模や労働者構成から一定の限界をもっていたが、ゴム工業を中心とする化学部門や製糸業を中心とする繊維部門は、多くの工場で多数の労働者を獲得した。工場の規模も化学部門では京城ゴムと中央ゴム、繊維部門では京城紡績、鐘紡、片倉製糸、朝鮮製糸などが、[47]職工数二〇〇人以上の大工場だった。前述したソウル地域党再建の五大スローガンにいう党再建は大経営細胞を中心とするという原則が、これら部門ではある程度貫徹されたわけである。また、繊維と化学部門の労働者の大部分は女性であったという特徴があり、それと関連して職業的女性労働運動家の活動が特に注目される。李順今、李鍾嬉、兪順熙らの活動が典型的事例である。他にも朴鎮洪《パク・チンホン》、李元鳳《イ・ウォンボン》、許マリアらをあげることができるが、[48]この時期に最も活動が図抜けていた三人の労働運動家を中心に見ていきたい。

李順今は、次の第二期と第三期で核心的役割を果たした李観述の妹である。慶南蔚山の富裕な家庭に生まれ、一九二九年三月彦陽公立普通学校を卒業し、同年四月兄の李観述とともにソウルに出て私立実践女学校に入学したが、同徳女子高等普通学校三学年に転校し、一九三二年三月卒業したインテリ女性である。在学中の一九三二年一月朴鎮洪らと京城ＲＳ（読書会）協議会や金度燁《キム・ドヨプ》を中心とする反帝同盟で活動し、[49]李載裕の活動に合流した。反帝同盟事件で検挙中彼女は金度燁と密かに連絡し、万一出られたら誰の指導を受けるのが良いかときき、李載裕が最も戦闘的闘士だと紹介された。彼女が李載裕に会ったのは一九三三年四月徐昌（徐載浩）の紹介を通してだというが、李載裕自身は紹介を受ける前にすでに自分が彼女を訪問したことがあったと陳述している。[50]李順今を通して、第三期京城準備グループで重要な役割を果たす兪順熙をはじめ、東大門外繊維部門である朝鮮製糸、朝鮮絹織の女工数名、鐘紡京城製糸工場の李丙嬉外数名が李載裕の運動線に包摂された。また化学部門では中央商工会社の李鍾嬉など数名、京城ゴム工業所の全順徳外数名、京城紡績の李元鳳らが、李順今の活動を通して獲得された。[51]この他にも李順今は運動資金の提供で重要な役割を果たした。一九三四年一月下旬李載裕の身辺が警察の追撃で危険になった時、内需洞にアジトをつくり何日間か同居したが、一月二一日李順今が、翌日二二日に李載裕が警察に検挙された。李観述の妹だった関係もあり、彼女は李載裕が最終的に検挙された以後も彼の運動線で持続的に運動を展開した。[52]

李鍾嬉も李順今と同様に同徳女子高等普通学校を卒業したインテリ女性である。一九三三年八月星標ゴム（中央商工株式会社）で罷業がおこった時、彼女はこの工場の女工だった。彼女は高等女学校を卒業した戦闘的な女工としてソウルの労働運動者中で名声が高かったようだ。李載裕は、李順今や卞洪大、権五相、鄭七星らを通して彼女の名声を聞いていた。星標ゴムで罷業が進行していた一九三三年九月に、李載裕は卞洪大を通して権五相に連絡し、京城帝大付属病院正面前で李鍾嬉と初めて会った。彼は「あまりに左翼的標語を大衆に主張すると失敗する。大衆の利益を優先的に主張しなければならない。警察に目をつけられているので左翼的な理論や言動は慎め」[53]など、罷業で「左翼的分子」がとるべき態度を指導した。李載裕と提携して活動するようになってから彼女はその工場を辞めて、全面的に兪順熙、李順今らとともに繊維、化学部門の労働者獲得のために活動したが、一九三三年九月下旬警察に検挙された。[54] 彼女は第二期京城再建グループでも活動した。

兪順熙は、第二期と第三期にかけて李載裕の運動線で持続的に活動した運動者である。李載裕が彼女を知ったのは、一九三三年一月徐昌を通して戦闘的女工として朝鮮製糸の李貞淑、金福今などを紹介されてからであった。彼女たちとの会合で李載裕は朝鮮製糸に意識が高い活動的女性労働者がいると聞いた。一、二か月後兪順熙が彼を訪問してきた。労働運動の目的もあったが、彼女は、共産党事件に関連して懲役四年を宣告された自分の叔父である兪鎮熙が「堕落幹部」であるとか「スパイ」であるという噂を聞いて、これを確認するために来たといった。[55] 李載裕は当時彼女が「共産主義者というよりは工場に対して不平をもっている」程度だと評した。以後彼女は工場内での活動方法、同盟罷業の方法など李載裕の指導を受けつつ昭和製糸の罷業を主導し、繊維、化学部門で卞洪大、李順今、権五相、李鍾嬉らと活動した。また永登浦京城紡織の女工に入り、李礼粉と連絡して工場の内部を調査するなどの活動を展開した。[56]

（3）工場内各グループの活動方針

次にこれら工場内各グループの活動方針について見てみたい。第一期の運動において李載裕が提示した「工場内日常活動方針」は以下の一八項目に及んでいた。

1. 工場内活動の必要性の具体化
2. 工場内戦略戦術の確定
3. 大衆的調査活動の開始
4. 大衆的宣伝煽動活動の開始
5. 工場内組織活動の大衆的展開
6. 決定的職場に全力を傾ける
7. 中心的スローガンの決定
8. 人員の適当な配置
9. 未組織工場に着手
10. 案内団（原文は世話方団――筆者）の組織
11. その委員の組織
12. 案内団とその委員の活動方法
13. 工場内補助組織を組織して闘争する
14. 研究会は次のような方式で行う

1）必要性　2）大衆化　3）中心的幹部問題　4）教材問題　5）方法

15. 工場ニュースの発行
　1）必要性　2）方法
16. ビラ、デモ、ピクニックなどの方法
17. 工場オルグの指導活動方法
　1）各活動分子の活動方法を絶えず具体化する　2）各活動分子の個人コース決定
18. 罷業闘争の方法
　1）組織活動　2）宣伝煽動活動　3）調査活動　4）大会　5）条件　6）デモ　7）別働隊

以上の各項目にわたって、労働大衆を絶え間なく教育し、意識水準の昂揚と実践闘争の戦術の熟達をはかるのである。例えば、第18項目の闘争方法に関しては次の事が強調された。平素の組織活動では各自の職場でそれぞれが同志を獲得し、宣伝煽動活動は、左翼図書の回し読みや休み時間を利用しての口頭宣伝煽動をすること。調査活動は、資本家の搾取方法、労働時間、賃金、衛生設備および待遇改善、寄宿舎、労働能率、職工数および年齢、監督と教婦制度、工場構造、職工の文化程度、闘争経験、職工の住所と家庭関係、工場の位置と詳細な地理、工場主と資本閥関係など[57]の諸側面に関して調査することが重要だとされた。

（4）罷業の指導方法と具体的事例

李載裕は労働大衆の罷業に関して次のように非常に詳細な具体的指導方法を提示した。罷業が勃発した場合、まず組織形態はどうすべきか？　労働者が罷業闘争に入れば、まず工場内で従業員大会を開いて一般的要求条件を決定し、次に罷業闘争委員会を組織する。この闘争委員会は、一般化せず、限られた範囲の特殊な人間で開催する。非合法もありうる。前出の、各工場別に四、五人から一〇人内外で組織された工場グループは、罷業に突

入した場合すぐにこの罷業闘争委員会に転換できる。この闘争委員会に専門部を設置するが、その部署は宣伝煽動部、組織部、調査部、連絡部（レポ部）などである。宣伝煽動部は、主に工場で罷業に参加しない労働者たちに対して就業しないようにいい、彼等と罷業員たちの団結を激励する。組織部は、罷業参加員で一般の組織を結成する。例えば工場内で職場別に班を組織したり、地域別グループを組織したりする。調査部は労働者の出方、動静や、生活状態、家族関係、交友関係、縁故関係、背景などを調査する。工場内では罷業に対する資本家の方針とか、就業時間、賃金問題、その他全ての待遇改善を要する点を調査して、資本家側の搾取形態を暴露するのである。連絡部は、後述する工場外で指導する罷業委員会と労働者の中間に立って、罷業委員会で決定する方針を労働者に伝え、また労働者の動静、要求などを委員会に報告して闘争を円滑に統制する役割をする。

こうした組織形態は工場内部を事例にしたのであるが、これと同時に工場外では、罷業を指導する運動者を中心に罷業闘争委員会を組織した。組織部署は工場内部委員会の組織部署に相応して宣伝煽動部、組織部、調査部、連絡部などを置いた。これら各々の部署は、工場内の各構成員を指導激励し、各委員と協議提携して工場内委員会の各部門委員が適当に活動できるようにする任務をもっていた。[58] この工場外罷業闘争委員会に該当するのは、具体的には、上部トロイカ構成員である安炳春、卞洪大、李鉉相が永登浦、龍山、東大門外の工場地帯を中心に組織した下部トロイカである。このことは、元来罷業闘争は党がある場合には党が、革命的労組組織がある時は革命的労組がこれを指導することが当然だが、朝鮮のように中央集権的団体が存在していない状況では、トロイカがその役割を担当しなければならないという李載裕の主張[59]からも理解できる。

これまで革命的労働組合運動の目的、組織綱領、工場グループの結成過程と、工場内各グループの活動方針、罷業闘争に対する具体的な指導方法などを述べた。最後に、こうした理論と方針に立脚してこの時期に展開された大衆的罷業闘争の事例を見てみよう。李載裕は一九三六年一二月に検挙された後、警察の取調で「過ぎたことはいちいち記憶していないが、記憶するままに」一九三三年下半期の罷業闘争に関する事実をあげているが[60]、新聞記事と対照してみても、いくつかの小さな事実を除外すれば、当時の報道とほとんど一致する。四年前のことをいちいち記憶して、またそのまま復元するということは、運動に対するその熱情と愛着を傍証するものである。以下調書の陳述と新聞記事を総合して、李載裕グループが主導した罷業の実際内容を検討してみよう。

1. 片倉製糸

李載裕はこの罷業が一九三三年五月末に起こったと陳述しているが、当時の新聞記事を見ると[61]、六月一日午前五時朝鮮人女工三二〇名が（一）労働時間一三時間の短縮（二）賃金引上げ（三）日本人と朝鮮人女工の食事差別撤廃（四）寄宿舎の女工の外出を絶対禁止している会社内規の改定、の四つの要求条件を掲げて罷業に入った。罷業の直接的発端は、女工に面会するため故郷からわざわざでてきた親族を工場の守衛が殴打したことだった。李載裕は賃金引上げ、夜警の退社など六項目の要求条件を掲げて三六四名の女工が罷業した、と新聞報道と大同小異の陳述をした。

もともとこの罷業は李載裕グループが組織指導したのではなく、金炯善の線で活動していた梁河錫などが主導したのである。李載裕グループがこの罷業に関与したのは、罷業の開始とともに梁河錫が対策を提議してきたからである。梁河錫がこの工場で運動してきたのは、彼の親族にあたる女工が通っていた縁で工場内の事情をよく知っていたからである。それで金炯善は梁河錫とともに労働者を煽動して罷業を起こし、その後李載裕が指導をまかされたのである。李載裕は、金炯善が梁河錫に命じて自分に指導を頼んだと判断した。金炯善は自分との提携を念頭におきながら、この罷業を通して李載裕のグループの運動力量を試してみようとしたのだと思われた。前述したように、この罷業を通して李載裕は金炯善の運動線の存在を知り、結果的に李載裕と金炯善の会合が促進されたのである。

前に見たように、李載裕が各工場を基盤に工場グループを結成したのは一九三三年下半期以降であるから、この罷業当時工場内に従業員大会や罷業闘争委員会はなかったとみられる。工場外部に罷業闘争委員会が組織されていたかどうかははっきりしていないが、李鉉相らによるこの地域の下部トロイカが結成されたのが一九三三年九月であった点を考慮すれば、外部の委員会もなかったと見なければならない。従って李載裕といくらかの運動者が梁河錫と連係して運動を指導したのである。罷業が起こるや西大門署では「女工たちの騒動を鎮圧して男子職工一名を検挙」した。事情がこのようであったので、この罷業が職工側の敗北に終わったことはあるいは当然な結果かもしれない。当日午後六時になって職工代表一二名は無条件復業を宣言して、「ウヤムヤの中に女工側が折れてしまった」のである。

2．中央商工会社

一九三三年八月一七日並木町の中央商工会社（一名星標ゴム）女工一五〇余名が、分業による賃金減に抗議して同盟罷業に突入した(62)。李載裕の陳述は、女工七三名が参加したといって差異があるが、日時は一六日であり、従来の請負制度撤廃反対が要求条件であった点など大体一致する。李鐘嬉がこの工場の女工だったので、工場内では李鐘嬉が罷業闘争委員会に準ずる組織を編成して表面的に活動し、工場外では罷業の指導責任者を権五相とし、背後で李順今と李鉉相および李載裕自身が指導した。工場外のこの三人は、李鉉相を中心に一月ほど後この地域で下部トロイカを構成した事実を念頭におく必要がある。つまり工場外部で罷業闘争委員会に準ずる組織がこの時期にすでに稼動しており、このような闘争を通してトロイカが形成された。これは闘争を通しての組織の結成という李載裕の運動方針がそのまま実践されたということである。警察が「主義者たちの煽動があるのではないかとして隠密な内査をする一方厳重な警戒」をしたにもかかわらず、結局この罷業が請負制度の復活を会社側に受け入れさせ、労働者の勝利に終わったこともこのような点から見れば当然なことであった。

3．昭和製糸

李載裕の陳述によれば、この罷業は一九三三年八月二二日から二三日まで青葉町（現在の青坡洞一帯）昭和製糸の女工二四九名が、女工監督教婦長排斥、待遇改善を要求して起こしたのである。この時工場には兪順熙が女工としていたが、彼女を責任者として、李順今、卞洪大がこれを指導し、背後で李載裕、李鉉相、安炳春が活動した。その結果要求条件中重要な教婦長の退職を実現し、職工側の勝利に終わったという。

当時の新聞[63]は、一九三三年八月二二日、女職工三〇〇名が（一）監督の態度が悪く就業できないので彼を解雇すること（二）女性職工柳福童（柳海吉──筆者）を、朝鮮製糸会社で同盟罷業した人物だとして突然解雇したのは不当なのですぐに就業させること（三）寄宿舎の飲食物が悪いので改善すること（四）賃金を約束どおり支払うこと、の四つの要求条件を掲げて罷業したと報道した。会社側は協議を重ね、職工全部を会議室に集めて要求条件（三）と（四）を受入れると発表した。しかし女工たちは、職工に対する無断解雇と監督の虐待に対して最後まで争うと罷業を継続した。罷業は結局龍山署高等係の調停で「円満に解決」したというが、それによれば（一）の要求については監督が謝罪し、今後職工から不信任を受けた場合には辞表を提出すると約束し（二）の条件については、解雇された柳福童を復職させることはできないが、今後人事取扱は重役会議を通して慎重に取扱う、ということだった。

李載裕の陳述と比較すると、罷業発生日、罷業参加者数、要求条件などは大同小異だが、李載裕が言及していないことが新聞記事にはある。まず、李載裕グループで活動した柳海吉がいわゆるブラックリストにあげられて解雇され、これが罷業勃発の重要理由の一つであったという事実である。また、李載裕は教婦長（監督）が退職して職工側が勝利したと陳述しているが、工場側で出したのは欺瞞的妥協策に他ならなかった。工場内に兪順熙らがいたが柳海吉解雇で力が弱まり、工場外からの指導も、最高トロイカの李載裕、安炳春、卞洪大、李鉉相などが総力で対応したにもかかわらず、互いに異なる下位トロイカに属していた李順今と卞洪大が指導を担うなど、系統的な指導ができなかったことが、実質的な敗北をもたらした内部的要因ではないかと考えられる。

4. 高麗ゴムと東明ゴム会社

一九三三年八月下旬、同一区内にある高麗ゴムと東明ゴムの女工約四〇名が一緒に罷業を起こした。卞洪大が会社の構内に起居して罷業煽動責任を担当し、その背後で李載裕、安炳春、李鉉相が活動して、賃金引下反対等の要求条件を会社側が承認して職工側の勝利に終わったというが、この罷業に関する新聞資料は見当たらず仔細な比較ができない。卞洪大が罷業で煽動責任を担ったのは、彼が京城トロイカ化学部門を担当していたためである。最高トロイカ成員全部が前に出て活動したことは、前の昭和製糸罷業と同様である。

5. 朝鮮絹織株式会社

一九三三年九月七日から一〇日まで、崇仁洞の朝鮮絹織会社管巻部の女工二〇名が賃金引上等の要求条件を出して罷業を起こした。罷業が起こるや、この工場の女工であった金福今、李貞淑、李順今は工場外部の組織と連絡して活動した。工場外では京城トロイカ繊維部門担当の李鉉相が罷業煽動の責任を担ったが、上部トロイカの李載裕、卞洪大が背後から指導した。李載裕の陳述によれば、この罷業は会社側が要求条件を受け入れ労働者側の勝利に終わったという。この罷業についても高麗ゴム、東明ゴム罷業と同様当時の新聞記事で確認することができない。

6. ソウルゴム会社

一九三三年九月一九日、ソウルゴム会社の女工一二〇余名は、不良品検査があまりにも過酷だということなどに抗議し、七か条の要求条件を掲げて罷業に突入した。李載裕の陳述においては勃発日や、参加人員が当時の新聞報道と正確に一致し、また製品の検査、監督更迭など数か条の要求条件も記憶されていた。他のどの事件よりもこの罷業を李載裕が正確に記憶していたのは、労働運動部門において組織の整備を行いつつあった李載裕グループが、後の鐘紡罷業とともに重点をおいて集中的に指導したためである。

この時工場内の責任者は許マリアであったが、新聞報道によると[64]その他に池順伊、孟桂妊らがグループ員として活動した。工場外の責任は兪順熙、李鐘嬉、権五相らが担い、李順今、李載裕、李鉉相、卞洪大が背後で指導したという。つまり工場外部の罷業闘争委員会に準ずる組織に、卞洪大の下位トロイカに属する李鐘嬉、李鉉相の下位トロイカに属する兪順熙、権五相が配置され、背後指導は李載裕、李鉉相、卞洪大の上部トロイカ三人と李鉉相の下位トロイカに属する李順今が担当した。地域的には龍山と東大門外側の組織、産別としては化学と繊維部門の全員が網羅されたということができる。しかし前出の具体的な活動方針を念頭において子細に検討してみると、組織的側面において相互間の責任部署が明確に設定されておらず、宣伝煽動や指導の側面でも一貫した系統性を確立できなかったといえる。またソウルの龍山と東大門一帯において連鎖的に罷業が発生するや、警察の弾圧と監視が一層強化された。罷業が起こるや許マリア、池順伊、孟桂妊など「首謀者と認定された」六名の女工が即刻検挙され、工場外の権五相なども東大門警察に検挙された。このように工場内外の組織が検挙などで実質的に機能できなかったという点を勘案すれば、「双方妥協して罷業が解決[65]」したという新聞報道よりは、職工側の敗北という李載裕の陳述が事実により近いと見られる。なお、片倉製糸罷業を通じて金炯善の組織と出会ったように、この罷業は権栄台グループと関連する白潤赫《ペク・ユンヒョク》などの組織と初めて会う契機となった。

7. 鐘淵紡績会社京城製糸工場

一九三三年九月二一日、新設洞の鐘紡京城製糸工場の女工五〇〇余名が賃金問題で総罷業に突入した[66]。李載裕の陳述では、同じ日に三〇〇余名の女工が解雇職工の復職と賃金引上などで罷業を起こしたというが、解雇職工の復職はこの工場ではなく、前出昭和製糸の柳海吉の場合と錯覚したのではないかと思われる。この地域一帯で連鎖的に罷業が進行した過程で起きたこの罷業は、ソウルゴム罷業とともに、一種の地域的連帯罷業の様相を帯びて展開されたという点と、大規模工場での争議だという点で大きな社会的注目をあびた。罷業が勃発するや会社側は寄宿舎職工の外出を禁止して、五〇〇名の女工すべてに最後通牒を送るなどの強硬処置を取った。一方東大門署は罷業の勃発とともにイ・ヨンジャら五名の女工を検束し、二日後の二三日明方には敦岩里方面で朝鮮紡績女工キム某ら二名を検挙した。警察の弾圧にもかかわらず、五六名の女工たちは警察署へ押しよせ検束者釈放を要求しつつ、解雇するとした会社側の威嚇にも屈せず持続的に闘争を展開した。会社側では九月二三日職工募集広告をはり出し、二四日までに出勤しない職工は全て解雇するとしつつ九割以上が出勤するだろうと自信ある態度をみせた。しかし労働者はこれに応じなかった。「今まで、職工達は受動的に罷業したと思っていたが、そうではなかった(67)」ということを悟った会社側は、無条件復業を慫慂する一方、男工を利用して女工を復業させようという巧妙な陽動作戦を駆使した。つまり、会社側は男工たちをして女工三〇〇名を召集させ、男工にその席で会社が要求条件を承認したから復業するよう通知させた。女工たちの復業が一旦なされるや、会社側は、要求条件の承認は男工が勝手にいったことで会社側は全く知らないことだと逃げた。これに対し復業しなかった女工たちは賃金増額、待遇改善など一三の要求条件を提示したが、その中に男子職工の賃金（工銭）を上げてくれという事項も含まれていたことが注目される。しかし、こうして労働者の団結が壊れて、無条件に就業し、職工側の敗北に終わったのである。

罷業当時工場内には、永登浦下位トロイカ構成員であった李丙驥の親戚である李丙嬉と柳海吉がいた。工場外では罷業（闘争）委員会が設置され、李孝貞《イ・ヒョジョン》、李順今、李鐘嬉などが活動した。罷業の指導責任者は李鉉相であったが、京城トロイカ化学部の卞洪大も加勢した。罷業当時「背後で煽動する系統があるのではないかと調査した結果、そのような嫌疑は少しもない」とされたほどに警察の調査を巧みに避けて活動していたが、罷業が終った直後に「鐘紡の同盟罷業は某団が操縦し、要求条件もこの人物たちの所為」[68]という端緒をつかまれてしまった。警察はこの時期地域的総罷業の様相を帯びて次々に展開される罷業に対して嫌疑をもち、緻密な調査をしたとみられる。結局李鐘嬉の存在が明かになり、李鐘嬉、李孝貞、卞洪大、許マリア、権五相らが検挙された[69]。李載裕も新設洞貧民村のアジトから脱出して転々とした。翌年一九三四年一月に彼が警察に検挙される大きな契機はここに始ったのである。

ソウルゴムと同様この罷業でも、権栄台グループは李載裕グループと競合的活動を行った。李載裕はこの罷業を契機に共同闘争委員会を提案するが、相手方の拒否で挫折してしまった。また彼は共同闘争の一形式として罷業基金を募集し、安承楽《アン・スンナク》らが応え、これには反帝同盟事件の南万熙らも加勢した。罷業後に南万熙は警察に検挙された。

8. 龍山工作所永登浦工場

一九三三年九月二一日、龍山工作所永登浦工場が臨時休業を宣言するや、同工場職工一〇〇余名が罷業状態に入った。罷業の勃発日は正確に記憶していないが、二〇〇余名の職工が解雇されるやこれが原因となって三〇〇余名の職工が罷業した、という李載裕の陳述は、人員数が多少異なるだけで罷業の原因は正確である。この時工場内では、安炳春を中心にして安三遠、李淳福の下位トロイカ成員がそのまま罷業委員会となって責任を担い、工場外では安炳春を除く李載裕、卞洪大、李鉉相の最高トロイカ構成員全体が動員され罷業を指揮した。注目されるのは、彼等の活躍によって職工大会が開催され、この職場大会で代表五人を選定した[70]という事実である。前に罷業闘争方法においてふれたが、従業員大会がこれに相応するもので、今まで言及した罷業ではこのような工場内の全職工を網羅する大会が組織されたことは一度もなかった。罷業が起こるがしばしば首謀者と目される工場内の罷業委員会構成員たちが検挙されると、それ以上の闘争を続けるのが難しかったのである。解雇という事案自体が敏感に作用したこともあるが、このような大規模工場で男性労働者を網羅した工場大会を組織できたことは、トロイカの全成員が組織、動員された事によるのであり、罷業を勝利に終わらせた有力な要因となった。しかし、ソウルゴム、鐘淵紡績罷業などと連関して、この罷業以後永登浦一帯でも検挙旋風が吹き荒れ、安炳春、安三遠などが検挙[71]されて永登浦地域の運動は実質的に不可能になった。

いままで見てきたように、一九三三年下半期以来、特にソウルの東大門外側地帯を中心に連続的に展開された一連の罷業は、京城トロイカがその組織理論と指導方法を具体的に適用し、意識的に展開した闘争であった。これらの闘争は、植民地時期全体を通して、大衆的要求と意識的指導が結合して展開されたもっとも代表的な闘争事例である。李載裕自身は、一九三三年末の三宅との情勢討論書で次のように評価している。すなわち、この時期に全国的次元で展開された大小無数の罷業闘争において特に注目すべき傾向は、罷業が連続性を帯びて起こったことだとし、その例として一九三三年七月から数か月にわたるソウル、平壌などのゴム女工罷業の爆発的展開をあげている。これらの罷業は明白な連結性を見せ、最後に釜山のゴムゼネストに発展したのである。製糸業でも咸興の片倉製糸、ソウルの昭和製糸、鐘紡製糸などの事例をあげているが、ソウルの場合は李載裕自身が指導した罷業であった。また李載裕は、これら罷業において労働者がつねに大衆的街頭デモによって武装警官隊の干渉と圧迫を撃退し、プロレタリアの大衆的圧力で資本家階級の走狗改良主義的指導分子の協調的指導を粉砕し独自的、自立的闘争を展開したと評価した。そしてその例として、釜山ゴムゼネストにおける婦人労働大衆の革命的デモ、鐘紡罷業でのデモと被検同志釈放要求運動をあげている。[72]

すでに述べたように、これらの罷業は京城トロイカの組織理論と組織方法に従って組織的に展開された闘争であった。つまり工場内外に罷業闘争委員会を組織して具体的な部署を設定し、従業員大会の開催などを地域と産別それぞれの下位トロイカが責任を負って指導したのである。しかしこのような指導方針の具体的適用においては、体系性と一貫性という点で一定の限界があった。罷業が発生すると最高トロイカ構成員をはじめ下位の組織成員まで、事実上動員できる組織員たち殆ど全部が動員された。そして地域別、産業別組織について多分に便宜的で事後的に指導部の人員配置と工場内組織編成がなされた。永登浦における安三遠を中心とする下位トロイカが若干の例外を見せているが、このような傾向は闘争過程でますます明瞭に現われた。また永登浦地域を除いて、従業員大会が一度も開催されなかった事実は、このような指導方式の限界とともに、一般労働者に対する大衆性の確保において一定の制約をもっていたということを示唆している。前述したように、罷業の相当数が敗北に終わる外なかったことは、こうした内在的要因に起因しているのであった。

（5）他の地域の運動と運動内容の評価

最後に、この時期に李載裕が指導した他の地域の運動について見てみよう。労働運動で最も代表的な事例は仁川地域の運動である。この地域の運動は、李載裕が一九三一年夏西大門刑務所に服役していた当時、採石場へ使役に出て金三龍[73]に会ったことから始まった。出獄してから間もない一九三三年二月に彼は金三龍と会ったが、この時は具体的な協議なく別れた。続いて四月に、運動のための方便として就職するために金三龍がまたソウルに来た時には、李載裕は彼に漠然とした街頭運動ではなく工場に入って職場を中心に労働者を獲得して堅固な地盤をつくり、罷業などの闘争を通してこれを革命的労働組合に転換しなければならない[74]という党再建方式を提示した。このように、李載裕は仁川地域で金三龍などを中心とする運動の初期に一定の影響を与えたが、自分が直接指導はしなかったと推定される。この地域の運動は、永登浦下位トロイカを担当していた安炳春が指導したのであり、李載裕は安炳春を通して時々進行状況の報告を受ける程度に自身の役割を限定していたのである[75]。金三龍は仁川の埠頭労働者李百万を「獲得」し、同じ埠頭労働者李錫冕《イ・ソンミョン》らとともに一九三四年一月以後本格的な運動を展開した。例えば埠頭労働者についての基本調査をしたり、出版物を発行して講座を開設し労働者を教育する活動などである。[76] ソウルにおけると同様に、これは革命的労働組合を組織するための準備活動という性格を帯びていたのである。[77] しかし、金三龍は李載裕が検挙される直前、李載裕と同居していた安炳春との連絡場所で警察に検挙されて[78]仁川地域の運動も中断されてしまった。

仁川地域の運動に李載裕がかかわった範囲と指導の様相は、後述するように対立組織であるいわゆるコムグループのこの地域での運動様相とは対照的である。このことは他の地域の運動についても一定の示唆を与える。他の地域における李載裕の運動としては、例えば革命的労組部門では仁川、元山、新義州、江陵などがあり、革命的農組部門では楊平、驪州、鉄原、安辺、高城などがあった。また咸興、元山、平壌、仁川、鎮南浦、釜山などで革命的労働組合全朝鮮協議会が結成されたという新聞資料[79]もある。しかしこれら地域における李載裕の指導様相は、仁川の場合よりもなおゆるやかなものであったと思われる。もちろん他の地域との連絡関係を全く設定しなかったわけではない。一九三四年一月に警察の検挙を避けて平壌行を計画したことや、京城準備グループ時期に兪順熙を咸興の工場地帯に派遣したことなどはその例である。また卞洪大と李星出が活動していた楊州郡では自分自身で直接農民の生活状態を調査しようとした。[80] 李載裕の運動は究極的には全国的次元での党再建を展望していたのであり、他の地域との連係によって全国的組織をもつ問題は、必然的に考慮されなければならないことであった。

それにもかかわらず彼は、まず一つの地域を中心に運動の統一をなし、それを土台に他の地域に運動線を拡大するという方針に立脚して、ソウル地域の運動に優先的重点をおき運動を展開した。仁川地域の運動に対して自分の役割を一定に限定したのもこのためである。これは、大部分の党再建運動や革命的労組運動が、地域内で堅固な大衆的基盤をもたず、とりあえず全国的次元の上部組織だけをつくることに汲々となっていたこととは鋭い対照をなした。過去の運動に対する徹底した批判に立脚して李載裕は自身の運動方針を立て、またそのように樹立された原則を忠実に現実に適用した。後に彼が平壌や咸興との連関関係を考慮したのは、自身の組織が警察にわかってしまい、ソウル地域での運動が不可能だと予想された状況で、運動の拠点を移すための準備作業であったと理解できる。

このように、この時期の労働運動は一定地域を基盤にその地域の工場内で労働者を獲得し、読書会や討論会などを通しての指導、教育活動を基盤にして漸次意識の昂揚をはかるとともに、罷業闘争を通して次第に多数の労働者を獲得するという方針に立脚していた。その組織方法は、各工場や職場に三～五人の労働者による工場班あるいは工場グループをつくり、これを地域的に統制する一方、産業別原則に従って全国的組織を結成するというものであった。完成された革命的労組組織においては、この工場グループは工場分会に、地域的統制は地区組織に発展し、全国的には産別の全国労働組合組織を志向した。前に見た永登浦、龍山、東大門一帯はこのような地域的地区組織を、そして金属と化学、繊維の各部門は産別組織として具体的に想定された組織だった。この外に一般使用人組合と出版部門も設定されたが、[81]前者は新聞配達夫や家事使用人などを、後者は当時合法部門で唯一産別労組として発展過程を見せた出版部門[82]を念頭においたと推定される。李載裕が作成したという『組織問題の意義とその必要』というパンフレットを見ると、朝鮮には一二個の産別組合があるので、全国労働組合に化学、金属、運輸、繊維などの一二部門をおくとして[83]運輸を加えているが、残りの産別部門の具体的内容はわからない。

一方日帝の捜査記録は、これら各地域全てに赤色労働組合組織準備委員会が結成されたとしているが、トロイカ組織の実際においてすでに検討したように、「準備会」という公式名称をつけた組織の結成はなかったと見られる。判決文でもこれら準備会に関しては言及されず、活動内容が述べられているだけである。なおソウル・仁川地域の労働運動関係者では労働者や貧農出身、あるいは直接労働に従事している者の比重が高いことが注目される。各工場や職場にいた者はいうまでもなく、指導部内でも卞洪大、李丙驥、鄭七星、李百万、金三龍らは純粋の貧農、労働者出身である。中等学校やあるいはこれに該当する学歴以上をインテリだと見れば、安炳春、安三遠、李順今、崔小福、李鉉相、金晋成、孔成檜が該当するが、この中で安炳春、安三遠、金晋成、孔成檜は労働に従事しているから、純粋のインテリは李順今、崔小福、李鉉相の三人程度にすぎない。このことは、第一期の運動が工場や職場に深く密着した活動を展開できた理由を示しており、学生運動まで含めての「李載裕の暗躍による赤色組織は未だ半島共産党運動史上に類を見ない強力なもの」[84]という指摘もこのような脈絡において理解される。時期的に見て、これらの運動は大略一九三三年八月以後から本格的、活発に展開されはじめた。九月頃には罷業闘争が展開され運動の高潮期を迎えるが、鐘紡罷業などで警察に端緒をつかまれ、以後多くの組織員が継続的に検挙される中で一九三四年一月李載裕が検挙され、組織は一旦瓦解した。

五、学生運動の展開過程

(1) 運動の目的と行動綱領

労働運動と同様に学生運動の目的は「朝鮮の絶対独立と共産制度の建設を実現」するということであった。このような目的を達成するため、京城トロイカ時期には六一項目にも達する一般的行動綱領を樹立し、各学校内の具体的活動に適用しようとした。さらに六つの領域の具体的な行動綱領を設定して、各々に対する綱領を提示した。六つの運動領域は（一）全国的学生運動の戦線統一のための闘争（二）農民運動支持闘争（三）日本・台湾・満州の学生運動の自由獲得闘争（四）中国革命運動絶対支持の活動（五）ソビエト同盟防衛闘争（六）帝国主義戦争反対闘争、である。基本的に学生運動が反帝運動力量として設定され、労働運動とともに主導的運動部門と見なされたことがわかる。一般的行動綱領六一項目は次の通りである。(85)

1. 学生の言論・出版・集会・結社の自由獲得闘争
2. 学生の研究・読書（科学）の自由獲得闘争
3. 学校内で学生自治会を組織し活動する自由獲得闘争
4. 教科書批判と教科書選択の自由獲得闘争
5. 学生のスト・デモ・屋外集会を宣伝・煽動・組織実行する自由獲得闘争
6. 学生が自衛隊を組織する自由獲得闘争
7. 治安維持法、保安法、出版法、制令第七号、暴力行為取締法その他学生運動を圧迫する全ての法令撤廃闘争
8. 学生運動者および全ての政治犯被疑者の釈放闘争
9. 学生運動を圧迫妨害する検束、拘留、予捕、監禁、家宅侵入、家宅捜査、書信通信の妨害侵害、絶対反対闘争
10. 御用的学生団体、思想善導官、保導隊、学生暴力反動団体、学内専門スパイ（学生）網の徹底的排撃闘争
11. 学生の政治的・経済的・社会的生活禁止反対闘争
12. 欺瞞的平和的言辞の裏面に隠されている学内右翼機会主義者部隊粉砕闘争
13. 左翼的言辞の裏面に隠されている校内左翼機会主義者部隊粉砕闘争

14. 反動的軍国主義的組織と国家主義的組織（青年団、相愛会、国民協会、少年団、斥候隊、処女会、在郷軍人会、愛国夫人会）の徹底的排撃闘争
15. 資本家的校主をたたえる全ての従属的行動排撃闘争
16. 聖経、仏経、講道、礼拝、訓示などの強要絶対反対闘争
17. 中・小学校教授使用語を朝鮮語とするための闘争
18. 中・小学校の朝鮮歴史教授時間を五〇時間以上とするための闘争
19. 中・小学校の日本歴史教授時間を三〇時間以内に短縮するための闘争
20. 軍人体操教師絶対反対闘争
21. スポーツ用具代、図書費、旅行費などを学生から徴収することに対する闘争とその学生管理獲得闘争
22. スポーツ器具、図書倶楽部、各種実験器具の完備獲得闘争とその学生管理獲得闘争
23. 月謝金五割引下獲得闘争
24. 官僚的出席規則撤廃闘争
25. 殺人的入学・学期・臨時試験制度撤廃闘争
26. 入学金、受験費、試験紙代、その他学生徴収全費用絶対反対闘争
27. 学期金滞納による停学処分絶対反対闘争
28. 教授らの学生に対する官僚的・支配的・抑圧的・侮蔑的言辞待遇絶対反対闘争（野蛮的殴打）
29. 強制注入式の機械的教授方針排撃闘争
30. 高中（高等普通学校と中学校）合併絶対反対闘争
31. 教授会への学生代表参加獲得闘争

32. 教授の採用罷免に学生代表者会議が最高決定権を掌握することを目的とする闘争
33. 学生の退学、停学処分にはその最高決定権を学生代表者会議が獲得する闘争
34. 校舎、雨天体操室、各種実験室の完備獲得闘争
35. 学務局の学校当局に対する積極的干渉絶対反対闘争
36. 学校当局と警察当局の野合と警察権の校内侵入絶対反対
37. 職業的・官僚的・個人的スポーツ精神養成絶対反対闘争
38. 寄宿監禁絶対反対闘争
39. 寄宿舎入退舎と外出の自由、消灯の自由獲得闘争
40. 寄宿舎の飲食物改善要求
41. 寄宿舎の学校負担による新聞、雑誌の提供獲得闘争
42. 官僚的舎監撤廃闘争
43. 寄宿舎生代表選抜による寄宿舎統制委員会設置闘争
44. 寄宿舎設備完成のための闘争
45. 寄宿舎生の一週間一回以上の生きた新聞会〔演劇形式の新聞〕、壁新聞会開催獲得闘争
46. 戦闘的学生運動犠牲者救援闘争
47. 教科書批判、教科書選択の自由獲得闘争
48. 革命運動者とその家族救援闘争
49. 各学校内の赤色学校委員会確立闘争
50. 男子学校教育と女子学校教育の差別撤廃闘争

51. 日本人教育と朝鮮人教育の差別撤廃闘争
52. 女学生にたいする社会的・政治的・経済的特殊抑圧反対闘争
53. 学生に汽車・電車・自動車料金半額引下げ闘争
54. 図書館無料出入の自由獲得闘争
55. 封建的・家父長的家族拘束と干渉絶対反対闘争
56. 学生の早婚制度絶対反対闘争
57. 成年期の自由恋愛獲得闘争
58. 植民地的奴隷軍事教育政策絶対反対闘争
59. 男工〔男子工員〕主義ファシズム教絶対反対闘争
60. 実学力以外の形式的資格的差別絶対反対闘争
61. 学生運動に対する合法主義絶対排撃闘争

次に六つの領域の具体的行動綱領を見よう。第一に全国的学生運動戦線統一のための闘争の行動綱領は四項目あった。

1. 専門、女中、男中、小（小学校）別および地域別に赤色学校共同委員会を組織して活動する
2. 学校比例代表による全国学生会議を開催し、これにより赤色学校委員会を確立するために闘争する
3. 全国反帝学校部、モップル（赤色救援会――筆者）学校部、文化サークル学校部委員会の全ての闘争を絶対支持し、運動の効率的進行のため、反帝、モップル、文化サークルの分化を積極的に推進する闘争
4. 全国の学校内で日常的に反帝反戦ゼネストを組織して活動する

次に農民運動支持闘争の行動綱領は五項目である。
1．農民組合の全国的支持のために闘争する
2．大財閥、大地主別に組合を確立する闘争を支持する
3．物質的・人的支持
4．支持のための罷業とデモを組織し実行する
5．社民（社会民主主義──筆者）組合、天道教系組合粉砕闘争
三番目は日本、台湾、満州での学生運動の自由を獲得するための三か条の行動綱領である。
1．日本、台湾、満州での学生運動を支持する
2．台湾その他植民地での特殊暴圧に絶対反対して闘争する
3．日本、朝鮮、台湾、満州での学生共同委員会を樹立するために闘争する
四番目は中国革命運動絶対支持の四か条の闘争綱領である。
1．中国ソビエトを絶対支持する
2．満州国、西蔵、蒙古でのパルチザン運動を絶対支持する
3．日本帝国主義の満蒙略奪戦に絶対反対する闘争
4．日本帝国主義の満州出兵反対闘争はゼネストで闘う
五番目はソビエト同盟防衛の闘争の行動綱領三か条である。
1．ソビエト同盟の社会主義建設を絶対支持する
2．第二次五か年計画を絶対支持する
3．反ソ戦線粉砕のためゼネストを組織して活動する

最後に、帝国主義戦争絶対反対闘争のための八か条の行動綱領。

1. 校内戦争反対委員会を確立する
2. 全国的反戦委員会を積極的に確立する
3. 反戦ゼネストを組織して活動する
4. 打倒日本帝国主義
5. 朝鮮の独立
6. 労働者・農民・勤労大衆のソビエト樹立のための闘争を積極的に支持する
7. 農業（土地）革命支持
8. 日本帝国主義の走狗民族改良主義の楽園たる、「東亜日報」、興士団、「朝鮮日報」、「（朝鮮）中央日報」などを粉砕する闘争

（2）運動の実践と指導

このような目的と綱領をどのように実行するか？　李載裕はその実行のために学生を教育、指導、訓練する方法として次の一〇項目にわたる方針をあげた。(86) 最初に学生を獲得する初歩的な試験講座として、まず人類と教育という側面から問題を提起した。つまり、

（1）人生（人間）の社会生活における必然的要求としての教育の必要についての認識
（2）教育の階級性（資本家的教育と労働者的教育）に対する認識
（3）個人的立場の教育と人間の社会生活過程という立場の教育を対照批判することを強調する

二番目は現在の学校学科及び教授方法に対する具体的批判だが、ここでは、

（1）われわれの生活と結合している学科であるかを重視し、修身、地理、歴史、化学、数学、公民、外国語、その他全ての学科を批判する
（2）学ぶわれわれのための学科であるかあるいは資本家のための学科であるか
（3）学生が自発的に学科に熱中しようとする教授方法と、強制的・機械的学科注入式の教授方法を対照して批判する

三番目には現在の学校教育政策と学生の問題について、
（1）抑圧的・奴隷的・植民地同化的・軍国主義的政策を暴露する
（2）学生の不平はどんなことか、綱領でもって説明して認識させる
（3）学校は誰が誰のためにたてたものかに対する認識
（4）学生と学校、総督府学務局との関係
（5）学校の資本家奉仕の役割
（6）学校内で何をどうすれば我々自身が資本家の雇用と養成関係から自由になれるか？
（7）その他行動綱領で学校政策を認識させる

四番目は日本帝国主義と朝鮮の関係に対する理解だが、次の各項目に重点をおいて学生を教育訓練しなければならないと李載裕は主張した。
（1）日本帝国主義侵略当時の朝鮮内情勢
（2）〔韓国〕合併後朝鮮人の窮乏化
（3）三・一運動
（4）朝鮮人と日本人資本家の関係

（5）キリスト教、天道教、仏教の日本資本に対する奉仕
（6）朝鮮人と日本人労働者の結合
（7）朝鮮、日本の学生は独立運動をどのようにすればよいか？
（8）朝鮮独立の真正な部隊は誰か？
（9）日本労働者は朝鮮独立運動にどんな関係をもっているか？
五番目には資本主義社会の解剖、特に日本資本主義の分析を提示した。
（1）工場内で生産する商品はどこへ行くかから始め、『資本主義のからくり』『無産者政治教程』『今の世の中』などの教材で順序に従い教育する
（2）資本家の力はどこにあるか
ア．工場、車庫、発電所など全ての生産手段
イ．面事務所、郡庁、道庁、総督府
ウ．警察署、軍隊、監獄、裁判所
エ．神主、仏僧、牧師
オ．反動青年団、消防隊
カ．ブルジョア新聞雑誌、各学校
キ．資本家組織、株式会社、トラスト、カルテル、シンジケート、コンツェルン、商工会議所
ク．御用組合
ケ．ブルジョア政党、社民党、民政党
（3）労働者の力はどこにあるのか

ア．団結力、罷業、デモ、サボタージュ
イ．生産点における赤色労働組合（社民組合）
ウ．共産党とその歴史
エ．朝鮮共産党の歴史

六番目に人類史はどのように変遷してきたかという問題について、マルクスの歴史発展五段階説でいう原始共産社会、古代奴隷制、農奴制、資本主義、社会主義（労働者時代）社会と各々の社会における階級分析を提示し、七番目には過去から現在、将来にわたる婦人問題を重点的に議論した。特に女性の歴史的地位、現在の地位、ブルジョア的男女平等、参政権運動を批判し、女性の永久解放と婦人労働運動を重点的に提示した。八番目に共産社会の必然的到来に関して、マルクス、レーニン、スターリンの見解を中心に論じ、経済政治闘争から政治経済革命への移行、共産主義社会の各組織や制度に言及した。九番目は朝鮮革命の過程および原則に関する議論で、資本制民主主義革命、農業革命、朝鮮独立、労農政府樹立、あるいは朝鮮学生運動の過去と批判、組織と宣伝煽動を中心とする学生運動の方針を重点的に提示した。最後に十番目はソビエト同盟の民衆生活と植民地生活を比較することで、例えばロシアの教育制度はどのようか、ロシア労農大衆はどのように生活しているか、あるいはピオニール（赤色少年団）、コムソモール（共産青年同盟）、赤軍、その他五か年計画などに関して論じた。

さらに李載裕は、次のような討論問題を通して意識の昂揚をはからなければならないと主張した。

一．資本家の力と労働者の力はどちらが強いか？
二．女性解放はどうすればよいか？
三．女学生と労働婦人の闘争はどちらが大きいか？
四．我々はなぜ反ソ戦争、帝国主義戦争に反対するか？

五．朝鮮革命の中心部隊は労働者か農民か？

六．なにが原因で戦争は起こるのか？　帝国主義戦争と植民地戦争反対論
七．ロシアと日本が争えば誰が勝つか？

八．我々は工場で学ぶのかあるいは学校で学ぶのか？

九．罷業（同盟休校）はどのように組織すればよいか？

一〇．デモはどのように組織すればよいか？

一一．檄文はどのように撒布すればよいか？

一二．我々はどのようにソビエト連邦を支持するか
一三．革命的インテリと革命的労働者の関係はどのようであるか？

一四．革命的理論はどのようにして生まれるのか？

一五．革命的理論と実践はどのように関係するか？

一六．唯物弁証法とはどのようなものか？

一七．唯物史観とはなにか？　どんな理由で我々は唯物史観を支持実行しようとするのか？[87]

(3) 組織方式とその事例および評価

これは運動の初期段階で学生たちの意識化のため、読書会などで使用されたプログラムの内容である。次の段階の組織化はこれを土台にして行われたのである。まず大衆的下部組織では前述の労働運動と似て左翼グループまたは班組織を設定した。つまり青年学生を思想的に指導して優秀な分子を輩出し、次に彼等を左翼グループとして組織するのである。労働運動と同様にこのグループがトロイカ方式による組織を志向したことは無論である。

　ところで、このようにトロイカ方式で運営しようとしたが、労働運動とは異なり学生運動ではこの方式が厳格に適用されていないと推定される。学生運動では一九三三年下半期に組織の整理がされて、トロイカよりは指導責任者《オルグ》をおく方式が強化されていた。その理由としては二つの可能性を想定することができる。一つは崔小福、李仁行、辺雨植による学生トロイカが、労働運動に比べて李載裕らの上部トロイカから相対的に自律性をもっていた可能性である。李載裕が学生運動よりも労働運動により多く関心をもっていたために、この部門に対する上からの統制はよりゆるやかであったと言える。このような点から、下位の学生トロイカ自体で組織方式や運動方針を採択することがより容易であったと言えるのである。次にあげられることは、学生部門の運動力量に対する評価と関連することである。つまり労働運動とは異なり学生運動がより進展した状態にあり、本格的な活動を展開できる水準に到達していたことである。従ってトロイカでなく各学校別指導責任者による組織と活動が可能であったので、李載裕はこれら左翼グループにトロイカという名称を付けなかった。筆者は以上の二つの可能性は現実的な説明力をもっていると考える。ともあれ学校内のこれらの左翼グループは、学校間の連絡を通して全国的学生運動組織を志向した。前にも見たように全国的学生運動組織の統一のため行動綱領を設定したことからもこの事実は容易にわかる。前述のようにこの左翼グループは基本的に反帝運動部門の性格をもっており、校外の街頭運動とともに編成し、究極的には共産主義青年同盟（共青）として組織するためのものであった[88]。

　このような組織方針に立脚して各々の部門で責任部署が決定される過程を見てみよう。この部門の運動は早くも一九三三年二月に始った。李載裕は同居していた李仁行を通して李粉星《イ・ブンソン》、沈桂月《シム・ゲウォル》などとともに読書会活動を始めた。同年六月には李景仙を、そして九月には崔小福と辺雨植を「獲得」[89]して本格的な運動を展開した。崔小福は李載裕、卞洪大、安炳春、李鉉相とともに最高トロイカに属し、李仁行、辺雨植と学生部門の下位トロイカを結成して男子中等学校部門を担当したことは前述した通りである。彼等は一九三三年九月総督府裏山秋成門付近で会合して討議を重ねた結果、分散的指導方式を志向して各学校別責任者をおくことにした。運動力量の成長に従い、中央集中制に立脚するオルグ方式の組織を志向したのである。これにより李仁行が儆新学校、養正高普、中央高普を、崔小福が普成高普、中東学校、京城電気学校を、辺雨植が培材高普と京城工業学校を担当することになった(90)。また女子中等学校部門は李景仙が責任をもち淑明、同徳、女商などの女学校を担当するが、李景仙は別にトロイカを組織せず李載裕が直接指導した(91)。専門学校以上は鄭泰植が責任をもち、京城帝大、法学専門学校、普成専門学校などの学校で活動した。

では前掲〈表1〉と調書(92)を参照して、これら各々の学校における左翼グループの組織実体を具体的に見てみよう。まず専門学校以上の学校は次の通りである。

1. 京城法学専門学校

上述のように鄭泰植の責任下で組織ができ、構成員には韓成沢、韓六洪《ハン・ユクホン》、金大用《キム・テヨン》の三人がいた。元来彼等は李載裕によって「獲得」されたが、組織整理過程で鄭泰植が専門学校以上を担当することになり、李載裕が鄭泰植に引き継いだのである。このグループは一九三三年一〇月に組織されたが、〈表1〉にはでてこないで権栄台グループの〈表2〉に掲示されている。

2. 私立普成専門学校

松峴洞にあった私立普成専門学校グループは、鄭泰植を組織責任者として安秉潤《アン・ビョンユン》、呉南根《オ・ナムグン》、申夏植《シン・ハシク》外九名〜一二名の組織員がいた。普専も〈表1〉でなく〈表2〉に記載されているが、最初に李載裕が獲得した安秉潤外二名を鄭泰植が引受け、彼の活動によって多くの構成員を包摂したのである。このグループは一九三三年一〇月に組織された。

3. 私立延禧専門学校

〈表1〉には延専左翼グループの構成員として李東寿と李正業《イ・ジョンオプ》を記載しているが、李載裕は彼等が殆ど活動しなかったと陳述している。一九三三年一〇月寛勲洞の以文堂書店で、崔小福の紹介によって延禧専門学校商科一学年在学中の李東寿と会った李載裕は、同校内の左翼グループ組織責任者として活動する意思があるか打診した。ところが李東寿は試験準備で忙しいためしばらく猶予してくれと言い、以後連絡は断ち切られたのである。李東寿は社会運動者鄭七星の長男で、後述するように第三期準備グループ時期に李載裕がまた包摂しようとした人物でもある。このような点からみて、日帝の報告とは異なり延専でのグループ活動はなかったと判断される。

4. 京城帝国大学

鄭泰植の活動によって一九三三年九月左翼グループが組織された。成員には鄭泰植および学内経済研究会会員李明新《イ・ミョンシン》外三名がいた。責任は鄭泰植が担当し、以後数名の成員を獲得したが、次章の権栄台組織で言及する李錝玉《イ・ジョンオク》など（〈表2〉の城大参照）が活動した。

次に中等学校部門の組織状況を見てみよう。（〈表1〉参照）

1. 私立京城電気学校

岡崎町（現在の南営洞付近）にあった私立京城電気学校の左翼グループは、一九三三年六月が崔小福が組織した。成員は任健浩《イム・ゴンホ》、金万得《キム・マンドゥク》、閔丙柱《ミン・ビョンジュ》など九名である。

2. 普成高等普通学校

恵化洞にあった私立普成高等普通学校左翼グループは、崔小福を責任者として一九三三年一〇月に組織された。成員は崔小福を含めて張基陸《チャン・ギリュク》、李相軒《イ・サンホン》、金成坤《キム・ソンゴン》など一六名という多数だった。

3. 私立培材高等普通学校

私立培材高等普通学校左翼グループは、一九三三年一〇月崔小福を責任者として組織され、成員は辺雨植、張丙甡《チャン・ビョンシン》、李貞煕《イ・ジョンフィ》など一二名であった。

4．私立中東学校

寿松洞の私立中東学校左翼グループは、一九三三年一〇月に崔小福が責任を担い組織したもので、成員は李順基《イ・スンギ》、李亨植《イ・ヒョンシク》など崔小福を含めて五名である。

5．私立儆新学校

蓮池洞に位置した私立儆新学校左翼グループもやはり崔小福が責任を担って組織され、李仁行、張鉉近《チャン・ヒョングン》、金大鳳《キム・デボン》など六名の成員がいた。

6．私立養正高等普通学校

蓬莱町四丁目の私立養正高等普通学校左翼グループは、一九三三年九月李仁行が責任を担い組織したもので、成員は李仁行、安千洙《アン・チョンス》、金喆泳《キム・チョリョン》三人だった。

7．私立中央高等普通学校

桂洞にあった私立中央高等普通学校に左翼グループが組織されたのは一九三三年七月である。李仁行の責任のもと韓東正《ハン・ドンジョン》、張鉉近[93]など一〇名よりなる多数成員を包括していた。

8．京城師範学校

京城師範学校左翼グループには韓在福《ハン・ジェボク》がいたが、彼女は女子演習科所属で崔小福と同郷であったので、この二人による左翼グループを一九三三年六月に結成した。

9．私立京城女子商業学校

寛勲洞にあった京城女子商業学校左翼グループは、一九三三年六月車小栄《チャ・ソヨン》が責任を担い組織した。〈表1〉には彼女と李粉星だけを成員に記載しているが、実際には沈桂月、朴温《パク・オン》外二名をも包摂していた。

10. 私立淑明女子高等普通学校

寿松洞の私立淑明女子高等普通学校左翼グループは、一九三三年七月申辰淳《シン・ジンスン》が責任を担い組織したもので、〈表1〉とは異なり金周媛《キム・ジュウォン》等二名を含む三名で構成されていた。

11. 私立同徳女子高等普通学校

昌信町の私立同徳女子高等普通学校左翼グループは、一九三三年一〇月金在善《キム・ジェソン》が責任を担い組織されたが、その成員は呉一順《オ・イルスン》、閔正女《ミン・ジョンニョ》、李卯遠《イ・ミョウォン》など八名の多数あった。〈表1〉には二名だけしか表示されていない。

12. 公立京城農業学校

このグループは南万熙[94]が一九三三年一二月に組織したものである。南万熙は以前から任沢宰《イム・テクチェ》、鄭龍山《チョン・ヨンサン》、朴日馨《パク・イルヒョン》らとともに反帝同盟組織の活動をしていたが、このグループは反帝グループの京城農業学校下部組織として結成されたのである。辛海甲《シン・ヘガプ》を責任者として金良仙《キム・ヤンソン》、李基仁《イ・ギイン》など九名の成員からなるこの組織を南万熙から引継いだ李載裕は、各級学校の組織を整理して反帝グループとして進展させる過程で検挙され組織作業が中止された。李載裕がこのグループを引受けた時点を考慮すれば、この組織は李載裕が完全に掌握しておらずそれまで通り南万熙の影響圏下にあったと見られる。日帝が〈表1〉で学生部門と区別して南万熙指導下の反帝組織を設定しているのもこのためである。

この他に詳しい内容はわからないが、〈表1〉に見るように梨花女子専門学校、京城工業学校、進明女子高等普通学校などにも組織があった。時期的に見れば各学校左翼グループの組織化は、専門学校以上が一九三三年九月から一〇月、中等学校は六月から一〇月にいたるまで持続された。中等学校の組織結成がより早かったことがわかるが、全体的にみれば労働運動と同様一九三三年九月から組織運動はもっとも活発な様相をみせた。

この時期の運動は各学校に読書会や文化サークルを組織するという従来の様相から離れ、各学校に責任者《オルグ》をおき、この責任者が学内の成員を意識的に訓練して学校内で同盟休校などの闘争をひき起こすという、より進展した様相をみせていた。そのため各学校の組織責任者たちが互いに学校を交換するなどの方法によって活発に組織の整理をすることができたのだと推定される。例えば専門学校以上においては法専や普専の組織を李載裕が鄭泰植に引継ぎ、中等学校においては崔小福が組織した培材高普と儆新学校グループを各々辺雨植と李仁行に、また車小栄、申辰淳、金在善が各々組織した女商、淑明、同徳の組織を李景仙に引継いだことなどである。

次に獲得した人員数をみれば、淑明、同徳、女商の一~二人、延禧専門、梨花専門、京城師範の同じく一~二人程度、養正高普の三人という規模から、中央高普一〇人、培材高普一二人、普成高普一六人にいたるまでがあり、全体では九〇余名に達する多数であった。活動内容は、財団関係、教員数、宗教関係、学生数、本籍地調査などを含む学内実態調査、同盟休校や教師排斥など学生運動の指導と実践（後述）、盟休支持基金や間島共産党被告救援基金の募集などであった。

（4）同盟休校の事例

最後に、このような行動綱領、方針、組織方式に立脚して各学校で展開された代表的盟休闘争の具体的様相を見ていく。(95)

1．同徳女子高等普通学校の盟休闘争

一九三三年五月同徳女子高等普通学校で、教師排斥などを要求して盟休事件が勃発した。同校には金在善、金令媛《キム・ヨンウォン》が在学中であり、二人を校内盟休指導者とし、校外指導責任者を李景仙に決め、その上に最高トロイカの一員崔小福をおいた。そして李載裕、卞洪大、李鉉相は背後で指導したという。校内の闘争委員会と校外の闘争委員会が組織されこれを最高トロイカ成員が指導するという様相は、労働組合と同様であった。この盟休は

主要な要求条件を学校が承認して一部教師が更迭されるなど、学生側の勝利に帰結した。

2．朝鮮中央基督教青年学校の盟休煽動

一九三三年六月鐘路二街の中央基督教青年学校で、学生たちが教師排斥などを要求事項に掲げて盟休に突入した。崔小福が盟休指導責任者として学校内盟休主導者と連絡しつつ活動し、李載裕、李鉉相、卞洪大が背後から指導した。盟休参加学生たちが団結して登校しないように煽動した結果、学生側の主要な条件は受け入れられ、一部教師が更迭された。

3．淑明女子高等普通学校の盟休煽動

私立淑明女子高等普通学校の事例は、李載裕組織が学校に対する学生の不平不満を闘争へ導くため事前に組織した点で注目される。つまり、一九三三年七月李載裕グループは李景仙を校外の盟休宣伝者とし申辰淳、金周媛などを校内の指導者と決めて要求条件を宣伝し、盟休を準備した。しかし決行直前に警察にわかってしまい盟休に入ることができず、この計画は失敗してしまった。

4．滝川教授の刑法教科書問題に対する闘争

一九三三年李載裕は、その頃大きな論難の対象になっていた滝川教授の刑法教科書問題(96)を契機に、京城帝大内で三宅〔鹿之助〕や崔容達《チエ・ヨンダル》、あるいは経済研究会の会員を通しての闘争を企画した。李載裕は鄭泰植を学内責任者として、左翼教授および学内左翼学生と連絡して闘争を煽動しようとし、鄭泰植も三宅や経済研究会会員たちと連絡して活動しようとしたが、学内事情からどうしようもなく中断してしまった。

5．中央高等普通学校の盟休煽動

一九三三年一一月私立中央高普の学生たちが、教師排斥などの要求条件を掲げて同盟休校に突入した。学内では韓東正を指導責任者に選出し、校外では崔小福を指導責任者にして、背後から李載裕、李鉉相、卞洪大が指導したが、学生たちの敗北に終わり韓東正は退学処分を受けた。

6．培材高等普通学校の盟休煽動

一九三三年一二月私立培材高等普通学校で盟休断行の気勢が濃厚になるや、李載裕は校内責任を辺雨植に決め、校外指導責任者を崔小福にし、自身は卞洪大、李鉉相とともに背後で指導して盟休の拡大を企図した。結局警察の弾圧と学校の強硬な態度で盟休は失敗に終わったというが、これも原因で辺雨植ら数名が西大門警察署に検挙された。

7．京城女子商業学校の盟休煽動

一九三三年一二月京城女子商業学校で、教師排斥など数か条を要求事項とする盟休が勃発した。同校には沈桂月、李粉善、車小栄、朴温などが在学中であり、校外では鄭泰植が指導責任者として活動した。李載裕、崔小福、卞洪大、李鉉相が背後で煽動したことは前述盟休と同様だが、結果は勝敗が決せず鎮静化したという。

これらの同盟休校闘争は、特に上記1から4までの事例に見るように、闘争を通して同志を獲得し組織を結成するという原則に立脚する李載裕の運動方式をよく現している。また5から7までの事例に見るように、このような原則を通して結成された組織により、逆により高度な闘争を組織しようとしたのだと見られる。ところで労働運動部門で現われた指導体系の問題点がこの部門でもそのまま露出した。労働運動部門の各地域責任者や特定産別部門を担当していた卞洪大、李鉉相らは、李載裕とともにこの部門でも盟休の指導を担当した。安炳春を除く最高トロイカの全成員がその時その時の盟休闘争に全て投入されたのである。また相対的に各グループの大衆的基盤があったといっても、学生全体の中で地盤を確保できるほどの力量はなかった。このような事実は、組織が整った一九三三年後半期以来の闘争が大部分失敗に終わった事実を説明する有力な要因となっていた。

六、出版物刊行活動

李載裕グループはこの時期に、運動方針書、調査書、宣伝物など各種出版物を作成、発刊した。運動の展開過程における必要により、随時刊行されたこれらの出版物は、運動自体の活力と力量を表現するもので、他のどの系列の運動よりも多くの出版物が刊行された。この時期に作成された刊行物は三種類に大別することができる。第一は労働運動関連パンフレット、第二は学生運動に関するパンフレット、そして第三は活動時の注意事項等を含む、その他刊行物である。これらは警察が作成した「調書」の初めにある「押収金品目録」や「領置目録」など(97)で題目や分量を推測することができる。しかし各々の文献を実際に見ることはできない。従って、断片的に提示される資料を通してその内容を類推する他ないのである。

まず労働運動に関する刊行物として『工場内活動方針』『工場調査表』『大工場で活動する必要』等がこの時期に作成されたことを確認できる。『工場内活動方針』は一九三三年一〇月、将来出版活動が可能な状況になれば謄写配布する予定で作成されたもので、分量は一七枚ほどである。『工場調査表』は同じ一九三三年一〇月工場内運動家が工場調査をするために具体的調査項目を選定したもので、李載裕は三部をつくり安炳春と李鉉相に一部ずつを与えたという。その分量は総一九枚で、具体的工場名など詳細はわからないが、永登浦、龍山、東大門一帯の工場が主要な調査対象であった。『大工場で活動する必要』は、同じ時期に安炳春が『再建後の労働組合』という本から必要な部分を抜粋して一一枚ほどに編集したのである。「労働運動の参考資料として読み、これによって協議した時もあった」という李載裕の陳述から推測すれば、前述した労働運動理論と方針設定時に一定の影響を与えたと考えられる。この他にも李載裕は、工場労働者に対する宣伝煽動活動のために『わが労働者たちに』というパンフレットを作成した。八五枚という分量のこのパンフレットは、将来謄写配布するための原稿として鉛筆で書かれたという。

次に学生運動に関するパンフレットとして『学校内日常闘争』『学校内調査表』『学生運動の行動綱領書』等があった。『学校内日常闘争』は一九三三年一〇月各学校の学生が盟闘をするために日常闘争の要点をまとめた一枚の短い草案である。『学校内調査表』も一枚の短いもので、同時期需昌洞の鄭鎮瑾《チョン・ジングン》の室で李載裕が作成した。『工場調査表』と同様学校の内容を知るために主要な調査項目を選んだものである。『学生運動の行動綱領書』は一四枚で、前述学生運動部門で見た一般的行動綱領を主要内容とするものだが、これに関しては作成経緯など比較的詳細な資料がある。

この作成は李載裕が崔小福と初めて会ったことから始められた。つまり一九三三年五月李載裕が永登浦下位トロイカ成員の李淳福と会った時、京城電気学校の学生の中から戦闘的で優秀な学生として崔小福を推薦され、七月に京城帝大法文学部運動場で初めて会った。以後八月中旬頃まで二人は会合を重ね、李載裕は国際情報と朝鮮情勢などの一般的話から始めて、帝国主義と、資本主義社会が没落過程にあり近づいている革命では必ず共産制社会を実現しなければならないと説明し、朝鮮における運動の課題は党再建であり、当面の任務として労働者、農民、学生部門で、それぞれ赤労、赤農、反帝闘争を行うことが重要だと力説した。こうして二人の提携ができて崔小福は学生運動部門で活動するようになり、学生運動のための行動綱領を二人が作成することになった。九月頃二人は各々作成した行動綱領草案を比較対照して討議、検討した結果、双方の意見が一致したことを中心に李載裕が作成したのがこのパンフレットだという。(98)

このパンフレットは、一九三三年一一月需昌洞のアジトで最終的に作成されて(99)以後、学生運動の担当部署を決定する過程で各組織責任者に配布され、教育資料および運動指針書として利用された。崔小福に一部が交付され、鄭泰植が専門学校以上を担当した後には、李載裕は第一次から第六次までのコミンテルンテーゼ集とともにこのパンフレット一部を配布した。その要点は（一）学生の言論、出版、集会、結社の自由権獲得（二）学生の社会科学研究の自由権獲得（三）学校内学生自治体の組織活動の自由権獲得（四）反戦ゼネスト組織と活動（五）日本帝国主義の打倒（六）朝鮮独立（七）労働者・農民・勤労大衆のソビエト樹立(100)などで、前にみた内容と大同小異である。

このようにして作成、配布されたこのパンフレットは、以後の運動過程で必要に応じて体裁や内容が訂正、補完され持続的に活用された。第二期京城再建グループ時期には、このパンフレットを草案として李観述、朴《パク》英出《ヨンチュル》と協議し、八八項目におよぶ『学校内活動基準』を完成した。また第三期の準備グループの時期に学生運動部門で活動した徐球源の陳述によれば、「三、四年前に学生トロイカで用いられていたもので、その後京城再建グループで修正を加えて採用」したものとして『学校内の活動基準』というパンフレットを受け取り、「運動家が学生運動を指導する基準」として使用したという。徐球源の記憶によれば、前文がなく、左記の一一項目に分けられ、各項目の下に計一九一におよぶ要求条件を掲げた広範な内容を包括したものであった(101)。前述のように学生運動の一般的行動綱領は六一項目であったが、運動の進展につれ第二期において八八、第三期には一九一もの項目に増大して三倍以上の内容が補完、拡充され、パンフレットの題目も『学校内の活動基準』と変っていったことがわかる。

1．学園の自由獲得闘争
2．学生の自治獲得闘争

3. 異なる学校の同盟休校その他全ての闘争を指導する闘争
4. 労働者・農民に啓蒙活動をする闘争
5. 日本帝国主義の教育政策に対する闘争
6. 帝国主義戦争絶対反対闘争
7. 日本・台湾の学生運動支持闘争
8. 中国革命運動支持闘争
9. ソ同盟支持闘争
10. 日本帝国主義国家権力の根本的転覆闘争
11. 朝鮮の絶対独立闘争

最後に、運動家の獲得や活動時の注意事項に関する文章を見てみよう。この範疇のものとして『逮捕、拷問に対してどのように対処するのか?』『群集接触時の注意』『会合時の注意』『日常生活の注意』等のパンフレットがある。『逮捕、拷問に対してどのように対処するのか?』は、逮捕された場合に取るべき姿勢や精神について、一般運動家を教育するために一九三四年一月内需洞のアジトで李載裕が作成したものである。作成した時期から見て、当時李載裕が警察に追われていた状況と無関係ではない。『群集接触時の注意』は、一九三三年一二月運動家の日常的会合や街頭連絡、訪問、来訪などの場合に注意すべき要点を整理したもので、これにより運動家を教育したという。また『会合時の注意』と『日常生活の注意』は、同じ一九三三年一二月に李載裕自身が運動家を教育するために作成したものである。このパンフレットを見れば、植民地の状況下日帝の過酷な弾圧と検挙を避けて非合法的運動を展開するために、李載裕グループがどれほど用意周到な努力を傾けていたかがわかる。街頭、街頭連絡、アジト使用時の注意事項を見てみよう。

1．街頭の注意

（1）徒歩の場合：大きなもの例えば本などをもって外へいく時冬には周衣、外套または襟巻に隠し、夏には服の中に隠すこと。小さなもの、例えば手紙などは靴底に隠すこと

（2）電車の場合：電車に乗ればすぐ切符を切り必ず後から乗り前方に行き立つこと。ただし所持品がある時は前の座席に座り、座る時は所持品を尻下におくこと。停留所ごとに注意して犬（刑事――筆者）が電車に乗ればすぐ電車から降りること。

2．街頭連絡

（1）定められた場所には定刻二、三分前にその付近に行き、状況を綿密にうかがった後現場へ行くこと

（2）相手と互いに視線を合わせてためしてから、会うように定められた人の後方からついて行くこと。明るい裏道では互いに離れて歩き露路に入る時は互いに視線を合わせ、道を渡る時は互いに視線を合わせた後ついて行く者が先に道を渡ること。

3．アジト使用時

（1）他の人の注意を引かないように自然に行動して低い声で話すこと

（2）室内では卓上にブルジョア文学書などを並べておき本は室外におくこと。落書、特に名前の落書は厳禁すること。文字を書いた紙は戸のすきまに隠しておくこと。(102)

これらのパンフレットは大概複写紙を利用して手で転写したもので、(103)ほかの運動家たちも同じ方法で流布した。前述したように、鐘紡罷業時労働大衆に宣伝ビラを撒布するため李載裕は南万熙に謄写器の入手を依頼したが検挙などで実現しなかったことを考慮すれば、この時期にはまだ謄写器を使用した出版はなかったと推測される。一九三三年一二月、李載裕はまた安炳春を通して謄写版の製作を依頼したが、この時の目的は「非合法出版物を

刊行」するためであった。これはソウル地域の党再建のための五大スローガンにある「全国的政治新聞の創刊」を実践に移すためであった。そして安炳春が翌年一九三四年一月中旬謄写器を購入したが、検挙で使用されなかった。

七、革命の理論と方針

最後にこの時期の李載裕組織が、当面する革命の性質と任務、そして革命の対象と動力についてどのように規定していたのか見てみよう。以下の内容は、前に言及した情勢討議書を中心に見たもので、その文書を作成したのは三宅だとしても、李載裕と討論した内容を基礎に三宅が委任されて起草したものであるので李載裕グループの理論として見ても大きな無理はないのである。

当面革命の性質と展望に関して、李載裕はコミンテルンの一二月テーゼを引用し、典型的なロシア革命方式の二段階革命理論を主張した。前資本主義的残滓と遺物の破壊、農業諸関係の根本的変革と資本主義的隷属からの土地解放を主要な内容とするブルジョア民主主義革命を、当面する革命の性格として提示したのである。これはソビエト形態によるプロレタリアと農民の民主主義的独裁を前提にして、プロレタリアのヘゲモニー下で社会主義革命に転化する。即ち資本制民主主義革命と農業革命および労農政権樹立が、朝鮮革命の過程および原則だということである。[104] このことから革命の主要任務として次の四項をあげた。

1．日本帝国主義打倒

2．大土地所有の解消
3．七時間労働制の確立
4．革命情勢の如何により一切の銀行の単一国民銀行への合同。この単一国民銀行および資本主義の経営、生産は労働者、農民組合の統制に移行すること。[105]

また現段階における最も重要な現実的行動スローガンは次の五項目である。[106]

1．帝国主義戦争反対、帝国主義戦争の内乱への転化
2．日本帝国主義打倒、労働者農民の政府樹立
3．全ての寄生的地主、寺社、教会の土地没収、および農民への（無償分配）。地主、銀行、高利貸しに対する農民の債務（帳消）
4．七時間労働制の確立および労働者状態の根本的改善、階級的（革命的）労働組合の組織と活動の自由
5．ソビエト同盟、中国および満州パルチザン運動の擁護

これと同時に具体的煽動スローガンとして、帝国主義戦争および日本帝国主義と国民革命を対立させること、賃金引上と労働時間短縮、朝鮮と日本および中国労働者の団結、仕事と食をよこせ、土地をよこせ、言論・出版・結社・集会の自由獲得、野蛮な虐殺反対、労働者・農民の政府樹立などを提示していた。

次に革命の動力と対象をあげているが、前者は労働者、農民、および都市貧民を重要な要素とする全ての民主主義的勢力を、後者は日本帝国主義およびこれに従属する土着ブルジョアジーと寄生的土着地主を対象とした。まず革命の打倒対象とする各階級を見てみよう。彼は土着ブルジョアジーの民族的部分と隷属的部分を区分せず、全体的に単一な民族ブルジョア階級として把握した。このような点で土着ブルジョアジーに対する態度は、この時期の他の共産主義者の認識から大きくはずれていなかった。つまり、他の全ての植民地と同じように、朝鮮に

おけるブルジョア民主主義革命を遂行する主体は土着ブルジョアジーでないと見ていたのである。中国やインドの革命運動だけでなく、朝鮮民族解放運動においても彼等の実際の行動がこれを明白に証明しており、彼等は既に改良主義さえ放棄して、日帝と完全に結合した反革命勢力だということだ。彼等は日本帝国主義とソビエト同盟侵略戦争を分担し、その準備工作として日本帝国主義に協力（武器献納、献金等）して完全な忠僕としての役割をしていた。彼等はまた寄生的土着地主とも完全に結合していた。土着ブルジョアジーは大概の場合自身が寄生的大地主だ。彼等は根本的、革命的な農業問題の解決に全く反対する利害関係をもっていた。彼等は資本主義的搾取制度と同時に封建的搾取制度の担い手なのだ。

一方封建的土着地主や寄生的封建貴族は、最初から日本帝国主義と野合していたと李載裕は主張した。彼等は封建的搾取方法の担当者という点で当面の革命の打倒対象に設定された。しかし日本帝国主義それ自身もまた、朝鮮農業生産における封建的搾取に絶対的利害関係を持つのであり、日本帝国主義を打倒しなくては絶対に農業革命は遂行できない。従って朝鮮における農業革命の遂行は同時に日本帝国主義を打倒することである。

このような点から、最も徹底して反帝反封建革命を遂行できる階級は当然プロレタリアおよび農民大衆である。労働者階級の革命性は、元山総罷業以来いままで継続している大小無数の罷業、その他全ての闘争を通して具体的、実践的に証明された。彼等はブルジョア民主主義革命の課題である日本帝国主義打倒と封建的搾取制度の残滓の徹底的破壊を遂行する歴史的使命を帯びて成長、訓練されてきた。また勤労農民大衆はプロレタリアと結合し、強固に同盟することによってのみ自らを解放することができると李載裕は主張した。プロレタリアは勤労農民大衆の二つとない同盟者だ。プロレタリアは広範な勤労農民大衆と自己の革命課業を結合し、指導しなければならない。過去の闘争経験はプロレタリアこそ農民大衆が充分信頼できる指導者で友軍であることを示すとともに、プロレタリアと農民大衆は闘争を通じて強固な同盟に向う具体的第一歩をふみだした。具体的事例として李載裕は、元山ゼネストにおける農民大衆の支持と釜山紡績ストにおける農民の支持などをあげている。

革命の動力として設定された最後の範疇は都市ブルジョアジーと知識人階級である。日本金融資本の強力な圧迫をうけて没落している朝鮮の貧窮小ブルジョアジーは、プロレタリアの最も信頼できる友軍である。インテリゲンチャ知識人も、プロレタリア革命闘争に積極的に参加することで自己の解放の活路をみいだせる。この他に、他の全ての被搾取者、被圧迫者はプロレタリアの指導下で闘争に積極的に参与することで、搾取者、圧迫者を徹底的に粉砕し自らを解放することができる。プロレタリアは、これらの広範な勤労大衆の闘争を指導し援助しなければならないということである。

最後に李載裕は民族改良主義と社会民主主義を辛辣に非難した。彼等は民族解放運動と民族革命における最も危険な傾向だと指摘し、別に項目を設定して提示するほど特別な比重をおいて批判したのである。これは当時世界的次元の労働運動において現われていた左翼的偏向を反映するもので、他のグループはもちろん、共産主義国家や西欧の変革運動一般でとられたものと同一の方針を反映していたのである。李載裕グループは、彼等は本質的に日本帝国主義によって買収された忠僕や「走狗」だと主張した。彼等の主要な役割は、日本帝国主義の影響力を革命大衆の中に伝播することで革命陣営を混乱させ、分裂させることだ。戦争と革命の脅威を前に、日本帝国主義は死力を尽くして革命運動を弾圧し、全ての階級的運動が非合法化されている現実において、非合法活動を拒否して合法的領域にだけ自らを限定することは機会主義で反動的だということである。民族改良主義と関連して李載裕は次のような「日本帝国主義の忠実な奴隷」の事例をあげている。（一）天道教徒の脱落者（二）興士団（三）基督教・仏教など全ての宗教団体（四）「東亜日報」「朝鮮日報」「中央日報」など。[107] 李載裕の民族改良主義〔批判〕における特徴は、その階級的基盤である民族ブルジョアジーと分離して両者を別個のものとして理解している点である。

次に社会民主主義の系列に対して、李載裕が集中的に批判したのは兪鎮熙を首班とする『新階段』と、金若水《キム・ヤクス》を中心とする『大衆』および『イロッタ』『批判』等々の雑誌だった。本質的に、それらは「醜悪な派閥官僚として分離対立」し、共産主義運動から脱落した小ブルジョア階級によって発刊された雑誌だと李載裕は主張した。結論的に、朝鮮のプロレタリアは、これら日帝の「走狗」で忠僕である民族改良主義と社会民主主義＝社会ファシズムの多種多様な形態を徹底的に暴露し、彼等が大衆にもっている全ての機会主義的反動的影響力を粉砕しなければならないと、李載裕はくりかえして強調した。

八、鄭泰植、三宅教授との提携

李載裕の第一期運動において欠かすことができない事は、京城帝国大学の鄭泰植、同大学教授三宅[108]〔鹿之助〕との共同の活動である。この活動は権栄台の組織とも関連する問題であるが、それについては別章でとりあげることにし、ここでは鄭泰植、三宅との関係を重点的に見ておこう。

李載裕が鄭泰植と会ったのは一九三三年夏[109]金月玉を通じてであった。一九三三年七月金月玉は李粉善を訪ねた。金月玉と李粉善は咸南三水が同郷であり、金月玉が、李載裕と一緒に住んでいた李仁行の妹である李粉善をたずねたのであった。このような因縁で李載裕は金月玉と会ったのだが、もともと二人は子供の時分から故郷でよく知っている間柄だった。久しぶりに会った二人は子供の頃の話などを語り合った。金月玉は寛勲洞の彼女の家[110]に一度遊びに来てねと付け加えた。李仁行を通して、彼女が「学生時代から戦闘的で有望な女性」だと聞いていた李載裕は、二週間後寛勲洞の彼女の家を訪ねた。新聞記事などを話題にして李載裕は国際情勢と朝鮮情勢を話し、社会運動の一般動向についての意見を交換してその日は別れた。数日後の七月下旬李載裕がまた彼女の家を訪ねた時、外出していた彼女の代わりに、金月玉と同居していた鄭泰植と会った。[111]「鄭泰植と会うや彼が持っていた本を見て左翼的書籍がとても多いので相当な左翼分子」だと判断した。この場で二人は運動情勢などを討論した。新聞に出ている滝川教授事件を話題にし、それをきっかけに学内での運動を起こさなければならないとの意見を述べ合った。

李載裕は自身の運動体系において、学生運動では大学部の責任を鄭泰植に任せる腹案を最初もっていた。そして学生運動は、彼の運動理論では基本的に反帝運動力量として編成されるのであった。李載裕が自身の理論の内で、反帝同盟に関しては最も自信がなく、だれか責任者をさがす過程で、『新階段』の記者南万熙を通して京城帝大法文学部助手鄭泰植を知ったということは、[112]このような脈絡で理解される。一方鄭泰植は平素実践運動を志向し、京城帝大法文学部学生を中心に、一九三三年四月以来読書会を組織して社会科学研究を継続していた。そして李載裕と会ったことを契機に本格的な実践運動に入ったのである。

一九三三年九月、李載裕は鄭泰植と京城帝大の学内運動に関して協議した。本格的な学生運動への最初のとりくみであった。李載裕は大学内運動として（一）学内左翼学生による赤色読書会結成計画を樹立（二）左翼教授を獲得、利用する（三）意識水準が高い学生をできるだけ多数獲得し、組織問題と宣伝煽動を研究して部門別に責任を担わせる、その研究材料は自分が提供するし、逆に読書会の研究結果を自分に提供する、ことなどを協議した。[113]同年一〇月鄭泰植は、卒業生および在学生のうち経済研究会出身者など優秀分子で研究会をもち、社会科学や実践運動の組織、宣伝煽動問題を討論して意識化をはかる、という報告を行った。これに対して李載裕は、その研究会を中心に、党再建のための準備としてまず赤色読書会を組織することを提議した。さらに同年一二月、李載裕は鄭泰植と会い、大学内で日常闘争を起こして、学生を左翼的に指導する赤色読書会または文化サークルを組織することを提示し[114]、安炳春を通して知っていた法学専門学校の韓成沢を紹介した。李載裕が韓成沢を紹介したのは、前述したように専門学校方面の指導責任者として延禧専門学校の李東寿と接触したがうまくいかず、鄭泰植に専門学校方面をまかせるという意図から出たのであった。同時に鄭泰植が自身の影響下にあった中等学校方面の学生を李載裕を通じ崔小福に引継ぐなど、組織の整理が進行したことはすでに見た。以後李載裕は専門学校の一般情勢や学校内の活動方針に関する協議を鄭泰植と継続しつつ、運動の進展とともにその結果を前述『学生運動の活動綱領』などのパンフレットで具体化し体系的に整理した。

鄭泰植は法学専門学校で韓六洪、金大用を獲得《オルグ》し、李載裕が検挙された一九三四年一月以後も積極的に活動を展開した。彼等三人は専門学校の下位トロイカを結成したことになるが、同年二月会合し「法学専門学校内ニ積極的ニ学生運動ヲ展開スルコト、法律及経済学ノ研究ニ藉口シ親交アル同校生徒ヲ集合セシメ、ブルジョアノ法律及経済理論ニ対シプロレタリアノ法律及経済理論ヲ紹介シ此ヲ左翼的ニ指導シテ同志トシテ獲得[115]」することを議論した。同年四月同校内に文化、救援《モップル》[116]、反帝グループの各部門が設定され、五月には普成専門学校でもこのような部門別組織が進行した。

ところで、この部門設定には前年一二月に李載裕が提示した文化サークルが含まれているのだが、典型的なトロイカ組織方式とは多少距離があった。すなわち李載裕は典型的なトロイカ組織方式に現われているように、公式的組織を結成するよりは、組織は多少ゆるやかで非公式でも実際の日常闘争を重視し、それを通して同志を獲得しなければならないと主張したのだが、鄭泰植は公式的な組織の設定をより重視したのである[117]。その理由としてすでに見たように、学生運動が労働運動部門より組織の進展が進んでいたことをまずあげることができよう。しかしより重要な理由は、李載裕が検挙された後、一九三四年三月から鄭泰植が権栄台の組織と提携して運動を展開したためである。この時期権栄台は、三宅教授から入手したコミンテルン第一三次執行委員会総会（一九三三年一一～一二月）で採択された『ファシズム、戦争の危険および共産党の任務』というパンフレットと、権栄台組織の機関紙『プロレタリア』[118]などを運動資料として鄭泰植に提供し、鄭泰植は学生と労働者を獲得するための教育資料としてこれを利用した。鄭泰植の学生運動は、他にも普成専門学校（一二人）、龍谷女学校（四人）、京城保育学校、梨花女高普など八学校に及び三〇余名を集めた。

権栄台組織と提携した時点の一九三四年四月以後、鄭泰植は労働運動部門でも積極的に活動した。四月には許均（許マリア）が紹介した川北電気株式会社の労働者金晋成を指導する一方、彼を通して朝鮮製糸の崔和順《チェ・ファスン》外五名、また金月玉を通じ京城専売局義洲通工場の李鍾哲《イ・ジョンチョル》、呉富田《オ・ブジョン》などの女性労働者を紹介された。この他にも京城紡績永登浦工場、大同ゴム、昭和製糸、和新商会、平田百貨店、向上会館、朝日ガソリンスタンド、キリンビールなどで、鄭泰植自ら、あるいは李元鳳、兪順熙らとともに工場内グループを結成するため活動した。また鄭泰植が指導していた李明新を権栄台と提携させ、ソウルゴムで孟桂妊ら三名の同志を獲得した（表2参照）。

李載裕と三宅教授の会見は、鄭泰植が三宅教授を李載裕に紹介したことで実現した。これは前述の李載裕と鄭泰植が討議した大学内運動方針における「左翼」教授獲得という事項の一環として提起されたのであった。同時に三宅との会見は、後述するようにその進行過程で国際線と連絡するという意味を帯びており、李載裕はむしろこの点により多くの意味をもたせた。三宅の立場から見れば、平素彼は理論と実践は統一しなければならないという持論を語っており、実践運動に強い関心があった。また鄭泰植は、大学内で相当な影響力をもっている三宅を包摂しなければ活発な運動が期待できないと考えた。

ともあれ李載裕は、自分がその「左翼教授」と直接一度会って見たいという意見を鄭泰植に披瀝した。そしてこの頃東大門警察署が李載裕を捜しだそうと血眼になっており、自分が直接会うことは危険だと考え、会う時間を可能な限り短くするよう頼んだ。鄭泰植が交渉結果を伝えた。その教授が承諾したということだった。こうして二人はその日夜三宅教授を訪問したのである。この時鄭泰植ははじめてその教授が三宅だと教えた。李載裕と三宅の会見直前まで、鄭泰植は彼の名前を知らせなかったのである。しかし李載裕は漠然と三宅だと推量していた。李載裕は、この時が一九三三年一一月末か一二月初頃だと陳述している。(119)

その日午後八時頃、二人は寛勲洞でタクシーに乗り三宅が住んでいる東崇洞の大学官舎に向った。女中が客を迎え応接室へ案内した。鄭泰植は三宅に、前に先生にお会いしたいと申しあげた同志はこの人で、労働運動の実践に相当の経験をもっており、先生に学問上の質問をしたいというので一緒にきました、と伝えた。そしてすぐに鄭泰植は席をはずした。三宅が真正な戦闘的「左翼」教授人士か否かを判断することがこの日の会合の主目的で、(120)李載裕は一般的国際情勢や朝鮮情勢、大学内の運動などを話し、三宅の態度を見た。そして李載裕は「非常に戦闘的な左翼教授」と判断し「これならよい」と考えた。

二度目の会合は一週間ほど後の一二月上旬だった。三宅を訪問した李載裕は朝鮮の過去の運動を批判し、現在の活動方法は朝鮮共産党再建を中心にしなければならないことを力説した。これに対して三宅は、自分は学生時代から左翼思想を持っており、ドイツでは、ベルリンの日本人留学生たちと左翼グループを結成したし、反帝同盟やメーデーの示威運動にも参加したと語った。従って、朝鮮でも活発な共産主義運動を展開して没落過程にある資本主義と日本帝国主義を打倒し、労働者・農民が独裁する共産社会を実現することが自分の信念であり、現在は大学教授であるが、万一共産主義実践運動のためならいまでも大学教授を辞めてもよい、(121)と語った。

これに対し李載裕も、自分は元来農民で一九二八年から階級運動に入り、以前東京で労働運動に従事した経験もあり警察に検挙されたこともあるが、学究的・理論的には何もわからず、左翼文献では『資本論』を一度見ただけだと、自分の大体の経歴を話した。(122)この会合で三宅は、李載裕が「社会科学方面の相当な研究をし」、実践運動の「熱烈な闘士」[123]だという感じを受けたと後に陳述した。一方李載裕は、三宅を「当時日本のマルクス主義学者河上肇などに比べれば学者としては劣っているかも知れないが、しかしそれらの学者にはない実践的傾向を多分にもっており、また自分の主張だけを主張するわれわれ主義者に比べて自分の理論の間違ったところを喜んで聞き入れる態度を持っていた」と評価した[124]。

翌年一九三四年一月中旬頃まで、二人はおよそ一週間おきに五〜六回会った。この過程で李載裕は、大学内運動のための「左翼」教授獲得よりは、国際共産運動との連係という面で三宅との関係を設定した。三宅がドイツにいた当時の運動経験と運動者たちとの親しい関係を一層重視したのである[125]。そして、李載裕グループの運動で三宅が担当する具体的運動内容を次のようにした。

1．各種文献統計表等運動資料を収集、提供すること
2．行政機構内の各種調査を実施すること
3．重要工場の内容調査をすること
4．出版活動ができる余地をもつこと
5．ソウルの日本人労働者中、優秀な同志がいれば連絡すること。また日本人労働者は三宅側で引き受けてもよいこと
6．二人が協議して決定する事項は、これを広く宣伝煽動するために出版運動をすること[126]

二人が協議し決定した事項は一般労働大衆に宣伝煽動するため出版活動の材料とするという最後の事項は、パンフレット形態で具体化された。即ち共産主義運動の当面の任務は、工場を中心に全国的に展開されている共産主義運動を統一して党を再建することであり、そのためには、全国的な政治運動方針の確立、全国的政治新聞の発行、闘争経験を材料とする宣伝煽動のための出版活動、が必要だということで二人の認識は一致したのである。

そして、特に全国的政治運動方針の確立がもっとも緊急な当面事項だとして、（一）国際情勢の分析（二）朝鮮情勢の分析（三）過去の運動批判（四）当面の任務と将来の運動方針の四項目の「プラン」を決定し、これを基礎に草案を作成するとしたのである。(127)

三宅自身が集めていたコミンテルン関係の各種パンフレットや、李載裕がもってきた資料を参考にして綿密に検討した結果（一）についてはコミンテルン執行委員会第一二回総会のテーゼを基準にして新情勢を加えるとした。その内容は、現在の国際情勢は資本主義、帝国主義の相対的安定が終息して没落の過程にあり、それによって第二次世界大戦とプロレタリア革命の時期に入っている、と要約できる。（二）は経済情勢と政治情勢に分けて、一九二八年のコミンテルン一二月テーゼと一九三〇年九月プロフィンテルンの朝鮮の革命的労働組合運動に関するテーゼを基礎とすることとした。その重要な内容は、朝鮮の政治経済、資本家の搾取状況を分析し、次に朝鮮での思想運動に対する弾圧の加重と対照的に労働大衆の革命的運動が刻々昂揚してブルジョア民主主義革命が促進される過程にあること、革命主体は朝鮮プロレタリアへゲモニー下での労働者、貧農であり、革命成就のためには労農同盟を基礎に広範な被圧迫社会層である都市小市民、婦人、インテリゲンチャなどを動員して革命闘争に邁進しなければならない、ということであった。以上の二項は、李載裕と三宅が順次討議した結果意見の一致を見たことを原稿に作成したものであった。（三）過去の運動批判については、派閥に関する事項を除いて意見の一致を見たが、派閥問題は相当慎重に考慮しなければならない事項なので以後また検討するとし、(128)（四）今後の運動方針は、全然手をつけない状態で李載裕が西大門警察署に検挙され中断したといわれる。その後李載裕が西大門警察署から脱出して三宅の家に隠れた一九三四年四月中旬以降、二人は中断された事項を再び検討、協議したとみられる。

ところでここで注目すべきことは、（三）過去の運動批判において派閥問題に関する事項を巡り、二人の間に見解の差異があったという事実である。意見の一致を見なかった派閥に関する事項とは何か？　李載裕は、派閥問題で意見が対立したのではなく、派閥の原因、将来の発展に関しては理論的に意見が一致したが、三宅が朝鮮の運動の具体的な事実についてあまりにも知らなかったため問題が長びくとみて討論を中断しただけだ[129]、と陳述した。しかし問題はそれだけに局限されないだろうというのが筆者の考えである。この問題は、社会主義運動が展開され始めた二〇年代合法運動期以来、運動者が直面した運動線の統一問題と切っても切れない関係にあった。この時期ソウルには李載裕組織とは別箇に活動していた多数の運動グループがあった。トロイカ運動が最も活発に展開されていた一九三三年九月、李載裕は自身の運動線以外に最少二つの異なる路線がソウルで活動していることを知っていた。後述する白潤赫と慎甲範たちの運動線がそれである。白潤赫は権栄台グループの一員であるが、当時李載裕はそのような連係を知らなかったと推定される。運動者ならだれもが当面していた運動線の統一という大命題を前に、李載裕は自身の運動部門が最も大きくまた影響力があると判断して、自身の組織に残余の路線を吸収し、統一機関として「朝鮮共産党京城地方委員会」を結成しようという腹案をもっていた[130]。そして、このような統一機関を組織する時必須的に要求される国際線との連絡は他の運動線を通すというのが李載裕の考えだった。李載裕が三宅と提携するのにはこのような意図が強かった。このような点で、李載裕は一方では運動線の統一に備えて自身のグループを拡大、強化しつつ、他方では三宅との提携活動に主力をかたむけ、異なる運動線との統一の努力を相対的に軽視した側面があった。

ところで李載裕の立場から見た時、組織の統合をじゃましているもう一つの大きな内在的理由があった。過去の運動批判についての李載裕の見解で見たように、彼は国外の共産主義団体と連係をもって活動している党再建運動や革命的労働組合運動に対して非常に批判的であり、プロフィンテルンから派遣されたという権栄台に対してても好感をもっていなかったのである。後述するように、これが権栄台組織と提携する時障碍となった有力な要因の一つだった。一方三宅は李載裕のこのような立場とは異なる態度をもっていたようだ。いずれにしても運動の究極的目標が党再建にあり、そのためには全国的次元で組織を建設することが必要で、またコミンテルンなどの国際主義路線と連結することが必須的だと考えた三宅は、例えばプロフィンテルンから派遣されたという権栄台組織と提携するのにも積極的であった。後述するように、李載裕が検挙された後三宅が権栄台組織と提携したことはこのような脈絡で理解される。また李載裕が西大門警察署から脱出した後、三宅が李載裕と権栄台グループを統一するため努力したこともこのような側面でのことであった。端的にいえば、李載裕は例え国際路線から派遣された組織員であろうとも、運動方針と理論の統一がなければ提携が難しいと考えたのであり、三宅は当時の国内運動力量に頼ろうとする時、国際組織との提携は必須不可欠だと見ていたのである。李載裕の立場は、運動方針や理論がなくただ「国際線」の権威を借りて君臨しようとした過去の運動者たちに対する徹底した批判から始められたのである。三宅は当時の派閥の実情をよく知らず、よろこんで国際線の権威を認める用意があり、なぜ李載裕が国際線と提携するのに積極的でないのかという点をよく理解できなかったのである。このような点で、日帝の捜査記録が三宅と李載裕との間に「完全な提携が成立[131]」したとしているのは皮相的だと言える。

右に言及したように、李載裕が検挙された後三宅は権栄台の組織と提携した。警察の捜査記録では、三宅が「李載裕ノ逮捕セラレタルコトノ真否ヲ確メ一面李載裕ノ指導シアリタル残滓ヲ収拾シテ更ニ運動ヲ継続セシムヘク鄭泰植ニ命シテ運動線ヲ模索セシメタル處偶々李載裕ノ工作トハ別派」を発見、一九三四年四月初に「権栄台ノ線ニ衝突[132]」権栄台を知るところとなったというが、前述派閥問題に関する李載裕との討論を考えてみれば、それ以前に知った可能性も全く排除はできないようだ。三宅は権栄台と会見して、朝鮮での革命的労働組合運動の基本方針およびこれと党再建運動との関係について説明をきき、互いに提携して活動しようと、文化的方面において（一）朝鮮農業問題を徹底して根本的に研究すること。朝鮮の新聞紙上にでている社会民主主義、民族改良主義を徹底して批判すること。当時朝鮮人の中で「異常な衝動をひきおこした」白南雲《ペク・ナムン》の『朝鮮社会経済史』を徹底して批判すること（二）共産主義運動の資料としてドイツ語の第一三回コミンテルン執行委員会総会テーゼを翻訳、提供すること、など具体的内容を協定した。李載裕グループとの提携で三宅に要求された運動内容は、各種文献や統計表など運動資料の収集提供と重要工場内の調査活動、そして日本人労働者に対する活動、労働大衆に宣伝煽動するための出版活動など、もう少し運動性が豊富な事項であったのに比べ、以上の事項は農業問題の研究、運動資料の提供など直接的運動ではない付随的、補助的次元での運動内容ということができる。これは両運動での三宅の位相と役割という問題だけではなく、李載裕と権栄台グループそれ自体の運動性を表現していると考えられる。三宅は権栄台グループの正統性と運動理論を認定したし、彼と権栄台との運動方針の差異は、李載裕の場合と比較して相対的に小さかったと見ることができるだろう。李載裕が検挙されなかったせいもあろうが、日帝が李載裕グループとは別途に権栄台が組織した「京城共産主義者グループ」の文化資金部責任者として彼を設定したのもこのためである。（表2参照）

同年五月一七日鄭泰植が検挙されたのを始めに権栄台が検挙され、三宅も二一日検挙された。警察で彼は取調を一日だけ延期してくれるよう要請した。そうすれば精神を落着かせて自白書を書くといったのである。翌日二二日夕方頃に、三宅ははじめて西大門署から脱走した李載裕が自分の家にかくれていた事実を陳述した。無論李載裕が逃走する時間を与える配慮からだった。李載裕は鄭泰植が検挙された日以後、いつでも逃走できる万全の準備をしていた。「彼はインテリなので必ず自分以外のことも自白するだろうと考え」[133]たためである。鄭泰植を通して安秉潤、韓六洪、金大用などから受けた洋服と靴を着用し、三宅から懐中時計と現金三六円を受取っていた。鄭泰植に続いて三宅も検挙されるやついに彼は逃走を決心した。三宅の妻から、警察が三宅を連行していった情報をきいた李載裕は、その家をぬけでで駱（駝）山下を経て鐘路六街方面へ逃走した。三宅の自白により刑事隊が密かに迫ってきた時、潜伏に使用していた穴の中には李載裕が食べ残した蜜柑だけがあちこち散らかっていたという。以後、三宅は治安維持法および犯人隠匿罪で、一九三四年一二月二七日京城地方法院で懲役三年を宣告され、服役した。獄中で彼は「感想録」という声明を出し転向したが、次はその一部である。

「マルクス主義の理論は頗広い範囲に亙ってをり、その文献も甚だ多数で、且つ理解に困難なものが多々あります。一度此の領域に足を踏み込むと単にその理解のためにのみだけで多大の努力を払はせられ、従って多くの人々にとっては之を批判するだけの余裕が存在しないのであります。……最初単に理解するためにのみ読みはじめたものが逆にその難題の故にそこに何等かの神秘的なものを認めるやうになり、而してこれを批判せず単純に受取って只々感服してしまふのであります。かくの如きが実に私の過去でございました」(134)

三宅が検挙されて以後妻三宅ヒデ（秀）は、京城帝大卒業生で三宅に学んだ崔容達などの助力で並木町に古書店を経営した。そして一九三四年一一月には後述する金潤会《キム・ユンフェ》の好意によって、明治町二丁目に「亀屋」という古書店を開業し(135)、生計を維持した。三宅は刑期満了日である一九三七年一一月九日より一一か月を残して仮出獄の恩恵を受け、西大門刑務所から一九三六年一二月二五日出獄した(136)。後述するように、この日は倉洞付近で李載裕が日帝警察に最終的に逮捕された他ならないその日でもあった。

第三部　トロイカの時期

――他の系列の運動

李載裕《イ・ジェユ》グループの第一期運動が展開されていた一九三三〜三四年に、ソウル地域では他のグループの運動が同時に展開されていた。その中で最も代表的なのは金炯善《キム・ヒョンソン》、権栄台《クォン・ヨンテ》、慎甲範《シン・ガプポム》等の運動であった。李載裕の運動は国内の運動者に基盤をおくいわゆる国内派運動であるが、彼等はいずれも、どのような形態であれコミンテルンやプロフィンテルンなどの、いわゆる国際共産主義運動と一定の連係をもっていた。運動の展開過程において、李載裕グループを含む提携と統合のための努力がなされ、運動者の相互交流も頻繁だった。このような事実は、大衆的基盤が強力でない少数指導者の組織が活動している非合法運動の初期状態から脱し、大衆的圧力によって、運動の統一と団結のための努力が、ようやくみられるようになったことを意味する。指導部の派閥様相とは対照的に、大衆はこれと無関係に闘争を展開していたが、当時最も大衆的基盤をもっていた李載裕グループがそのような運動状況を評価したこともこれと無関係ではない。

一、金炯善グループの運動(1)

金炯善が社会運動に関心を持ったのは一九二二、二三年頃のことと推定される。特に社会主義の普及が活発であった馬山で、店員、書記などをしながら(2)、馬山青年会、馬山労働会、馬山海陸運輸労働組合に加盟、執行委員をつとめるなど(3)社会運動に参加し始めたのである。一九二四年八月五日には、金尚珠《キム・サンジュ》など(4)とともに馬山共産青年会を組織し、さらに同月一七日には馬山共産党を組織した。一九二五年四月ソウルで朝鮮共産党が創立されるや、七月この二つの組織は発展的に解消して、朝鮮共産党と高麗共産青年会の馬山ヤチェーカ組織に再編された。朝鮮共産党は火曜派の主導により結成されたが、のちに彼は火曜派の金丹冶《キム・ダニャ》、朴憲永《パク・ホニョン》、金燦《キム・チャン》などとともに再建運動をするようになる。共産党に対する検挙が始まるや、彼は上海へ避身し転々としたが、一九二七年一月広東の中山大学に入学した。しかし病にかかりすぐ上海に戻った。上海で一九二八年中国共産党に加入して、江蘇省上海法南区韓人支部に属し責任者になった。一九二九年六月に中国本部韓人青年同盟に加入し、年末には(5)具然欽《ク・ヨンフム》、洪南杓《ホン・ナムピョ》、曺奉岩《チョ・ボンアム》らとともに上海で韓人独立運動者同盟を組織して活動した。

　金炯善が再建運動のため朝鮮へ派遣されたのは一九三一年二月であった。この運動の基盤は上海にあったが、これを理解するためには満州や上海などでの運動に関する若干の説明が必要であろう。一九二八年コミンテルン一二月テーゼが出されて以後、満州一帯の多くの朝鮮人共産主義者は、主体的に朝鮮国内で党を再建しようという立場を国内延長主義だと批判しつつ、中国共産党に入党した。(6)最初に動きを見せたのがいわゆるML派だった。この派の満州総局は、一九二九年九月第一〇回拡大運営委員会で、満州の朝鮮人共産主義運動が中国共産党運動の一部として再組織されねばならないという決議文を発表し、翌年三月下旬に(7)満州総局の解消を宣言し、四月には各自個別に中国共産党に入党した。続いて火曜派も、四月上旬に中国共産党加盟を決め、六月初には中国共産党に加盟した。一九三一年一〇月日本で日本総局が解消声明を発表するまで、各派の解消が継続された。(8)

　こうした動きの中で、一九三〇年七月金炯善は、中国共産党から、中国共産党および上海の全ての団体との関係を絶ち、金丹冶と(9)提携して朝鮮で運動するよう命令された。金丹冶と会見した金炯善は、朝鮮内に行き労働者、農民に檄文、パンフレットなどを配布して教育し、これを通して党建設の準備工作をするため、一九三一年二月に上海を出発しソウルに到着した。以後一九三二年三月末まで、金丹冶と連絡をしながら金丹冶が送る檄文、パンフレットを中心に運動を展開した。

　一九三二年二月彼は金丹冶が派遣した金命時《キム・ミョンシ》から、運動資金とこのグループの機関紙『コミュニスト』第一号一部と二、三号合本一部を受けとり、また四月下旬には、辺振豊《ピョン・ジンプン》を通して『コミュニスト』第四号一部と檄文の原稿を受けとった。運動資金で謄写版を購入し、仁川で上記『コミュニスト』第四号[10]約五〇部と二種類の檄文[11]約三〇〇枚を謄写、印刷した。この檄文とパンフレットの一部をソウルへもって行き、四月下旬金燦[12]に渡して平安南北道各地での配布を依頼し、また『東亜日報』に掲載された在満同胞救済義捐金出捐者の名簿をみて、平壌の平安ゴム工場など二、三の工場、平南江東郡勝湖里のセメント工場の職工、平安北道の鉱山夫などに郵送した。その他にも全国各地の工場と鉱山、新聞支局に発送し、さらにソウルと仁川の街頭で数百枚を撒布した。

この檄文撒布事件で警察の検挙が始まるや、金炯善は朝鮮を脱出して一九三二年五月上海へ行き、金丹冶、洪南杓などと会って活動報告をして対策を協議した。[13] そして約三か月後の同年八月また入国した。同年一一月に彼は梁河錫《ヤン・ハソク》[14]と会い、党再建活動をしている各運動グループ系統について協議し、『コミュニスト』などのパンフレット読者網を中心に運動を展開しようとした。梁河錫は、ソウル地域を中心に龍山鉄道工場、京城紡績会社など各工場で活動したが、前に見たように一九三三年五月片倉製糸罷業では李載裕組織と提携してこの罷業も指導した。一九三三年二月金炯善は、呉基満《オ・ギマン》とともに鎮南浦で労働運動をしていた韓国亨《ハン・グクヒョン》[15]と会った。二人の会見は呉基満が周旋したと推測されるが、金炯善は韓国亨に、元山は朝鮮革命運動において最も重要な地帯であると言い、元山一帯を根拠に運動することを勧めた。元山に派遣された韓国亨は、埠頭労働者や堤防修理工事の土工として働きながら、同年四月下旬金泰瑢《キム・テヨン》とともに「五月一日赤いメーデーを記念せよ！」[16]という檄文一〇〇枚を撒布するなどの活動を行った。また鎮南浦では呉基満が活動していた。一九三一年七月金丹冶の命令で上海からソウルに派遣された彼はソウルで金炯善と会い、一九三二年一月鎮南浦へ行き埠頭労働者をしながら運動を展開した。そして韓国亨や沈仁沢《シム・インテク》[17]と赤色労組を組織することを協議し、同年一二月下旬ソウルで金炯善、韓国亨、沈仁沢らと鎮南浦での活動内容を批判し、活動方針を協議した。また尹喆《ユン・チョル》が平壌地方に派遣されたが詳細は不明である。この他にも、辺振豊は李烘衍《イ・ホンヨン》、左行玉《チャ・ヘンオク》らとともに光州、木浦など全南地域一帯と釜山などで活動した(18)。このように、金炯善を媒介とする金丹冶らの運動は、平壌と鎮南浦、元山などの北部朝鮮地方だけでなく、沈仁沢らを通して大邱地方と光州、木浦などの全南、釜山一帯を網羅した大規模な全国的組織体系を整えていた。この運動は、三〇年代初半全国各地の大都市を中心に運動者を派遣して、組織網を構築した典型的な党再建運動方式であったが、各地域で大衆的基盤は全般的に微弱だった。

このようにソウルを中心として全国各地の主要都市を連結していた金炯善グループが、ソウルで李載裕の運動線とつきあたったのは当然である。そしてその契機となったのは前述したように、一九三三年五月の片倉製糸罷業闘争における梁河錫を通してであった。また李載裕グループの上位トロイカの一人である卞洪大《ピョン・ホンデ》も、元来は金炯善の運動線で活動していた。楊平の農民組合運動において、卞洪大が合法運動を排除して非合法運動方式だけを主張したのもその理論的背景は金炯善にあった。卞洪大を通して李載裕が金炯善と接触した過程は、調書でその詳細が明らかなので(19)それによって具体的内容を見てみよう。

一九三三年六月初旬(20)李載裕を訪問した卞洪大は、新義州で検挙された金命時事件の内容を知っているかときいた。それによって、李載裕が金命時の兄である金炯善の存在を知っているかを確認するためであった。同じ頃梁河錫も李載裕を訪問して、今後もひきつづきソウルにいるつもりなのかときいた。これに対して李載裕は、出獄していくらもならず、すでに警察に顔がわかってしまっているのでソウルに長くいようとは思わないと答えた。梁河錫は、それならどこへ行くつもりなのかとききき、それとなく咸南地方はどうなのだろうと言った。李載裕は、そこもいいが、咸南地方は相当運動が発達している地域なので、今そこへ行こうとは思っていないと言った。金炯善が、李載裕を自身の運動線に統一し咸興地方へ派遣しようという腹案をもっていたことは後で確認されるが、前もって梁河錫を通しその可能性を打診したのである(21)。そして、金炯善は自分で直接李載裕と会ってみようと考えた。数日後、卞洪大が「外国から来た相当重要な地位にある国際路線の同志」と会ってみることを李載裕に提案した。「具体的な闘争問題を中心に会うというのならどんな同志でもいいが、一度会って手を切るような小ブルジョア的人物は最初から会う必要がない」というのが李載裕の答えだった。

こうして一週間後ほど後の六月中旬、二人は卞洪大の紹介で会い、大学路から東小門を出て敦岩洞のベビーゴルフ場まで歩きながら会談した。金炯善は、李載裕についてよく知っているが、刑務所から出て間もないから、現在の情勢はよくわからないだろうと言いつつ、過去の運動を批判し、自分はこうした混乱状態にある朝鮮左翼運動の戦線を整理するために国際線から派遣されたのだと自己紹介した。「正しい」国際路線との連携を通して各派の路線を整理し、そうすることによって朝鮮の運動の拡大、強化をはかろうという金炯善の主張に対して、李載裕は自分がまだ具体的な活動がなく、また個人であるため組織的には無力であり、国際路線の運動に対しては無条件に服従する方針だ、との見解を述べることで最初の会合は終わった。

二回目の会合は六月二〇日頃再び卞洪大を通して実現した。午後八時頃崇一洞の仏教専門学校西側の松林の中で李載裕と会った金炯善は、彼に咸興に行って運動することを勧めた。前回の会談で「正しい」国際線に対しては服従すると言った李載裕の言葉を信じ、当然承諾することを予想していた金炯善に対して、李載裕は、咸興へ行くのはよいが、新たに居所を移せば警察に注目されるおそれがあり、そこの事情もよく知らない状態だと答えつつ、万一行くとすれば、一定の方針を与えてくれることを要求した。「咸南一帯は思想的に進展している地域」であり、咸興にも各種傾向の路線があるので、これに影響を及ぼすためには国際党からの方針をもっていく必要があり、個人的な立場から見ても確実な方針を把握して自己の方針を樹立しなければならないからだというのである。国際線の「権威」によって同志を獲得してきた金炯善が狼狽する依頼だった。自身の主体的な運動方針をもっていない彼は、結局海外の権威をかりて局面を打開する他になかった。上海では国際党の朝鮮委員会というのがあるが、ここで発行している新聞を配布して読者を集め、その読者班を組織して運動をしなければならない、と答えたのである。彼が言った政治新聞というのは、金丹冶、朴憲永などが発刊した『コミュニスト』などを始めとするパンフレットと檄文をさしていた。

李載裕の鋭い質問は続いた。その新聞は政治新聞であるのか理論的な雑誌であるのかと聞きかえし、どちらであれ欠陥があると批判した。仮に政治新聞であれば、朝鮮内大衆の政治的不平不満を時々刻々取り扱ってはじめてそう言えるが、上海で発行されるのでは二重三重の弾圧を突破してもちこまれたとしても、二、三か月たって朝鮮に到着した時はすでに古い新聞になっている。理論的雑誌であれば、それを中心に読者班を作っている組織が革命的党の基礎となる他にない。どちらであれ上海で発行する出版物により読者を集めるという方針はありえない。またこれだけの運動方針で地域を交換せよという国際線の主張はありえないので、具体的な運動方針、例えば各派閥であれば、派閥に対する具体的方針、組織的問題、技術選択問題など、中心的な政治的方針を具体的に提示するよう主張した。事実李載裕の質問は、当時の党再建運動においてどこにでもあった海外中心主義と国際路線に対する無批判的で盲目的な追従、主体的な運動方針がなく国際線の権威を借りて運動者の前で君臨する態度、大衆的な基盤がなく少数の運動者により、上部から組織を結成しようという方式に対する反省と批判を内包していた。ともあれ応答に窮した金炯善は、この問題は後で機関紙がでた後でまた討論しようと言い、またこれらの理由だけでは咸南行を急ぐ必要がないので、一定の時間が経過した後咸南地域に行くにしても、彼の指令によるというのでなく、運動の要求と必要によるのだという李載裕の主張を諒解した。

上海で発行されている政治的新聞の本質的な問題点を指摘した李載裕の主張に、金炯善は相当共感したようだ。なぜなら七月初旬の三回目の会議で、金炯善は李載裕に「出版技能をもっている闘士」の紹介を依頼しているからだ。この会談で李載裕は、当時新聞紙上で報道された上海で開かれる予定だという極東反帝大会について、金炯善グループはどんな方針をもっているのかきいた。その方針は上海にいる同志たちが決定するという金炯善の答えに対し李載裕は、勿論上海へ同志を派遣するだろうが、まずこの反帝大会が上海で開催されるということを宣伝煽動し、大衆に認識させねばならない。その努力を前提にしないで上海へ同志を派遣してもどんな意義もないと主張した。この会合を最後に、二人の間の議論はそれ以上の進展をみなかった。なぜなら七月中旬金炯善が洪元杓《ホン・ウォンピョ》らとともに警察に検挙されたのである。(22) 李載裕は、金炯善の検挙で身辺の危険を感じ、東崇洞の家から新設洞の貧民窟へ居処を移したが、これについては前に言及した。

金炯善グループがコミンテルンなどの国際線と連携をもっていたことは確認できる。また、彼と連携をもっていた上海の金丹冶や朴憲永などは、いわゆる火曜派共産党として一九二〇年代朝共〔朝鮮共産党〕の時期から、党幹部としてコミンテルンの極東関係者と親密な関係を維持しながら活動した。一九二五年一一月のいわゆる新義州事件で第一次朝鮮共産党の検挙が始まり、上海に亡命した金丹冶、金燦は朝鮮共産党機関誌として『炎』を発行した。(23) 前に見たように、一九三〇年七月以後一国一党主義の原則に従い、金丹冶は上海で中国共産党の指令を受けて国内運動に着手した。朴憲永が国際路線で運動を展開したことも容易に確認できる。一九二八年八月に朝鮮を脱出した朴憲永は、一九二九年五月モスクワのマルクス学院に入学して通った後、ウラジオストックで朝鮮人初等学校の教師として勤務していた。一九三二年八月、彼はかつて在学したマルクス学院教育主任ロベルトに、第一次党の共青でともに仕事をした上海の金丹冶に連絡をとってくれるよう頼んだ。ロベルトから、金丹冶と協力して朝鮮内の運動に従事するようにという趣旨の文書とともに旅費を渡された朴憲永は、一九三二年一二月上海で金丹冶と会い、そこでパンフレットなどを出版して金炯善を通して朝鮮へ送り、これを無産大衆に頒布して意識分子を獲得し再建運動を展開しようとした。このように国際路線との連係が明白であるにもかかわらず、李載裕はその権威を認定しなかった。金炯善の事例でみたように、李載裕は自分が接したいわゆる国際路線の運動者たちが、現実に立脚した正しい方針を提示する能力がないと判断したためである。彼には「正しい」国際路線というものは、朝鮮の現実に対する主体的で具体的な運動方針と結びついた場合にのみ意味があったのである。以後、権栄台や金熙星《キム・フィソン》との関係まで含めて、具体的で自主的な方針を提示もできず国際線の権威を借りて大衆の前に君臨するという態度が、国際路線に対する李載裕の疑懼心と不信を強めた。検事の訊問において李載裕は、金炯善がコミンテルン極東支部金丹冶の指令を受けて入鮮《ママ》したかという質問に対して、そのような事実を疑っていたと答弁した。(24) また予審でも、党再建運動のため互いに連携しようという金炯善の提議を承諾したのかとの質問に対して、彼が具体的に自身の正体を明らかにせず、また以前にも国際共産党から派遣されたと言って横柄にふるまった事例があったので、彼を信用できなかったと答弁した。(25) このようなことが、李載裕が国際路線を拒否しているという先入観として作用したのである。

二、権栄台グループの運動

ソウルの運動線を統一していく過程で李載裕が次に行きあたったグループは、権栄台らによるいわゆる京城コムグループであった。この組織は金炯善グループとはちがって、ソウルの工場や学校などに一定の大衆的基盤を確保しており、金炯善らの運動より一歩進んだ面があった。また金炯善グループとは異り全国的組織ももっておらず、李載裕グループと同様ソウルを中心としていることもこの運動の進展した側面を反映していた。またこのグループは権栄台の後継組織形態として、李載裕グループとともにソウル地域で持続的に運動を展開したので、李載裕グループの立場からみれば運動線の統一のため重要な対象であった。

一九二〇年代の権栄台の活動はこれまで正確に知られていない。[26] かれは咸南洪原で洪原労働組合に加入して活動したが、一九三〇年一一月末に御用団体問題で警察に検挙され収監された。[27] 出獄直後の一九三一年四月咸興に住んでいた李相熙《イ・サンフィ》の紹介をうけ、五月下旬モスクワの東方労力者共産大学速成科に入学、翌年一九三二年五月卒業した。一九三二年一二月まで「継続して研究を重ね入鮮《ママ》の機会をうかがって」いた彼は、一二月末プロフィンテルン極東部の指令によって、ソウルの工場地帯を中心に赤色労働組合を組織する基礎準備工作のため朝鮮へ派遣された。

ウラジオストックを出発して咸南西湖津に潜入した権栄台は、前もって約束しておいた共産大学本科卒業生金仁極《キム・イングク》と会い将来の運動方針を討議した。また、一九三三年一月咸南における運動の指導者格の姜穆求《カン・モクク》[28]と会った。彼は数日後金仁極とともにソウルへ行き、[29] 同郷の徐昇錫《ソ・スンソク》[30]を訪問し、彼を通して安鐘瑞《アン・ジョンソ》を紹介してもらった。権栄台は四月初旬蓮池洞に部屋を借り、姜文永《カン・ムニョン》[31]、朴鼎斗《パク・チョンドゥ》、徐昇錫、安鐘瑞らと暮らしながら、普成高普在学中の姜文永、朴鼎斗、徐昇錫の学資金で生活費をまかない、運動を展開した。このようにして始まった権栄台の運動は、大きくみて二つの時期に区分できる。第一期はこの時期以後鄭泰植と知り合う翌年一九三四年三月までであり、第二期は彼が検挙される五月二〇《ママ》日〔一九日〕まで約五〇余日の比較的短い時期である。まず最初の時期の運動内容を検討してみよう。[32]

この時期に権栄台の運動で重要な役割を果たした人物は安鐘瑞である。彼は権栄台がプロフィンテルンから派遣されたいわゆる「正統運動線」だということを知り、互いに提携して労働組合を組織する準備活動を行おうとした。それ以後、学生運動においては安鐘瑞が徐昇錫らを指導して普成高普内に四つの読書会を組織したが、成員はそれぞれ一～三名程度だった。[33] 労働運動では、一九三三年五月以来安鐘瑞が高陽郡新設里の鐘淵紡績工場で活動したが、具体的な成果は現われなかった。またこの年五月安鐘瑞ら五名の運動者が「メーデーカンパニア・ピクニック」を企て、九月には鐘淵紡績罷業を背後から煽動しようとした。(34)

権栄台と李載裕に代表される二つの組織が互いの存在を最初に知ったのは、これより数日前に勃発したソウルゴム罷業においてであった。このストで「はじめて両グループは運動の先端が接触」(35)したのである。前述のように、罷業が勃発した時、李載裕グループの運動員としては工場外の責任を担当する権五相《クォン・オサン》らがおり、権栄台グループでは白潤赫《ペク・ユンヒョク》が指導を担当していた。権五相は卞洪大の下位トロイカ成員で、卞洪大は李載裕とともに最高トロイカ成員として権五相――卞洪大――李載裕という一連の指導体系が確立していたのである。一方白潤赫と権栄台との連結方式ははっきりとは現われていない。警察では起訴意見をつけて白潤赫を送致したが、検事の不起訴処分を受けて釈放されたためである。〈表2〉では赤労京城準備委員会安鐘瑞の下に白潤赫が配置されているので白潤赫――安鐘瑞――権栄台の組織体系を一応想定できるが、当時運動の全盛期にあった李載裕組織と比べて、権栄台グループの運動の進展が遅れていたことを考慮すれば、指導体系の完全な確立はまだできていなかったと推定される。

ともあれ、権五相と白潤赫はストが進行する中、スト女工たちが会合する場所で会い、論戦を展開した。論戦の主題は大衆的罷業闘争における前衛の役割と任務であり、具体的には労働大衆に対する前衛の役割をどのように規定するかという問題だった。すなわち罷業を「指導」するためにきたという白潤赫の主張に、自分は指導ではなく「応援」するためにきたという権五相の主張が対立したのである。白潤赫の主張が、単純に労働大衆に対する一定の先進性と意識性によって大衆の前に君臨するということであるのか、あるいは罷業を通して指導原則が貫徹されなければならないという次元で提起されたのかは明確ではない。この日の会合では各々の運動線につながる労働者たちが加勢して論戦が展開されたと推量されるが、女工達の協議結果は応援するという権五相の主張を支持する結果となった。後に卞洪大からこの事実をきいた李載裕は、労働者たちが集まる場所でこのような問題の理論闘争をすることは全く革命的行動ではないと批判した。仮にそれが指導でなく応援であっても、小さな問題で論戦することより、労働者が勝つことが最も必要なことであり、そうした討論は場所を改めて行うべきだ[36]というのであった。

この点について李載裕自身がどのような立場にあったかは明らかではない。しかし闘争を通して組織を結成するというのが李載裕の主張であり、指導するのではなく応援するのだという権五相の主張は、大衆的要求を土台として罷業を展開しようとする李載裕の考えと大きく異なっていないと見られる。直接的指導を重視する権栄台組織との相違は、組織方法の差異にも見ることができる。前述のように上部組織よりは下からの統一戦線を重視し、一定の大衆的基盤が整う時までは無用な指導組織を結成しないというトロイカ組織方式が李載裕の典型的な組織理論だが、権栄台の組織理論は、同じく上向式組織を主張しているが李載裕とは異なっていた。つまり、工場内で獲得した一人のオルグを通して職場グループを結成し、それを原動力として工場内の全ての非合法組織を利用して労働者を指導しつつ、いくつかの工場で結成された工場グループを基礎に産別赤色労組を組織するというのである。[37]李載裕組織と権栄台組織は、工場細胞から次第に上部組織へ移行していくという同じ上向式組織理論を採択したが、理論的意味あいや具体的実行方法で両者は全く異っていた。李載裕の理論は、各単位における運動者間の関連を基本的に相互対等な「トロイカ」と設定した。平等な関係にある各運動者が、該当工場内で罷業などの大衆闘争を通して労働大衆を意識化して覚醒させ、そのような過程を通じて運動者自身が意識を高揚され、鍛錬されるということをこの理論は強く主張していた。つまり前衛自身が労働大衆から学ぶということであり、労働大衆の元来的な自立性と革命性に注目したということができる。そうした闘争を通して次第に運動の基盤を拡大し、単一な理論での統一を土台に、一定地域内でまず党的基盤を造成した後で国際路線と連結して全国的次元の組織を結成しようというのである。このような点からみれば、彼の組織理論は多分に帰納的だった。そして前述のように、李載裕がこのような組織方式をとった理由は、当時の工業発展の一定の制約と関連して労働階級の形成がまだ未熟であり、前衛による運動が派閥闘争の様相を現わしていたという現実認識にもとづいていたのである。

一方権栄台の組織理論は、相互対等のトロイカではなく「オルグ」から始まる。オルグはすでに組織された一定の上位指導部の方針を工場内で実行するのであり、このような点から見れば、オルグと獲得された労働者の関係は相互対等に設定されていない。したがって組織方法は上向的であっても、指導原則が位階的に貫徹されるという点で実質的には下向的要素をもっていた。そして、指導原則は具体的実行を通して内在的、自主的に獲得されたものというよりは、実際にはコミンテルンなどの国際組織の指導を担保に外在的に保障されたのである。このような外部からの方針は、労働者の意識水準が未熟である点、過酷な植民地統治下での非合法運動であるという点、および指導方針の現実非適合性、抽象性などと結合して、せいぜいのところ少数の大衆を獲得するか、あるいは運動が着手される以前に挫折してしまった。国際路線と結びついていた大部分の運動が窮極的には失敗してしまったことや、それに反発して国際路線と断絶し、指導自体を拒否して大衆獲得にだけ重きをおいた運動もまた挫折する他なかったことは、このような点から理解される。また大衆の自発性と創意性より、前衛の意識性と先進性をより重視し、前衛が大衆に学ぼうとせず、むしろその前に君臨しようとする姿勢が一部の運動者に現われていたことも、運動の否定的な様相であった。

ともあれ話を戻すと、その後両グループはそれぞれ代表を出し争議委員会を組織して、この問題を李載裕と権栄台の意見を聞いて再検討しようとしたというのだが(38)、権栄台組織の白潤赫が結局出席せず決裂してしまった。権栄台グループが拒絶した理由は明確ではない。ただし権栄台グループの機関紙で一九三四年五月に発刊された『プロレタリア』では、一九三三年釜山のゴム工場とソウルの鐘紡罷業について「各自の革命的グループの積極的活動」があったと言及し、[39] 非常に客観的に評価している。一方李載裕組織は、運動の領導権問題と関連して「統一問題を提議したがコムグループはこれを拒否」[40]したといい、相手組織の行動を「階級的背信」だと非難しており、以後コムグループと提携しようとする努力はみられない。[41] その理由としていくつか考えることができる。一九三三年八月当時は李載裕グループの運動が最も活発な時期であり、大衆闘争の指導を通して組織の拡大、整理が盛んに進行している過程であった。従って以前に繰り返された不確実な運動線の統一に努力を集中するよりは、自身の組織を完成することにより多くの関心と努力を傾注することが望ましかった。また権栄台の組織線がコミンテルンの正統路線と連結しているとすれば、統一論議が進行する以前に、運動のヘゲモニーのため自身の組織を確実にもっておく必要があったのである。「国際線だと自称する権栄台線との接触を具体的に企画」[42]していた一九三四年一月に検挙された李載裕の陳述を考慮すれば、一九三三年八月以後この時期まで、両組織は互いの存在をわかっていても、どちら側からも運動の統一のための努力をしなかった事実だけは明かである。あるいは進行することを願わなかったとの推論も可能である。後述するが、李載裕が最終的に検挙されて以後、安炳春《アン・ピョンチュン》と孔成檜《コン・ソンフェ》らによって派閥の嫌疑として批判されるのはこのためである。

一方権栄台グループの運動が活発に展開するのは翌年一九三四年に入ってからである。同年一月[43]に彼は朴鼎斗を通して昭和製糸の女工金仁淑《キム・インスク》を紹介された。以後三月頃までに、彼女の紹介で朝鮮製糸の田泰任《チョン・テイム》（〈表2〉には田泰仁《チョン・テイン》と出ている）、李鐘淑《イ・ジョンスク》、また昭和製糸の権仁順《クォン・インスン》、兪基順《ユ・ギスン》、林炳烈《イム・ビョンニョル》、崔順伊《チェ・スニ》、李元鳳《イ・ウォンボン》などを、さらに李元鳳を通してソウルゴムの元順鳳《ウォン・スンボン》、中林洞大陸ゴムの尹慶姫《ユン・ギョンフィ》など[44]を獲得して本格的な運動に入った。同じ頃の三月下旬には、許《ホ》マリアと李元鳳を通して李載裕の所在を把握しようとしていた鄭泰植《チョン・テシク》を知り、また鄭泰植を通して三宅を紹介された。このように工場内で多数の労働大衆を包みこんだだけでなく、鄭泰植と提携することで彼の影響下にあった運動者まで吸収しつつ運動は急に活気をおびた。

ところで、第三期準備グループの時期に、二つのグループの闘争関係について徐球源《ソ・グヴォン》が崔浩極《チェ・ホグク》に次のように説明した。すなわち、当時李載裕が検挙されるや権栄台は後継者だといって工場を巡回し、大衆を欺瞞的に自分の組織にひきいれようとした。これを知った三宅が鄭泰植をレポとして派遣するや、その後一か月もしないうちに「実践経歴」がない鄭泰植に共青の責任をまかせた。[45] この言葉の真偽を把握するためには、徐球源は権栄台の後継組織に属していたが、李載裕の運動線に加担した運動者であったという事実をまず勘案しなければならない。しかし、いくつかの状況を考慮すれば、この陳述は相当な妥当性をもっていると考えられる。まず権栄台の運動が活気を帯び始めたのは、李載裕が検挙された一月頃と時期的に一致している。また〈表2〉をみれば、権栄台線で活動した運動者中の相当部分が李載裕の組織線と重なっていることが確認できる。労働運動部門だけを見ても、例えば〈表2〉にある赤労準備委員会の尹淳達《ユン・スンダル》と、朝鮮製糸、川北電気の金晋成《キム・ジンソン》は、李載裕グループにおける永登浦下位トロイカである川北電気所属で、京城紡績の兪順熙《ユ・スンフィ》は、李載裕グループの東大門外代表者会所属で、昭和製糸の女工であった（〈表1〉参照）。この他にも〈表1〉には出てこないが、李載裕グループである京城ゴムの金仁淑と、ソウルゴムの許マリア、孟桂妊《メン・ゲイム》、住友製糸の李鐘淑は、〈表2〉の権栄台組織では、金仁淑は昭和製糸、孟桂妊はそのままソウルゴム、李鐘淑は朝鮮製糸でそれぞれ活動していた。許マリアはこの事件で逮捕されず起訴中止処分をうけたため〈表2〉にはでていない。学生運動では、法専の韓六洪《ハン・ユコン》と韓成沢《ハン・ソンテク》は、李載裕が組織準備次元で鄭泰植に紹介したことはすでに前に見た。この他にも辺雨植《ピョン・ウシク》は白潤赫を通して、李景仙《イ・ギョンソン》は李元鳳を通して間接的に権栄台組織と関連があった。

このように多くの運動者が両組織に重なっている事実は、当時の運動者が実際に多様な運動線と同時に関連して活動していたことを示唆している。同時にこのことは、李載裕が検挙された以後、グループ員の相当数を権栄台組織が蚕食したことを意味するのである。また前に見たように、権栄台が一九三四年初めに金仁淑を知り、李鐘淑、李元鳳らを獲得したにもかかわらず、他の資料によれば[46]鄭泰植が学校方面とともにこの部門、つまり工場方面の責任者に設定されている。鄭泰植が共青責任者を担ったことから見れば、このような位相は全く適合しないにもかかわらずこのように設定された理由は、権栄台グループと設定されている工場部門の相当部分が主に鄭泰植の活動によったためである。一九三四年三月権栄台と提携する以前に、一九三三年七月以来鄭泰植は李載裕組織で活動していた事実を考慮すれば、彼が権栄台と提携することで、李載裕グループで獲得した部分を一緒につれていったのだと言える。従って上記資料の図表で提示されている工場部門は、鄭泰植が李載裕の線からもっていった部分と権栄台が工場巡回を通して獲得した部分が合わされているのである。後で整理された〈表2〉では、鄭泰植でなく権栄台が工場方面の責任者に提示され、上記図表の不合理な設定を矯正しているのもこのような脈絡で理解できる。

このような事実、つまり検挙の間隙を利用して他の運動者の組織線を「簒奪」した事実を評価するためには、幾つかの別の事実も合わせてみる必要がある。李載裕グループが主張するように、権栄台が李載裕の後継者を「詐称」して大衆を欺瞞的に獲得したとすれば、そのことは運動の道徳性という点に照らして本質的な欠陥だと批判することができる。そのような運動自体は決して正当化できない。万一李載裕グループの主張とは異り、権栄台が自分の路線と方針に立脚して李載裕グループの運動者を同志として獲得したのならば、これは道徳的な規準やあるいは実際的基準から全て正当であり、批判の対象から免れる。ところで、この当時は労働運動が基本的に党再建運動の一環として展開されており、従ってその運動を窮極的には権力の獲得という政治的脈絡で理解すれば全く異なる視角で評価することもできる。このような視点からすれば、獲得過程よりは一端獲得した大衆をどのような路線と方針に立脚して指導したかがより重要な問題として提起される。従ってこのような観点から評価するためには、以後の運動内容を見なければならないのだが、本格的に運動を展開する前の一九三四年五月に権栄台グループが検挙されたため、具体的な評価自体が不可能な面がある。このような二つの基準は、現実的には明確に分離できない。権栄台の運動に対する以後の運動者の評価や批判をあわせて判断(47)してみれば、この問題は大体において否定的な方向で評価されるのではないかと考えられる。

ともあれ、このように運動が進展するにしたがい、権栄台グループはこれを一つに束ねることで単一の指導体制を確立しようとした。そして〈表2〉に見るように、まず赤色労働者グループを繊維、化学、食料品、金属の各部に分け、各部署の責任者を決めた。このグループの総括責任者は権栄台が検挙されるまで未決定であったが、権栄台は責任者として李載裕を想定していたと推定される。この労働者グループは、当時一般的にそうであったように、産業別組織方針に従っていた。しかし産別部署の責任者として、李元鳳と李明新を論外にするとしても、食料品部の鄭泰植と金属部の朴鼎斗は、それぞれ共青と機関紙部門に重複して配定されていた。完全な赤色労組でなくグループの形態という点を勘案するにしても、このような事実はまだ大衆的基盤が微弱で、組織の分化と整理の進展が少いことをあらわしている。このような状態において、運動の最高機関として京城共産主義者グループ（コムグループ）を組織し、権栄台自身は赤労〔京城〕準備〔委員〕会と工場部門を基盤にしつつ機関紙責任を担い、共青に鄭泰植、文化資金部に三宅らを配置した。こうして一九三四年五月二〇日に労働者グループをまず結成し、ついで二五日に共産主義者グループを結成しようとして鄭泰植と三宅の同意を得、組織が完了した後、五月三〇日にソウルを出発してウラジオストックのプロフィンテルン極東部へ報告する予定であったが、五月一七日に鄭泰植が、つづいて一九日には権栄台自身が逮捕され、この計画は実現できなかった。

ところでこの時期は、李載裕が西大門警察署から脱出して三宅の家に身を隠している頃である。三宅は鄭泰植とともに、李載裕と権栄台の組織線を連結して運動戦線を統一するために、両者の会合をあっせんしていた。そして両者の意見を接近させようとして、五月二二日にそのための会談を持とうとしていたが、(48) 鄭泰植と権栄台が逮捕されこの試図は挫折してしまった。(49) 権栄台は上述の赤色労働者グループを五月二〇日に結成し、二二日に李載裕と会って協議し、その会談の成果を土台にして二五日最終的に京城共産主義者グループを結成しようという構想をもっていた。このような点から見れば最高指導機関の赤労部責任が未定であったのは当然である。

次に権栄台グループの出版活動を見てみよう。このグループから発行されたパンフレットをはじめとする出版物は、時期的には運動が活気を帯びてきた四月以後に大部分が刊行された。これらは革命的労働組合をはじめとする組織の結成を促進するためのものであった。最初の出版物は一九三四年四月初旬の『メーデー』というパンフレットである。原稿は京城帝大助手李明新が起草し、安鐘瑞、権栄台が補完した。内容を直接知ることができないが、メーデーの歴史、世界各国における過去のメーデー闘争、朝鮮での闘争が不振な状況であることなどを叙述し、メーデーでは労働者、農民、学生および一般勤労大衆が、資本家、地主に対して、集会、檄文、同盟罷業、示威運動などで力強い闘争を展開しようというものであった。印刷部数は正確ではないが、謄写版印刷で約五〇〜六〇部だった。同月下旬には、三宅が翻訳したコミンテルン第一三次執行委員会総会テーゼ『ファシズム、戦争の危機と共産党の諸任務』というパンフレットがやはり約五〇〜六〇部印刷され、またメーデー闘争を煽動する「檄」も印刷された。

この檄文は三つのグループの共同名義で発行されたが、そのグループの具体的な内容ははっきりしない。二つ目のグループとして、まずこのメーデー共同闘争に李載裕グループが参加した可能性が想定できる。また鄭泰植と三宅がこれらのグループの一つに属していることもありうる。鄭泰植らが自身の運動部分に任意の名称を付けて参加することもあっただろうが、李載裕グループの名義で一緒に参加した可能性も排除できない。残る一つのグループは、権栄台グループと相対的に親和的であり、コミンテルンなどの国際組織と一定の連携をもっていたグループの蓋然性がもっとも大きい。このような点からみると、後述の慎甲範グループを、また可能性はより希薄であるが前述した姜晦九《カン・フェグ》グループなどを想定することができる。

この檄文は、後で漢字が多く内容が難しい上に、活字があまりに小さいという理由でソウルの運動者の中で批判された。[50] 印刷部数は約一〇〇〇部で、主要な撒布対象はソウル市内の各工場、学校、昌慶苑の夜桜見物の群集であり、四月三〇日正午には崔慶玉《チェ・ギョンオク》が龍山の漢江沿いにある田川工作所に約三〇〇～四〇〇枚を撒布したが、残りは撒布できなかった。檄文は権栄台、安鐘瑞、朴鼎斗の三名が作成、印刷した。このメーデー檄文は、発行部数から推量して一般大衆に直接配布しようとした点が注目される。一般大衆を相手にしたこのような檄文の刊行と撒布は、運動者《オルグ》を対象にした出版活動に集中的に努力した李載裕グループとは対照的である。李載裕ならば一般大衆を相手にする檄文などの刊行活動は、当時の客観的情勢や主観的力量からみて時期尚早と考えたであろうし、それゆえ冒険主義的行動だと批判したであろう。

同年五月初旬には『プロレタリア』というパンフレット約五〇部を発行した。[51] まさに結成される予定であった京城共産主義者グループの機関紙として刊行された『プロレタリア』の原稿は、工場内活動家に依頼した二つの文以外は前のパンフレットと同様、権栄台、安鐘瑞、朴鼎斗の三人が主に作成した。もともと月刊の雑誌形態で計画されたが、運動力量の評価等の内部議論を経て変更され、新聞形式で刊行された。産別の各工場新聞を基盤としてこの機関紙を運営する構想をもっていたようだが[52] 実現しなかった。その構成は、(一)「創刊宣言」(二)「メーデー闘争、反ソ戦争絶対反対と帝国主義打倒の叫声、コミンテルンコースの旗の下労働者、農民、一切勤労大衆は結集せよ」(三)「メーデー闘争を工場集会で」(四)「帝国主義的植民地新分割戦争絶対反対、日本帝国主義の反革命戦争準備に朝鮮民族改良主義的ブルジョアジーは積極的に参加している」(五)「工場主らの欺瞞的手段に反対し労働者の自主的遠足を組織しよう」(六)「労働者の革命化を怖れメーデー休業宣言」、そして最後に「自己批判」の順に構成されている。これらの中（三）の工場集会を通してのメーデー闘争と、（五）の労働者の自主的遠足は、工場内で活動している運動者に依頼して作成したものとみられ、これによって当時の運動の大衆的基盤が推測できる。以下それぞれ内容を具体的に見ていこう。

「創刊宣言」では、帝国主義権力のファシスト独裁と、植民地新分割戦争で危機に直面する日本帝国主義が、これを打開するため経済的搾取を極度に強化して戦争準備を積極的に進行させ、白色テロによって運動の指導者と先進的労働者、農民を虐殺、投獄している事実を指摘している。そして労働大衆の革命的進出と革命的グループの積極的活動、および農村、獄中にいたるまで大衆的革命的闘争が起きており、経営内労働者大衆に集中的に力量を傾注しつつ、婦人、青年労働者を積極的に闘争に動員しなければならない。また労働者の日常の経済的利益のために、具体的、献身的に絶え間なく闘争しなければならないと主張した。二番目の文では、龍山工作所で崔慶玉が檄文を撒布した事件を例示しつつ、資本の攻勢に対する逆襲、日本帝国主義打倒、帝国主義戦争反対、ソビエト同盟に対する反革命戦争反対、朝鮮の完全な解放、労農政権獲得などのスローガンを提示した。三番目は、工場集会でメーデー闘争を展開した永登浦の一工場の例をあげて、メーデーを前後して七人と一〇人が参加した会合の経過を報告しつつ、デモや罷業などの恒常的闘争を強調した。四番目の文は、題目にあるように民族改良主義者に対する強い批判が主要な内容となっている。民族改良主義に対する批判は、（一）、（二）の記事にも散発的に言及されている。「東亜日報」を含む民族改良主義ブルジョアジーは、日本の帝国主義戦争準備に積極的に加担して、朝鮮の勤労大衆の革命化と反戦闘争を抹殺するために総動員されているので、レーニン主義的戦術に立脚した反戦闘争戦術が要求されている。つまり、民族改良主義的ブルジョアジーはすでに民族解放運動の正当な一つの運動力量としての資格を失い、日本帝国主義と結託して帝国主義戦争に積極的に参加している、と主張した。明示されていないが、このような評価は李載裕グループと同様であり、民族改良主義的ブルジョアジーを打倒の対象としている。五番目の自主的遠足を組織しようという文は、工場主の温情主義的統制の一つとして工場内で広く行われている野遊会が、労働者に虚栄心と競争心を助長する欺瞞的なものであると批判し、経営内労働大衆や指導者が積極的にこれを暴露、闘争して、労働者自らの力によって自主的に遠足を組織することを提案したものである。最後のメーデー休業宣言では、最悪の搾取を敢行する資本家が、賃金を出してメーデー休業とすることは、成長するプロレタリア革命に対する恐怖と、この革命を圧殺するための本能的欺瞞という両面を持つことだと指摘し、全国各地の多くの工場でプロレタリアが英雄的闘争を展開したと主張した。最後に指摘しておきたいことは、このパンフレットの所々に登場する国際線との連携の強調である。「コミンテルン京城共産主義者グループ」「コミンテルンコースの旗の下」などの表現がそれである。国際線との連携に対する強調は、鄭泰植の場合に典型的に現われているように、工場内で活動したり運動者を獲得することでは相当な効果があったと推量される。しかし自主的運動力量が裏づけられない状態での国際線との連携の強調は、事大的で非主体的な態度でもあった。

なお、権栄台グループと関連をもった運動でソウルに隣接した地域の運動としては、仁川で金根培《キム・グンベ》らが主導した赤色労働組合運動をあげることができる。〈表2〉で見るように、赤労京城準備委員会の安鐘瑞を通して仁川地方の代表的工場で組織活動を行った。権栄台グループが検挙された時にも金根培の運動は暴露されず継続して行われた。最終的には一九三五年五月下旬検挙されたが、その子細な内容は第五部で見るようにしたい。

三、慎甲範グループの運動

この時期に国際線と連係があった最後の運動としては、慎甲範を中心とする党再建運動をあげることができる。この運動に関しては詳細な資料がなくただ簡略な報告があるだけだが、[53]これによって見ていきたい。

慎甲範が済州島出身だということの他、個人的背景に関してはほとんどわからない。一九二六年頃から黄海道、慶尚南道、江原道地方を転々として運動したり、間島へ流浪した。ソウルへきたのは一九三二年九月だった。ソウルで自由労働をしながら同志をさがし、主に開城出身の運動者を獲得、指導した。その結果彼を中心に、一九三四年一月二四日開城農民組合組織促成委員会が組織された。そして「共産党再建運動の宗派閥を清算して国際党との連絡をつける目的」で一九三四年二月間島へ行き、朝鮮レポート会議に参席した。この会議の開催地や主催、目的、彼がどんな資格で参席したのかなどは全くわからない。ただ彼がこの会議に参席して朝鮮内の運動情勢を報告し、国際党との連絡方法を協定した事実だけが知られる。同月一三日に会議を終えてソウルに戻った彼は、金洛成《キム・ナクソン》、宋金山《ソン・グムサン》らとともに峴底洞の居所で会合してレポート会議の状況を報告し、組織活動方針を協議した結果、朝鮮共産主義全国会議召集準備委員会中央部を組織して活動することとした。この組織の結成についても、その名称がわかるだけで他のことは全くわからない。準備機関としての性格であっても、大衆的基盤がない上部の少数運動者によって組織された点で、一九三〇年代初の党再建運動方式をそのまま踏襲した事実が指摘できるだけである。

この集まりで慎甲範たちは、中央部をまず結成し、各自の根拠地で下部組織を充実させようとしたのだと思われる。三月に慎甲範は開城に行き、以前組織した農民組合組織促成委員会を拡大して、農民だけでなく労働者と学生を網羅する大衆的朝鮮共産主義運動促成開城地方委員会を組織しようとし、また機関紙として『再建闘争』を発行しようとした。機関紙発刊等の活動内容は確認されている。四月二〇日前後、ソウルでこの組織名義で四月一〇日に発行された革命的労働運動に関するパンフレット二部が押収されている。関連した運動者が検挙された端緒もここにあった。ともかく、三月一五日に彼はまたソウルに戻って前出の同志たちと会合、自分が責任者になり朝鮮共産党再建促成京城地方委員会を組織した。これは開城地方の組織と同一の性格をもつものと推定されるが、結成後すぐに検挙されたため、ソウル地域での具体的活動はほとんどなかったと言えよう。

このように、この運動は少数の運動者によってまず中央部を結成し、地方に下部組織を建設しようとする過程で中止されてしまった。下位組織はソウルと開城地方にあっただけだが、それ以下の単位での子細な内容はわからない。ただソウルと開城を中心とするこの運動の関連者が四五名という多数にのぼっている事実によって、その規模を推定することができる。注目すべきことは、このグループに李載裕や権栄台の後継組織で活動した運動者が多数輩出している事実である。李載裕運動関連者としては、第一期で上位トロイカの一人として永登浦を中心に活動した安炳春と、その下に所属していた永登浦川北電気の尹淳達（〈表1〉参照）と第二期の金舜鎮《キム・スンジン》などが挙げられる。尹淳達は同時に権栄台組織で赤農京城準備委員会の成員だった（〈表2〉参照）。また権栄台組織で中心人物であった安鐘瑞もこのグループで活動している。権栄台の後継組織である金承塤《キム・スンフン》の運動で活動した李柱夢《イ・ジュモン》も、このグループと関連があった。

ソウル地域におけるこのグループの運動は一九三二年九月から始まったが、本格的には一九三四年三月中旬以降展開されたから、李載裕や権栄台の運動と時期的に重なる部分がある。当時李載裕は三宅の家に隠れていて活動が自由ではなかったので、特に権栄台グループと重なったといえよう。また慎甲範がどのような経路で国際線と連結したのかは確かではないが、連結していたことは確実だったから、慎甲範グループと権栄台グループは一定の交流、あるいは提携の討議があったとも推定される。三団体共同名義の形式をとった権栄台グループのメーデー檄文の一つの団体として、慎甲範グループを推定したのもこのような点から出たのである。

第四部　京城再建グループの時期——第二期

一、検挙と脱走、潜伏

前章で見たように一九三三年九月の鐘紡罷業以後、ソウルの工場街を中心に大々的な警察の検挙旋風が吹き荒れた。南萬熙《ナム・マンフィ》が警察に検挙され李載裕《イ・ジェユ》との関係が明らかになり、鐘紡罷業の資金の関係でこの頃から西大門警察署では李載裕を手配し始めた。それにもかかわらず地下運動を続けていた李載裕は、一一月頃から身辺の危険を感じ、一二月二一日に李順今《イ・スングム》の資金支援を受け、内需洞の鄭鎮瑾《チョン・ジングン》の家に居所を移し、翌年一九三四年一月一八日までそこに潜伏した。同じ時期の一九三三年一二月中旬に李鉉相《イ・ヒョンサン》が警察に検挙され、取調の結果李載裕に対する資金提供を陳述した。それが一九三三年一二月二五日頃で、これが李載裕が検挙される直接の契機となった。こうして李順今の身辺が危険だと判断した李載裕は、益善洞の李順今の家から内需洞のアジトに彼女を移し警察の検挙に備えた。この頃彼は内需洞のこの家で、李順今および孔成檜《コン・ソンフェ》の紹介で知るようになった金花姫《キム・ファフィ》という女工とともに読書会をもった。翌年一月一四日頃まで、李順今の身辺に特に異常はないと聞いていた李載裕は、一八日益善洞の李順今の家に立ち寄ったが、そこで西大門警察署員に逮捕された。逮捕した警察は彼が李載裕とは思っておらず、李載裕は用便に行くと言って時間を稼ぎ、天井の窓を割って脱出した。[1] 李順今とともに内需洞の家に潜伏した李載裕は、二日後の二〇日夜一〇時に李順今が警察に逮捕されたが、間髪の差で西大門署の刑事隊の襲撃から逃れた。李載裕は中林洞で家庭教師をしていた安炳春《アン・ビョンチュン》の家に臨時に起居しながら新しいアジトを探したが、[2] 二二日に安炳春が逮捕された。彼を通して当日午後三時に中林洞で李載裕と街頭連絡することになっているとの情報を入手した警察は現場へすぐ出動した。李載裕は決められた時間に安炳春が来なかったためそこを離れたが、中林洞の停車場で降りる刑事隊を見てすぐに蓬莱洞方面へ戻った。急に方向を変えた男を見て刑事隊は彼を追撃し、蓬莱橋の上でついにかち合った。

「貴様、李載裕だろう！」

「李載裕とは一体どんな人ですか。私は鉄道局員で金某という者ですが……なにか人違いではありませんか？」(3)

こうして李載裕は検挙された。李載裕が検挙されるまでに多くの運動家がすでに警察に引かれて来ていたが、李載裕はその数をソウルで二百余名、江原道で百六十余名ほどと推定した。(4) 警察は李載裕が上海の権五勲《クォン・オフン》らと連絡して全国的組織の結成を図ったとの嫌疑で自白を引き出さんと非人間的な悪辣な拷問をほしいままにした。「殴ったり蹴ったり、水を飲ませて吊るし、焼いた鉄を太腿におしつけたりもした」。「死んでも己の信念を貫き運動を守ろうとする崇高な精神」で李載裕が沈黙を守るや、苛立った警察は「食事もできず歩けもしない李同志を奴等は背負ったり横から支えて取調室に引きずり出し電気拷問までやった」(5)。警察に引っ張られても決して自白しないだろうとの三宅教授の期待を、彼は最後まで裏切らなかった。李載裕は「拷問は耐えられず死を覚悟した」(6) と当時を回想した。

こうした悪辣な拷問にも李載裕が屈服しないとみるや、警察はあれこれ精神的、肉体的苦痛を与えて自白を得ようと長期の取調を図った。この時彼は留置場ではなく高等係の事務室二階分室にいた。警察は彼がひどい熱病で脚気もあるために分離収容したと言っているが、これは拷問の後遺症に伴う症状であり、分離収容にはいくつかの理由があった。つまり留置場で互いに通房し、事件の内容の口裏を適当に合わせることを警戒し、あるいは拷問の事実を暴露して「騒動」を引き起こすことを防ぐためであった。

三月中旬のある雨の降る夜だった。李載裕は長い取調に疲れた看守が眠りこけた隙を見て、道路に面した窓を乗り越え外にとび出した。

ふらついた体に力を入れて光化門方面に向かって駆け、貞洞の入り口にたどり着いたが、すでに警官の追跡する騒がしい音が聞こえて来た。彼は貞洞の路地に入り、折りよく通りがかった薪を積んだ荷車の後ろを押してやってついて行こうとしたが、追跡があまりに迫って来たのでとある塀を乗り越えた[7]。

長い間の拷問と脚気で、彼は自分の体を支えられずに気を失ったようだ。彼が入った所は貞洞の裁判所の向かいの米国領事館であり、発見されるや西大門警察署に引き渡された。警察は米国領事館に隣接していたロシア領事館に李載裕が入り込むつもりだったと主張[8]したが、その真偽は判らない。こうして李載裕の一回目の脱出は失敗に終わった。

再検挙の後、警察は李載裕がロシア領事館に入り込もうとしたとして、「棍棒と罵倒を限りなく」浴びせた。「生きようという気持ちもなく、むしろ自殺しようと思う」ほど苛酷な拷問であった。李載裕は刑事室から二階の訓示室に移され、昼夜の区別なく巡査二人に監視された。「手に自動式手錠をはめられ、足には大きな鉄の塊をくくり付けられ、手足を縛られた身になった。そして腰には鈴が付けられ、体を動かすとチリンチリンと鳴って看守の目が覚めるようにしておいて、すべての扉は鍵をがっちりかけ、その鍵は吉野高等係主任が自分の家に持って」帰ったのである。

一九三四年四月一三日の晩、李載裕は寸分の隙もない監視網をくぐりぬけ、ついに第二次脱出に成功した。非常警戒を敷き、全ソウルの警察が蟻の群のように展開し、駅ごとに、また郊外に通ずる通りごとに監視し、制服や私服の警官が家々を虱潰しに探し、南山と北岳山、仁旺山や駱山を何日も夜通し探したが、ついに李載裕を見つけることはできなかった。このため、吉野高等係主任は引責辞任し、事件の取調は京畿道警察部に引き移されることとなった。[9]

李載裕はどのようにして脱出できたのか。四月一日に李載裕の手にはめられていた手錠がはずされた。この時から李載裕は機会を狙っていた。飯粒をつぶして足枷の鍵穴に入れて型を取り、牛乳瓶のふたを曲げて鍵を作り足枷の鍵をあけた。着ていた服の裏地を切り取って変装用のマスクも作った。問題は監視の巡査を遠ざけることだが、これには異なる二つの説がある。一つは担当検事が作成した「逮捕記」であり、もう一つは解放以後運動家が書いた「脱出記」である。

前者は次のようにいっている。すなわち四月一三日、夕食をわざと残した李載裕は、これを同房の疫痢患者金燦奎《キム・チャンギュ》にやった。これをもらって食べた金は、夜中一二時頃から巡査に便所に行きたいと懇願した。繰り返しの懇願に仕方なく、巡査は夜明けの四時に彼を便所に連れて行った。この時李載裕は、すばやく足枷を外しマスクを被りベッドの下の上着を着て帽子を深く被って、堂々と正門から出た。門前で別の巡査が、変装した彼を刑事と思ったのか、「これからお帰りですか」と挨拶したので、そうだと答えてタクシーに乗り込んだ。タクシー代は、いつでも逃走用に使えるように上着の襟の中に隠しておいた。彼はタクシーを何回か乗り換えてから東崇洞の三宅教授の家に向かい、潜伏生活に入った。[10] あたかも一篇の探偵映画でも見ているようなこの話には、若干の誇張と潤色がある。

後者の叙述によると、李載裕は「日本の天皇主義を憎み、民主主義的思想を持ち、共産主義については大いに興味を持っていた」森田という日本の巡査の暗黙の助力を得て脱出できたという。李載裕は特有の宣伝扇動力で森田を感化し彼から好感と理解を得、森田は李載裕の革命的熱情と知性そして豊かな人間性に感服し彼を脱走させようとした。この晩、李載裕が足枷を解き、服を包んで布団の中に入れ膨らませておいてから、窓を乗り越えて脱出した後、三〇分程経ってから森田はことを報告し、非常警戒が敷かれたというのだ。[11] 熾烈な革命運動の真っ只中での一つの挿話として記憶されるべき話である。

西大門警察署前の自動車会社でタクシーに乗った李載裕は、黄金町（忠武路）二丁目で降り三丁目まで歩き、また車に乗り込み東小門まで行き、そこで降りて山を越え東崇洞へ行った。李載裕がこのように用心深く逃走したのは、警察の追撃を憂慮したからであった。京城帝大三宅教授の家の塀を乗り越え庭園に入った李載裕は、朝があけるのを待ってマスクを取り玄関のベルを鳴らした。女中が出てきたので、彼は金《キム》某という学生だが三宅教授に会いたいと訪問目的を告げた。

女中から学生が訪ねて来たと告げられた三宅は、名前を聞いたことはなかったが玄関に出てみると、洋服にネクタイを締め外套を着た李載裕がいた。彼はとりあえず応接室に案内した。丸テーブルに向かい合って、李載裕は自分は西大門警察署から明け方に脱出して来たのだが、当分の間匿ってもらえるか意向を打診した。ところでこの日、鄭泰植《チョン・テシク》も三宅を訪問して来た。李載裕に会おうとあちこち聞きまわり彼を探していた鄭泰植は、李載裕が検挙されたがまた逃走した経緯を聞いて、会えて嬉しいと言った。李載裕は鄭泰植に他の適当な隠れ場を探す事を依頼し、逃走に必要な変装用衣服や履物などを準備してくれるよう頼んだ。こうして応接室で終日過ごした李載裕は、三宅にどこか当分の間隠れる部屋を借りてくれないかと頼んだが、ソウル全域に警察が配されていて少しも身動きできない状況だった。折りしも管轄の東大門警察署は、春季清潔検査を四月一五日実施すると通知して来た。このままでは危険だと判断した李載裕は、応接室に付いている畳部屋の下にシャベルで穴を掘り、その中で当分の間起居することにした。土は砂質で掬うのは容易だったが、シャベルが時々石にぶつかり、音が聞こえて、その日中朝一一時から夜一〇時頃まで三宅は胸を締めつけられた。最初は三宅が、彼の妻には話さずに衣類と寝具、綿入れなどを差し入れた。食事は応接室南側の空気穴を通してパン、卵、饅頭、みかん、缶詰などを入れてやった。大小便は穴を掘って土を被せた。[12] この頃三宅夫人は婦人病で病院に入院していた。家には日本から来ていた三宅の母のほか子供たちと女中がいた。安全のため解雇したほうが良いという李載裕の意見によって、女中はその日に解雇した。四月二〇日に三宅夫人が退院したが、その前に三宅の母は日本に戻っていった。四月二二日から三宅は間島方面視察のため出張し、一〇日程後の五月二、三日に帰ってきた。警察の警備が若干弱くなったのを利用して、逆に警察の疑いを受けないよう李載裕が三宅にすすめたのである。その間の飲食はひとまとめにして床下に運び込んでおいて欲しいと李載裕は提案したが、三宅はとても聞き入れることはできなかった。三宅は妻のヒデ（秀）に、実は共産主義運動の同志である李載裕を匿っていると話し、自分が出張中飲食物を始めいろいろな事を頼んだ。三宅の妻は、三宅のドイツ留学当時、ベルリンで開催された反帝同盟大会に参加し雰囲気に慣れていたので、共産主義運動に好感を持っていた。このような事情で彼女は李載裕にとても同情的であり、夫の出張中自分の任務として忠実に履行した。

後述するように、鄭泰植と三宅が検挙された五月二一日までの三八日の間、李載裕はこの穴の中で生活した。李載裕の名前が特に有名になったのはこの三宅教授との関係、その家で四〇日余り生活した事が世間に知られてからだ。この間に李載裕は、応接室のテーブルの足付近に箸が通る程度の穴をあけ、紙切れを受け渡しして三宅と通信連絡をした。合い間に李載裕は、三宅が差し入れた本を懐中電灯で照らして読んだり、時には穴から出て風呂に入った事もあった。[13] この時期に李載裕は、自分の検挙で中断された朝鮮の一般的運動方針に関する協議を三宅とともに進めた。昨年末以来決定していない朝鮮における運動方針草案中の、過去の運動の批判および今後の運動方針等を検討したが、このような脈絡で「太労系はどのような理論をもっていたか」、「朝鮮における運動の一般的方針はいかなるものか」などについて二人は活発に討論したのである。[14] 三宅とは異なり鄭泰植とは運動方針について相談は特にしなかったが、[15] 鄭泰植は李載裕が検挙された以後彼を探す過程で接触した権栄台《クオン・ヨンテ》の運動線を、李載裕グループと連結するために努力していた。鄭泰植から権栄台を紹介された三宅は、権栄台グループとともに運動方針を協議する一方、李載裕と権栄台の組織を連結するため積極的に加担した。そうして権栄台グループから非合法的に出版された『コミンテルン第一三次（執行委員会）総会テーゼ』及びその機関紙『プロレタリア』、「メーデー」檄文等の内容を李載裕とともに検討、批判した。

二、朴鎮洪《パク・チンホン》との新堂洞での生活

三宅と権栄台が検挙された後、李載裕は国外に逃亡したとかソ連へ入国したなどの推測が飛び交った。確実なことは、彼がもはや国内にいなければ、これで「半島の左翼戦線は完全に終息した」[16]ということであった。これは「彼までが逮捕されればソウル付近の思想犯は全滅するだろう」という日帝の期待を表現したものであった。しかし、こうした予想や期待とは異なり、李載裕は翌年一九三五年一月初めに彼のアジトが発覚するまで、ソウル一帯を中心にして執拗に非合法運動を展開していたのである。

三宅の官舎から脱出した後、李載裕は西四軒洞の申春実《シン・チュンシル》の家の一部屋を、昭和生命保険会社の外交員だと言って月四円で借りた。外交員は出勤しなければならないので、食事は食堂で取り、別に新設洞の李台植《イ・テシク》の家で月一七円で下宿した。こうしているうちに持っていた「金もなくなって、いつまでもこのような生活はできないと考え」[17]一九三四年六月から龍頭山洞の庾大生《ユ・デセン》の家に起居しながら道路工事人夫として一日六〇、七〇銭を稼いで生活した。貸主の庾大生が人夫頭であったので、その紹介で仕事をするようになったのだが、そこで八月まで約二か月間働いた。この潜伏期間中、彼は「一切ソウル（市内――引用者）にも行かなかった」し、「労働者に対しても全く赤化運動をしなかった」し、「特別な運動はしなかった」と陳述[18]した。しかし、この自由労働生活中に、彼は「自己批判文」、「統一問題」等を起稿[19]して、以前の運動についての評価を前提にソウル地域の共産主義運動を統一するための方針を立て、具体的な闘争方法を定めるために努力した。

一九三四年一月に李載裕グループの運動で西大門警察署に検挙された孔成檜と沈桂月《シム・ゲウォル》が、五月に訓戒放免され、八月には李仁行《イ・インヘン》が京城地法〔地方法院〕から起訴猶予処分で出てきた。これとともに警察の追撃も相当和らいだ七月下旬のある日、龍頭町の電車停留所付近で李載裕は金明植《キム・ミョンシク》から沈桂月[20]の所在を聞いた。沈桂月が三清洞の朝鮮総督府細菌検査所に勤務していることを知った李載裕は、電話で連絡して東小門のベビーゴルフ場で彼女と会った。そして自分が検挙された状況を伝えて、検挙された他の同志たちの消息などをきいた李載裕は、彼女に朴鎮洪[21]に連絡してくれと頼んだ。警察に一緒に留置されていた関係で朴鎮洪をよく知っていた彼女は、朴鎮洪が一度検挙されて釈放されたが、現在警察の手配を受けているため職場も探すことができずあちこち転々としている状況だと伝えた。それから一〇日ほど後の八月初旬、龍頭町の電車停車場で朴鎮洪と会った李載裕は、彼女の境遇と同志たちの近況をきいた後、自分は運動を続けて行こうとしているが、適当な「アジトキーパー」を一人探して欲しいと頼んだ。現在自分は他の人と連絡することができないので、必要なら自分がしようというのが彼女の返事だった。一週間後、同じ場所で李載裕と会った朴鎮洪は、自分の家を整理するのに一週間ほどかかるから、その後で同居しようと言い、そうすることに決めて二人は別れた。李載裕が朴鎮洪と同居する必要を感じたのは、警察の追撃を避けるのが容易だという点と、運動のために同志たちと連絡をするためであった[22]。彼は新堂町石山洞の尹鎮龍《ユン・ジルリョン》の家の一部屋を借り、夫婦だと言って朴鎮洪と同居した。京城府土木課測量技師の盧順吉《ノ・スンギル》だと名のった李載裕は、毎日朝八時から午後四時まで漢南町（漢江里）へ通じる道路付近を徘徊するか、あるいは山中で原稿を作成していた。時折疑われないように測量道具を一杯持って家へ帰って来たこともあった。

また東大門付近へ行き、道路工事の人夫として働いたし、昼には近所の文化洞に第二のアジトを置き、沈桂月、朴鎮洪、尹戊憲《ユン・ムホン》らと共に読書会もしていた。この時期は李載裕にとって挫折の時期であった。一緒に働いていた同志たちは、警察に検挙されるか監獄に囚われている一方、新たに運動を始めるにたる同志もいない状況だった。それにもかかわらず彼は挫折せずに新たな運動を模索した。

同年一〇月龍山署は李載裕がソウルに潜伏して一連の運動を指導しているという手がかりをつかみ、孔成檜ら多数の運動者を検挙した。(23) 彼等は野蛮で「記録的拷問」にも拘わらず「死をもって対抗し同志たちを守った」。そのために李載裕検挙の時期を逃した龍山署は、関係者全部を一旦釈放して活動させ、李載裕を誘い出し、その後を追跡して逮捕しようと策略を立て、孔成檜を残して他の者たちを「もっともらしく訓諭して全部釈放した」。にも拘わらず李載裕は引っかからなかった。その理由を当時のある関係者は解放後次のように説明している。

「それは李載裕同志を中心に強力な組織があり、民族解放闘争のため不惜身命と共生共死を信条に固く団結し、死をもってその指導者を守りその運動を守ったからである」(24) と。

息が詰まるような監視と追撃がだんだん絞り込まれて、一九三五年一月四日には李載裕と秘密通信をしていた李仁行が検挙された。数日後の一〇日、同志獲得のため出かけた朴鎮洪が予定時間を過ぎても戻らなかった。李載裕は朴鎮洪に、自分は毎日四時に戻るが万一、一分でも遅れれば検挙されたと考えて、即刻準備を整え証拠となる文書を廃棄し、他の場所に移るようにいつも話していた。また朴鎮洪は殆ど外出しなかったが、外出する時は時間を予めきめ、連絡する場合も指定された人でなければ絶対会わず、帰宅時間を厳守するよう頼んでおき、自分が朴鎮洪の帰宅時間前に家付近に戻っても、朴鎮洪が戻ってくるのを確認して初めて家に入ることを鉄則としていた。だから李載裕は新堂洞のアジトを捨てて朴英出《パク・ヨンチュル》の下往十里のアジトに行き、李観述《イ・グワンスル》、朴英出と相談して、次の日朴英出が新堂洞に行き朴鎮洪が実際検挙されたかを確認するよう頼んだ。[25] 朴英出はその場所に潜伏していた刑事に逮捕されたが、警察の「野蛮な拷問に抗争し、口を閉ざし何も言わなかった」。後に彼は大田刑務所で服役中死亡した。当時妊娠中であった朴鎮洪は李載裕を逃亡させるため、苛酷な拷問にも拘わらず数日の間彼の居所を言わなかった。その後遺症でこの年の夏西大門刑務所で出産した「悲惨な奇形児」は、彼女の母親の洪《ホン》氏が引き受けて育てたが結局栄養不良で死んでしまったという。[26]

三、京城再建グループの形成

ではこの時期の李載裕組織の具体的な運動の内容を見てみよう。再建グループの時期の運動の中心人物は、李観述、朴英出等だった。李観述は李順今の兄で、一九二五年私立中東学校を卒業、東京高等師範学校に進学して一九二九年三月に卒業した。卒業直後の四月、同徳女子高等普通学校の教師に赴任した李観述は、学生の人気と信望を一身に受けた。蔚山で多くの資産を持つ大金持ちの息子で、日本留学を終えた未婚の教師だということが学生たちの好奇心を引き、「親切に左翼的な話を聞かせてくれる教師として非常に尊敬」されていた。担当科目の地理と歴史以外に特別活動として運動部も担当し、へだたりなくざっくばらんな彼に学生たちは「水売り商人」というあだ名を付けた。顔の色がとても黒く日焼けしているように見えたからである。学校内で李観述は李順今、朴鎮洪、李鐘嬉《イ・ジョンフィ》、尹金子《ユン・グムジャ》、金吉順《キム・ギルスン》らと読書会を組織して活動した。[27] 一九三三年一月彼は金度燁《キム・ドヨブ》の反帝同盟事件に関連して検挙され西大門刑務所で服役したが、一九三四年三月末、予審が終結すると保釈出所した。[28] 釈放後にも彼は幾つかの読書会を組織して活動する一方、京電バス会社や朝鮮印刷等の工場で活動を試みたが、いわゆる龍山署事件で検挙旋風が迫ってくるや中断させられてしまった。

李載裕が李観述と接触したのは、トロイカ時期に李観述の妹の李順今を通して、同徳女学校教師として共産主義運動に興味を持っていることを予め聞いていたからである。李載裕は一九三四年九月中旬、積善洞にいた李観述の所に朴鎮洪を遣って状況を調査したが、李観述は既に出所して朴鎮洪を探しているという報告を受けた。数日後、朴鎮洪は李観述に運動を続ける意思があるかどうか確認し、万一続ける意思があるなら一〇月初旬のある日の午前一一時、新堂洞から漢南洞へ通じる道路の坂の上の右側にある奨忠壇の裏山の薬水泉の付近で会おうと連絡した。その日約束の場所へ指定したとおりの服装できた李観述は、朴鎮洪のかわりに出てきた李載裕と会った。李観述と会った李載裕は、共産主義運動者の中で革命分子は派閥を嫌悪し統一を望んでいる、運動線の統一が当面の急務であるという認識を共にし、互いに提携して運動しようといった。

そして李観述を通して朴英出を紹介された(29)。李観述は一九三四年五月初めて朴英出と会い、同年一〇月中旬朝鮮共産主義運動における派閥闘争とインテリ階級の実践闘争に関して討論して互いの意見を交換した。そこで二人は、朝鮮民衆の大多数を占める貧農と労働者の無産階級に運動の基礎を置いて漸次運動を展開し、インテリ階級は運動の前線に立たずに各自その能力に適合する地位で運動に従事しなければならないと意見交換した。これを前後して李観述は李載裕にも、京都帝大出身で前から共産主義運動をしている人と会ってみないかと言い、二人の会談の仲立ちをした。そして同月下旬李載裕は奨忠壇の裏山で朴英出と会い、李観述に言ったのと同様の趣旨を伝えた。つまり共産主義運動者中、革命的分子は派閥を嫌悪し統一を渇望しており、日常闘争は官憲の圧迫にも拘わらずいたる所で激発している現実を認識して、各自の具体的方針を樹立し誠心誠意実践運動をしなければならないということである(30)。

こうして奨忠壇公園の裏山、漢南洞南山付近等で、李載裕は自分の本名と経歴を隠してそれぞれと個別に接触した。(31) この会合は翌年一九三五年一月一〇日頃まで続いた。一一月中旬までの約一か月間、李載裕はそれぞれ別々に彼等と殆んど毎日連絡し、権栄台の京城コムグループと李載裕の京城トロイカ運動を比較検討しながら、将来の運動方針について詳細に討議した。李載裕と李観述、朴英出がもっとも集中的に討論、協議した事はいわゆる運動線の統一問題であった。当時李観述と朴英出はソウル地域の二つの運動線、つまり権栄台の後継組織である京城コムグループと李載裕の京城再建線の統一を試図し、これを媒介する役割に全力を尽くした。(32) 朴英出や李観述はコムグループと京城再建の両組織を統一するための前段階として共同闘争を設定し、これを通して革命的結合が可能だと考えていた。そしてこれ以後、この問題を一定の形態に整理し、運動の各方面について理論的討論を継続しつつ、大経営内で具体的に実践しようとしたのであった。前述したように一九三四年一〇月以来警察により李載裕組織関係者が逮捕されている渦中で、このような大胆な運動が展開されていたのである。このような運動の結果、すでに一九三三年六月から八月まで約二か月にわたる自由労働時期に草稿としてまとめておいた『自己批判文』、『統一問題』を始め『学校内の活動基準』、『歳末カンパニア闘争方針書』等が原稿化され、パンフレットとして刊行された。

基本的な運動方針の整理、樹立とともにそれぞれの根拠地も準備した。朴英出は一一月下旬下往十里に新たにアジトを作り、一月後には李貞淑《イ・ジョンスク》（または金貞淑《キム・ジョンスク》ともいう）と同居生活を始めた。李貞淑は咸南洪原郡景浦面洪原農民組合の指導者鄭濂守《チョン・ヨムス》の妻で警察の追撃を避けてソウルへ来たが、縁故がなかったので適当な行き場がなかった。朴鎮洪を通して李貞淑を紹介された李載裕が一二月中旬彼女を朴英出に紹介し、二人が一緒になったのである。一方、李観述は兪順煕《ユ・スンフィ》、李鐘嬉らが警察に追われていたため、彼女らと共に近所に別に部屋を借りて出て行った。こうして彼等三人は翌年一月中旬朴英出と朴鎮洪が検挙されるまで、この地域を根拠に運動を継続した。

この結果、警察の調書によれば一九三四年一二月上旬、今まで李載裕が指導していた「朝鮮共産党再建京城トロイカ」運動を、「朝鮮共産党再建京城再建グループ」に改称した。京城トロイカの運動目的はそのまま継承することにした。構成員は李載裕、李観述、朴英出の三人で、李載裕が指導者兼出版部責任者、李観述が学生運動、朴英出が労働運動部門をそれぞれ指導することにした。[33] そして李載裕は朴鎮洪と、彼女を通して兪順熙、李鍾嬉、沈桂月、金福今《キム・ボクム》等を、朴英出は権五相《クォン・オサン》、申徳均《シン・ドクキュン》、許和正《ホ・ファジョン》、李甲文《イ・カムムン》等を、李観述は孔成檜、柳海吉《ユ・ヘギル》等を獲得したという。[34] この他にも李載裕は金在善《キム・ジェソン》、尹金子、韓東正《ハン・ドンジョン》らと接触し、彼等を引き入れ組織を拡大強化することに重点を置いた。例えば一九三四年七月李載裕は尹金子が住んでいる敦岩洞の家を訪問して、意思があれば互いに提携して運動することを提議した。しかし李観述の同徳女高普時期の教え子だった彼女は、家庭の事情と個人の暮らし向きから運動できないとこれを断った。また同年一一月李載裕は、奨忠壇裏山の漢南洞へ通じる道路の坂の上で韓東正と会った。前出〈表1〉で見るように、韓東正は第一期の運動で李仁行と共に中央高普を担当して活動したことがあった。韓東正が運動をやめて故郷へ帰るという噂を聞いた李載裕は、「惜しい同志だ」と考え、彼と会ってソウルで学生運動部門を担当して活動するよう勧誘したのである。警察の注目を浴びており、家では結婚問題もあるので故郷へ戻りたいというのが韓東正の答えだった。できればソウルに残らないかという李載裕の勧誘を断って韓東正はどうしても帰らなければと言い、二人はそれ以上話ができず別れたという。[35] このようにいろいろな運動者と接触したが、李載裕自身の言葉通り、生命を懸けて運動しなければならない非合法状況で多くの運動者が運動をやめて日常に戻っていった。日常のすべての事を放棄して、絶え間ない警察の追撃と監視下、かなりの緊張感を持ち、環境に意識的に対処することは生易しいことではなかった。逮捕された場合、日帝警察の残酷な拷問と虐殺という苛酷な試練が待っていた。このような状況で、多くの運動者が個人的事情や家の都合で運動戦線から脱落するとともに、運動を続けている者の間にも絶え間ない不安と懐疑があった。

四、京城再建グループの組織内容

この時期の運動が、一九三四年四月西大門警察署から脱出して翌年一九三五年一月までの一〇か月程と、他の時期に比べて相対的に短かった事は前に言及した。ところで実際の運動内容を見れば、長く取れば李載裕が朴鎮洪と一緒に新堂洞にアジトを作って同志の獲得に入った一九三四年八月から、短く取れば李載裕、李観述、朴英出の三人が運動方針について協議を終え、本格的に運動に入った一一月末から運動が始まったと言えるので、実際の運動期間は二か月から六か月程に過ぎなかった。そのうえ一九三四年一〇月頃から孔成檜ら多数の運動者が龍山警察署に検挙され、相当な打撃を受けた事を考えれば、実際の運動は殆ど進まなかったと言える。こうした点を念頭に置いて、組織問題を中心とする運動方針の樹立と、具体的な運動内容を検討してみたい。

まず組織問題を見てみよう。ここではこれまでこの時期に李載裕が組織したと伝えられてきた「京城再建グループ」の具体的な組織の実状と内容を解明してみよう。結論から言えば、今まで筆者が一貫して主張してきたように、トロイカ方式に立脚する運動方針は、この時期にも基本的には変化していなかった。従って京城再建という組織の結成も、このような観点から理解され解釈されなければならない。ところで前にも言ったように、当時の党再建や非合法労働組合運動においては、上からの下向式組織の結成が一般的であり、警察では事件を扱うたびにさまざまな拷問を加え、あらゆる悪辣な方法を動員して、組織結成の事実を探り出そうとした。このような過程で、多くの組織が新聞紙上に取りざたされて一般大衆に伝達され、時には組織にいたる前の議論段階にとどまっているものも、実際に組織が結成されたかのように捏造され発表されたのであった。植民地警察のこうした先入観と意図的な歪曲が、李載裕の運動を公式的な組織体として評価するという傾向をより強めたのである。例えば既に見たように、日帝の捜査記録は一九三四年一二月に京城再建グループが結成され、この組織の指導責任者に李載裕、そして労働と学生部門の責任を朴英出と李観述が担当することに決定したとしたが、李載裕が最終的に逮捕され裁判を受ける過程でも、担当検事はこの組織の結成とその「盟員」の一員としての「犯罪」を繰り返し追及した。[36] またこの時期に李載裕、李観述、朴英出の三人を指導者とする「朝鮮共産党再建京城再建グループ」という組織が結成されたとしたり、あるいは第三期の準備グループを第二期であるこの時期にまでかさねて、両時期を通称して準備グループと名づけてもいる。[37]

これに対して李載裕は次のように反論した。すなわち李観述、朴英出と再建グループを結成し、それぞれの部署を決定したのは、「中央集権的組織を持たなければならない状況があり、しかも下部グループの組織が可能なのにそれを持たなかったのは重大な誤謬」だという朴英出の批判を多分に意識してのことであった。『自己批判文』においてこうした誤謬を認めつつも、第二期の京城再建グループは、三人が共同の目的を達成するため「任意で結合する個人協議」体だ[38]という点を李載裕は明確にした。つまり「再建グループを組織したことはな」く、それぞれが個別に会って運動を協議したに過ぎないと言い、組織結成の事実を否定し、再建グループの盟員に李載裕ら三人が加入したとすることに対しては、「メンバーと言う程のものではなく、ただ私（李載裕――引用者）が自己批判を書いて李観述、朴英出に渡しただけ」だと主張した。責任部署の担当については、李観述は学生と接触していたので自分が李観述と接触する時は学生問題を中心に討論し、また朴英出は大経営内で活動することを決意して上京した関係で、彼と接触した時は自然に工場内での活動方針を中心に討論したのだと陳述した。[39]

これと共に、この時期に刊行された『自己批判文』、『統一問題』、『学校内の活動基準』等のパンフレットに「京城再建」という名称を使用したことも、公式的な組織の実態があるのではないかという「嫌疑」を加重させる要因となった。京城再建グループという名称を自分が付けたのかという質問に対して、李載裕は「私が勝手に呼んだことで、朴英出と李観述は私が草案にその名前を書いたのを見た程度で相談したわけではない」[40]と答えた。李載裕がパンフレットにこの名称を使用したのには幾つかの理由があった。まず京城トロイカという名前が警察に既に広く知られていたため、別の名前が必要となったこと[41]、二番目には、大衆や運動家は「京城事件線」とか「李載裕線」という名前で既に李載裕の運動を広く知っており、これを認めるためであり、三番目には、権栄台らのコムグループと自分の運動を区別するためであり、四番目に出版物には必ず組織の名称を記すことが原則であり、最後に、その活動はトロイカ的運動であるが、自分の任務は党再建のための前提としてソウル地域で党を再建する事であり、これを要約して[42]京城再建という名称を使用したのである。このような理由から李載裕は「京城再建グループ」とは決して組織体を言うのではなく、ただ接触する人の範囲を示しているに過ぎないと主張した。

「グループ」という言葉は、一定の規律や統制によって体系的に活動するのではなく、敏捷性に欠けた溌剌なものでもない、ただ秩序なくそれぞれ接触する人々全体を指して使った言葉である。遊んで楽しむ人たちを指して「遊ぶグループ」と言い、「将棋のグループ」とか「運動のグループ」の様に使ったのである。[43]

このように、李載裕は自身の独特なトロイカ式運動方式に立脚して、組織の事実については一貫して否認した。[44]この時期の組織方式では、李載裕が主張している上向式つまり下からの統一戦線という原則が従前通り貫徹されていた。「トロイカ」が具体的な組織を指すのではなく運動全体に一貫した運動方針であるという前出の李載裕の主張を想起しなければならない。第一期と比べて見ても、第二期の李載裕の運動方針は大きく変化していないのであり、朴英出や李観述との討論を経ても、その理論はやはり以前と変わらなかった。予審において彼が「警察の目をくらますために京城再建グループとしたのであり、従前通りトロイカ運動を継続し、運動の根本方針は少しも変化しなかった」と主張した事実を想起すべきである。(45) 後述するように、運動方針を中心に彼が作成した『自己批判文』も、彼等との討論によって若干修正しただけで殆ど原案通り「受け入れ」られた。このような点から見れば、第二期においてもできるだけ組織を作ろうとしなかったことは当然であり、また後述するように、この時期の運動では組織を必要とするほどの人員もいなかったのである。無論これは『自己批判文』にあるように、運動の進展につれて大経営内で活動人員を相当数確保できる時は組織体を持つという方針を排除するものでは決してなかった。

トロイカ方式という李載裕の独創的な組織と運動方式の主張にもかかわらず、その運動に包摂された運動者達はこれらのパンフレットを持って同志を獲得しようとし、あるいは運動を展開する過程で、ともかく自分の組織線を明らかにしなければならなかった。このような事情から李載裕の元来の意図とは別に、あたかも再建グループという実体があるかのように下位の運動者の中で認識され、これが客観的事実として広く流布された可能性を全く排除することはできない。第二期の再建グループや次の準備グループの時期に、組織の名称を取り替えた主な理由の一つが警察、あるいは逆に前衛や大衆に、その名前が広く知られていたためだったということは、このような可能性を示唆している。にもかかわらず実際の運動過程で、下位の運動者達はトロイカ的原則をよく守った。言い換えればその原則は運動の組織全体に比較的効率的に貫徹されていたのである。

朴英出が「李載裕ノ指導下ニ只管『ドライカ式』組織方法ニ依リ運動ノ拡大強化ニ努メ」(46) たと言っている事実はこれを裏付けている。また李載裕の運動の全時期を通して密接に関係していた兪順熙が、金炯善《キム・ヒョンソン》系列の金潤会《キム・ユンフェ》と展開した「理論闘争」の内容も同様の脈絡で理解できる。一九三四年一〇月金潤会は、沈桂月から逃避中の兪順熙を保護してほしいと頼まれた。金潤会は兪順熙を妹といい、沈桂月を妻だとして一一月下旬まで約四〇日間一緒に生活したが、この間に三人は『レーニン主義の基礎』、『日本社会運動史』等数十冊の本を研究、読書した。この時に朝鮮における共産主義運動の統一方法について金潤会と兪順熙の意見が対立した。金潤会は「己レ自身先ツ運動戦線ニ立チ中央幹部ト連絡シ以テ同志ヲ獲得シテ上部ヨリ組織ヲ統一」しなければならないという金烔善の指導理論を今まで踏襲して来たと主張したのに対して、兪順熙は「吾々ハ従来幾多ノ派争其他ノ失敗ニ鑑ミ先ツ各職場ニ於ケル労働者層ニ食入リテ意識ノ昂揚ヲ図リ、優秀分子ヲ獲得シテ他日ノ革命動員ノ準備ヲ為シ漸次上部組織ニ移行シタル後統一スヘキモノ」という考えを披露した。後者の見解に沈桂月も同調したので、以後約半月間「理論闘争」を重ねたが解決を見ず、結局兪順熙は「学生ノ身分ヲ捨テ一労働者トナリテ運動戦線ニ出テヨ」という言葉を残して離れて行く結末となった。(47) また一九三四年九月初旬兪順熙の紹介で会った許和正、崔成浩《チェ・ソンホ》の二人は、共産運動に関して「強テ組織体ヲ作ラス各人個々ニ大衆ニ働キカクヘキコト」(48)を協議したが、このような事実も筆者の主張を傍証する事例である。

さらに第三期の一九三六年六月下旬、徐球源《ソ・グウォン》が崔浩極《チェ・ホグク》を同志に獲得した過程を見ても明確にトロイカ方式を適用していたことがわかる。つまり「互いに李載裕の統一された部分として会うのは、私（徐球源 —— 引用者）が君（崔浩極 —— 引用者）を指導するということではなく、今後互いに京城再建グループの運動者として協力して、必要な連絡をし、援け合って運動を進め(49)ようとしたのである。このように指導者と被指導者ではなく、運動者相互間の自由意志によって運動を進めるというトロイカ方式が、下位運動者の間で依然として適用されていたのである。

次に労働、学生、出版の各部門別運動内容を具体的に見てみたい。まず労働運動を見ると、運動方針の樹立過程で上記の三人は、大規模経営の工場と労働者に重点を置き、鉄道局龍山工場、龍山工作所永登浦工場、京城専売支局煙草工場、京城電気電車課及び京城駅を対象に優秀な労働者を獲得して活動しようと合意した。労働運動を担当した朴英出は、一九三四年一二月に李載裕と会い、労働者の罷業と怠業、示威によって労働時間の延長と首切りに反対し、賞与金を要求する年末カンパニアについて協議した(50)。前記した各対象工場でその方針が実際に実行されたか否かは確認できないが、当時の運動力量からみれば、目標だけが立てられ実践には移されなかったと思われる。また朴英出と兪順煕は上記各工場の調査活動を行い調査表をそれぞれ作成した。一方李仁行は、第一期李載裕の運動に関連して留置場にいた時一緒に送致された金三龍《キム・サムニョン》を知り、釈放直後、仁川で工場に入り共に活動しようと協議し、釈放後仁川東洋紡績の織工となっていた李錫冕《イ・ソンミョン》を責任者として活動した。また別の資料によれば(51)、孔成檜もこれに加わり女工を意識化しようと工場情勢を調査したという。これと合わせて許和正が金萬基《キム・マンギ》らと共に、労働者・農民に運動の指導権を把握させることや、労働者・農民層に直接入り、革命的労働組合を組織することを協議した。この他にも京城府内の大規模工場を中心に活発な活動をしたとか、岩村製糸所を始め各工場の女工を中心に読書会を通して意識化教育に努めたという(52)。

ところで前記の李仁行、李錫冕、孔成檜は第一期京城トロイカに係わった人達で、李観述が彼等との接触を担当した(53)。つまり以前京城トロイカ組織に関係していた運動者が釈放されて、警察の捜査が一段落したのを契機に、再度彼等と接触して獲得する責任は李観述が主に引き受けていたのだが、その結果彼等を中心に相当規模の組織が再建されたと推定される。この事件の判決文によれば、関連者三〇余名中第一期の運動に関係した者は、孔成檜、李仁行、金舜鎮《キム・スンジン》、李錫冕など一〇余名で、全体の三〇％余の比率を示している。おおよそこの程度が、李観述が最初に責任を持った範囲だったと考えられるが、トロイカ方式を適用して運動が進展するにつれ、彼等をそれぞれの部門に配置、整理しようという構想が出てきたと思われる。こうした点から見れば、労働運動に従事した前記の運動者を、朴英出の運動部門に編入し単一の指導体系を作ろうとしたはずであるが、この段階に入る前に運動が中断されたと言えるだろう。

学生運動部門は李観述が指導責任を担当したが、前述のように彼が第一期京城トロイカ関連人物中心に活動しようとしたため、実際の活動は別になされなかった。この部門での重要な運動としては、一九三四年一二月中旬奨忠壇の裏山で、冬休みで帰郷する学生達に共産主義運動を宣伝するための「歳末カンパニア」を李載裕、李観述が協議した[54]ことが挙げられる。具体的には京城女子商業学校を中心に李仁行、沈桂月、李鉉雨《イ・ヒョヌ》、李粉星《イ・ブンソン》等が活動し、普成専門学校で権五相、閔泳震《ミン・ヨンジン》らが運動者獲得のため努力したが、他の学校での活動はなかったと見られる。

五、出版活動

ついに李載裕は、既に警察に広く知られているソウル地域を根拠にする運動は不可能だと判断し、ソウルでの運動をしばらく続けるにしても、組織の進展状況を見て平壌に行き、平壌と鎮南浦等を中心に活動しようとした[55]。この時期に李載裕は朴英出、李観述を獲得し、彼等と運動方針や戦略戦術問題を協議しつつ、それを大衆化するため特に出版活動に多くの関心を注いだ。彼が出版活動に力を入れた理由の一つは、自分自身が警察の追撃を受けている状況で大衆と直接接触することが不可能であったからである[56]。この時期の出版活動で代表的なパンフレットは、『自己批判文』『統一問題』『学校内の活動基準』『工場内活動基準』『歳末カンパニア闘争方針書』『3Lカンパ闘争方針書』等である。前者の二つのパンフレットは第二期の運動方針を樹立する問題と関連する内容であり、残りのパンフレットはその方針によって労働・学生の両部門で具体的に運動を展開する闘争指針書である。

まず『自己批判文』は、李載裕が龍頭洞で自由労働をしながら運動方針を模索している時期に書き始められ、朴鎮洪との連絡を通してソウルの運動情勢を把握した後完成したものである。『自己批判文』は現在伝わっていない。従って内容を直接知る事はできないが、概略の把握は可能である。このパンフレットは、第一の「現段階において自身に与えられた一定の地域的・地方的任務」から、第四の「結論」まで四段に区分されている。一枚程の分量で詳細に記述されており、完成日時は一九三四年九月五日頃である。[57] 例えば第一章は、過去の運動に対する批判を通して自身の運動方針を整理している。従来朝鮮の社会運動における民族改良主義者や社会民主主義者は、全て日本帝国主義者と協力するか、その走狗として朝鮮民族に対する抑圧と搾取を手伝い、彼等を反ソ侵略戦争に導く役割を果して来た。李載裕が言う民族改良主義者は崔麟《チェ・リン》、李光洙《イ・グワンス》等を、社会民主主義者は呂運亨《ヨ・ウンヒョン》、金若水《キム・ヤクス》等を指している。次に左翼的誤謬と右翼的誤謬に対する言及と共に、過去の運動における手工業的活動の過誤を指摘している。つまり過去の革命運動は地方ごとに決定的活動の中心を置いたため、手工業的組織を乱発したということで、今後の運動は大規模経営の工場における労働者、学生に重点を置き、これを国内的に統一して闘争しなければならないというのである。[58]

このように『自己批判文』は過去の朝鮮革命運動とその領導権の関係に仮借ない批判を加え、今後の運動と領導権の関係について指針を提示した。また第一期京城トロイカ運動に対する「自己批判」の内容は、トロイカ運動の下部組織が作られ、大衆が組織を要求していたのにも拘わらず、上層部組織を作らなかったこと、同志を獲得するのに汲々として選別しなかったため、組織の秘密がたやすく漏れてしまったことであった。[59] そして李載裕は、大衆が組織を要求すれば組織を作らなければならないと主張した。この『自己批判文』は『統一問題』、『学校内の活動方針』と共に同年一一月末奨忠壇の裏山や纛島《トゥクソム》の堤防で李観述、朴英出と討論した結果、若干の修正

働者獲得と運動方針樹立のために活用された。[61]

『統一問題』は、元々の題が『統一問題について――コムグループとの統一問題を中心として』であったことからわかるように、京城トロイカ以来李載裕が考え続けたソウル地域の運動線を統一するための方針を論述したものである。一九三四年五月李載裕が三宅教授の家に隠れていた当時考えていた事を石山洞にいる時にまとめたものだが、未完成であったという。[62] このパンフレットの要旨は、朝鮮の共産主義運動は国際線に結び付かなければ真正の意味での運動となることができず、大衆的日常闘争を通して派閥を清算し、国際線と連絡しなければならないということだった。[63]

『学校内の活動基準』は、前述したようにトロイカ時期に李載裕と崔小福《チェ・ソボク》によって作成され、運動過程で修正、補完されたもので、当時『学生基準』と略称されていた。崔浩極の陳述によれば、その体裁は、第一項学園の自由を獲得するための闘争から、第一一項朝鮮の絶対的独立のための闘争まで、一一項にわたり、全一九一か条を羅列したもので、最後に「京城再建」というグループの名称があった。このパンフレットは共産主義的立場から日本帝国主義の教育制度に対する批判を展開したもので、運動者が学生運動を指導する基準を提供したものである。一九三四年一一月新堂洞の家で李載裕が修正、補完して作成した[64]このパンフレットは、一九三四年一一月中旬から下旬までの朴英出、李観述との共同討論を経て運動方針として最終的に確立した。[65]

『工場内の活動基準』は、運動者が工場内で大衆的に労働者の現実的、経済的要求を具体化しつつ、労働者の言論、出版、集会、結社の自由をストライキを通して獲得しなければならない、という要旨で、李載裕が作成し李観述、朴英出と個別に協議して賛成を得たという。『歳末カンパニア闘争方針書』は、一九三四年一二月に李載裕が新堂洞の家で作成したもので、年末に際して労働者は罷業、怠業、デモによって労働時間延長、解雇に反対し、賞与を要求しようと訴え、学生は冬休みを利用して故郷に戻り、共産主義運動を宣伝扇動しようと呼びかけたものであった。このパンフレットの要旨は「歳末カンパニアを積極的に展開しよう」と言う檄文としても作成された。『3Lカンパ闘争方針書』の3Lと言うのは、レーニン、リープクネヒト、ローザ・ルクセンブルクの頭文字で、三人の革命家の業績および闘争の意義と方針を叙述している。彼等の闘争を記念し、各職場、学校で革命的なサークル、茶話会、ピクニック、スポーツ等の機会を利用して、活発に運動しなければならないという趣旨のものであったという。[66] この他にも『青年学生に告ぐ』というパンフレットがこの時期に刊行されたというが、その詳しい内容は分からない。また各種の調査表が作成された。例えば「朝鮮日報社の情勢調査表」、「獲得した同志の性格調査表」、「工場調査表」等である。「朝鮮日報社の情勢調査表」は四枚程度、「獲得した同志の性格調査表」は一枚だが、ほとんど活用されなかった。「工場調査表」は朴英出と兪順煕によってそれぞれ作成されたが対象工場は分からない。それぞれ五枚と一五枚程のものだったという。

以前のトロイカ時期と同様に、この時期の出版物も謄写版を使用しないで複写紙を使って手で写したものだった。そして作成したパンフレットを通して運動者を獲得し、獲得した運動者と共同でパンフレットを作成し、さらに獲得しようとする運動者との討論によって修正、補完しながら実際の運動過程に適用するというように、出版物を活用する運動はこの時期にも変わらなかった。第二期出版物の刊行時期を見れば、一般的で抽象的な運動方針の樹立から、具体的で実際的な宣伝扇動へ進んだ運動過程がわかる。一九三四年一二月の『歳末カンパニア闘争方針書』がもっとも発展した形態を示していると思われるが、その直後の翌年一月に朴英出が検挙されたためこの活動は中断してしまった。

六、第二期運動内容の評価

最後にこの時期の運動の内容を全体的に評価してみたい。前にも述べたように、この事件の判決記録を見ると、計四三名の検挙者の内、九名が無嫌疑で釈放され、李載裕、李観述、兪順熙等六名は逃走または所在不明で起訴中止となった。これらを除外して朴英出、李仁行、金舜鎮、孔元檜《コン・ウォンフェ》、朴鎮洪等一〇名が予審に回されたが、孔元檜だけが執行猶予で、他は朴英出の四年を最高に、一年六か月の実刑宣告を受けた(67)。

この中で、第一期トロイカ時期に運動に参加した者は、金福今、孔成檜、李仁行、権五相、黄大用《ファン・デヨン》、李粉星、李錫晃、兪順熙、李鐘嬉、辛海甲《シン・ヘガプ》の一〇名に達する。この点から見れば、再建グループは相当程度に以前の組織を復元したと言える。また李載裕の再建グループは多様な系列の運動者を包括していた。韓成澤《ハン・ソンテク》、金明順《キム・ミョンスン》は同じ時期に権栄台グループで活動した運動者だった。捜査の便宜上一緒になっているが、金炯善グループで活動した金潤会も別の系列の運動者であった。また、許和正(68)のように中国共産党の国内工作委員会事件に関連して活動していて、李載裕の運動に合流した場合もあった。許和正は兪順熙の紹介で運動に加担したのだが、一九三四年八月中旬兪順熙と会い李載裕と権栄台の運動に関して意見を交換し、派閥に関して云々するのは止めて(69)運動に従事する事を協議したという。そして彼を通して金萬基、卞奇学《ピョン・ギハク》などの運動者を獲得したのである。また彼等の中で金萬基、卞奇学と第一期トロイカ時期の金福今、金明順、許《ホ》マリア、孟桂妊《メン・ゲイム》、および権栄台組織に関連していた柳海吉、金明順はすぐに安承楽《アン・スンナク》、鄭載轍《チョン・ジェチョル》等の運動線で活動するようになった。なお柳海吉と金明順は権栄台グループと併せて李載裕の運動線で同時に活動したと推定される。このような点から見れば第二期の運動は、第一期のトロイカ運動を継続しているという一定の連続性とともに、それと区別される断続の側面を同時に持っていた。次の第三期になると、他の系列から運動者を充当する比率は一層高まる傾向を見せる。ともあれ、このような反対グループの多くの運動家たちが李載裕グループに加担したり、また彼等が再び李載裕と競争状態にあった運動線に加担するということは、派閥が克服される様相と関連して注目される現象だと言うことができる。

次に第二期の運動者は知識人出身の比率が高く、労働階級は相対的に少数であった。予審に回付された一〇名中、金舜鎮は龍山工作株式会社永登浦工場の職工であり、金萬基は日本と咸興で労働に従事した経歴がある労働者出身だった。彼等を除外すれば残りの八名は皆、日本の京都帝大を卒業した朴英出を始め中等学校以上を修了した知識階級であった。このような条件がこの時期の運動内容の貧弱さとして帰結した。またこの時期の運動内容を把握するためには、この事件には他の運動内容が含まれているという事実を念頭に置かねばならない。例えば既述したように金潤会はコミンテルン極東部から派遣された金炯善の指導を受けていたので、日帝が捜査の便宜上一緒に拘束し、判決したが、李載裕グループに属した運動者ではない。金舜鎮と孔成檜の「犯罪事実」もまた前述したように、一九三三年八月から九月の間永登浦での労働運動に関連したためであり、第一期に展開された運動内容に属していた。

一定の限界はあったとはいえ、第一期の運動が工場内で労働大衆と一定の結合をしていたのに比べ、第二期の運動が、大衆的基盤という側面で脆弱性をより多く内包していたのは、このような点から当然であったのかも知れない。その上前述したように、第二期の運動は、一九三四年一〇月以来龍山署によって運動者が次々と検挙されている渦中で、李載裕が朴英出、李観述と運動方針を討論し、協議を重ねていた一九三四年一一月頃から実質的に展開され、翌年一月までのわずか二か月程しか持続されなかったのである。

この時期の労働運動の主要な内容は、経営単位や運動対象についての調査活動、以前の第一期の運動に対する意見交換と評価、運動理論や方針を巡る討論及び協議、運動者の獲得と連絡、連携の維持、運動資金の調達と運動者の救援等に偏る他なかった。同盟罷業や休校等の大衆的闘争よりも、一般的に運動の初期段階で現れる読書会や討論、あるいは調査活動等が運動の主要な内容となる他はなかった。後に公判廷で、検事が「朝鮮では今だ共産主義運動が猛烈に展開されており、殊に被告らは孔成檜を除いた残りの被告九名は、全て転向する態度が見られない。彼等がいくら事件を否認していても、犯行事実は厳然たるものがあるので厳重に処刑されねばならない」と論告したのに対して、朴英出が自由弁論を通して「私は過去に共産主義が最も正当な思想であると信じたとともに、また将来もそうである。しかし私は今まで一度も実際の運動に参加する機会をもつことがなかった。そうであるにも拘わらず懲役四年を求刑するのは、あまりに過重である」[70]と主張したのもこのような脈絡から理解されるのである。

第五部　再建グループの時期

——他の系列の運動

前述のようにこの時期の李載裕《イ・ジェユ》の運動の持続期間が他の時期に比べて短い一〇か月程度であったので、ソウル地域での他の組織や系列の運動は見られない。ソウル地域ではないが、この時期に権栄台《クォン・ヨンテ》グループと関連をもっていた金根培《キム・グンベ》は仁川地方を中心に運動を展開した。(1) 一九三三年五月安鐘瑞《アン・ジョンソ》を知った金根培はその指導によって、同年一〇月頃から仁川地方へ進出して赤色労働組合を目標に、東洋紡績をはじめ各精米所、鉄工所、埠頭人夫等を対象に積極的な活動を展開した。権栄台——安鐘瑞——金根培を通しての仁川での運動は、前に見た李載裕グループの李載裕——安炳春《アン・ビョンチュン》——金三龍《キム・サムニョン》を通しての運動を連想させる。当時の運動者が一定地域で労働運動を展開しつつ同時に他の地域との連携、指導を強化する一方、漸次これを拡大して窮極的には全国的次元の党再建を目標に活動していた事実を考慮すべきである。運動の初期段階では、このような指導関係を通した連関は相対的に微弱でありゆるかった。李載裕や権栄台はソウルでの運動に没頭していたので、隣接地域に力量を配分するほどの余裕をもてなかったのである。したがって地域の立場からみれば、各地域は相対的に一定の自立性をもって運動を展開した。権栄台グループが検挙されたにもかかわらず、金根培を中心に仁川での運動が持続したことはこうした点から理解できる。

一九三三年一〇月仁川へ進出した金根培は、まずこの地域の代表的工場だといわれていた東洋紡績を中心に組織事業に着手した。仁川では他郷者である彼は、仁川出身の現地運動者を同志に獲得する必要があった。そうした結果獲得した現地運動者が金煥玉《キム・ファノク》、南宮墳《ナム・グンジョン》、許次吉《ホ・チャギル》らであった。この他にも李成来《イ・ソンネ》、李昌煥《イ・チャンファン》がいるのだが李成来は未逮捕であり、李昌煥は検挙以前の一九三五年四月下旬に死亡したため詳しいことはわからない。金根培が金煥玉を知ったのは一九三四年八月趙連相《チョ・ヨンサン》を通してであった。金煥玉は一九三〇年一一月仁川公立商業学校三学年で退学させられて以後、地域内の赤色救援会、読書会に参加して活動していた。彼が関与した赤色救援会は、革命的闘士の支持と救援を目的に一九三二年三月鄭甲溶《チョン・ガビョン》、崔徳龍《チェ・ドンニョン》らによって組織された。

新しく同志を獲得した場合は直接救援会に加入させるのではなく、連絡を維持しつつ細胞団体を組織するという決議に従い、一か月後の四月に、金煥玉は崔徳龍、金基陽《キム・ギヤン》、李億根《イ・オククン》、劉天福《ユ・チョンボク》らを中心に組織された第二次救援会(2)に参加して救援部責任となった。ところが劉天福が仁川警察署に検挙され、続いて金基陽は五月メーデー檄文事件で新義州警察に検挙され、李億根もまたこの時を前後して所在不明となったため委員会の会合は一時中止された。そのため慎寿福《シン・スボク》と崔得龍を中心にして一九三二年一〇月に第三次救援会が結成された。崔得龍は下位細胞組織として二つの読書会を組織して、一一月末メーデー檄文事件で検挙される時期まで活動を続けたが、金煥玉はこの読書会に属して活動した。菊田一雄の『社会はどうなる?』などを教材にしたこの読書会は、萬国公園、文鶴山、仁川築港、月実島などで屋外読書会の形で数十回にわたって続けられた(3)。〔起訴猶予で〕釈放後金煥玉は京仁メリヤス工場などで職工として働いたが、一九三四年七月から仁川鉄工所職工として働き金根培と会ったのである。以後二人は互いに提携して活動することにし、一九三五年一月まで一〇余回会って組織の拡大、強化について協議した。そして金煥玉は、自分が勤めている仁川鉄工所および加藤精米所の二つの工場の責任となって活動を展開し、仁川鉄工所では朴寿吉《パク・スギル》、金龍男《キム・ヨンナム》を獲得したが、加藤精米所では具体的な成果をあげられなかった。

許次吉(4)が労働運動に参加した直接的契機は、一九三一年仁川青年会員裵厚源《ペ・フウォン》から教育を受けたことだというが、いつどのような経路で金根培と連結したのかは明白ではない。一九三三年一〇月池興成《チ・フンソン》の紹介で知った南宮塡と実践運動について協議し、翌年一九三四年四月南宮塡の紹介で李成来と連絡し、以来李成来の指導下に許次吉、南宮塡、池興成、宋廣錫《ソン・グヮンソク》らが会員となって赤色読書会を組織、活動した。一九三五年一月許次吉は、自分が指導者になり南宮塡、成楽春《ソン・ナクチュン》、李奉男《イ・ボンナム》を成員とする赤色グループを有馬精米所に組織した。任務分担は南宮塡が全責任兼精米部、成楽春が玄米部、李奉男が機械部責任を各々担当することにした。この組織を結成するため彼は李成来の指導を受け、南宮塡と事前に討議した。また許次吉は池興成とともに、自分が勤めている塩業組合の責任を兼ねつつ安敬先《アン・ギョンソン》らを獲得した。一方南宮塡は、極貧の農家に生まれ子供の時書堂や夜学で学んだ程度で、独学で自覚を高め実践活動にとびこんだのである。彼が李成来と連結したのは李奉男を通してだというが、その時期は明確ではない。彼は読書会を通しての活動とともに、一九三四年八月からは李奉男ら七名を集め万石洞で二か所の夜学会を開講し、『農民読本』などを教材に隔日制で運営しつつ、一一月には李奉男、成楽春とともに別に読書会を組織した。このような活動を基盤にして一九三五年一月有馬精米所に赤色グループを組織したのである。

他の工場での運動も似たような経過で進行したと推測されるが、一九三五年一月までに東洋紡績の李成来(責任)と朴永善《パク・ヨンソン》、仁川埠頭の趙連相、街頭学生方面の韓泰烈《ハン・テヨル》、二宮鉄工所の〔まもなく〕死亡した李昌煥と金鐘善《キム・ジョンソン》、李相徳《イ・サンドク》ら四人、によって各々組織がつくられた。各工場の組織結成は一斉に組織されたのでなく運動の進展につれ各工場別に進行したのだが、警察に端緒をつかまれ追撃されたため、それ以上の進展はなかったと思われる。彼等は上部指導者の安鐘瑞と連絡を密接に維持しつつ、各工場内での読書会活動を通して意識を高め、労働者を獲得することを中心に活動を展開した。また明確には確認できないが、東洋紡績と仁川鉄工所などで一部の労働者の動揺を利用して同盟罷業を試図したようである。多少の誇張が混じっている警察の報告によれば、「労使間に階級闘争を勃発させ一挙に暴力革命へ導くために計画」したというのである。

右にみたように、この地域の運動は一九三四年四月、遅くとも八月頃から本格的に始まり、一九三五年一月、あるいは五月まで持続した。組織的には許次吉が担当した有馬精米所、金煥玉が担当した仁川鉄工所、李成来の東洋紡績、李昌煥の二宮鉄工所などで三～五名のグループないしは班を組織できた程度で、残りは読書会程度の次元にとどまるか、それ以下の人員だった。部署の分担をみると、金煥玉の加藤精米所、許次吉の有馬精米所のように、責任者が職場内ではなく外部から充員された場合が相当数を占めており、これらの責任者は大概他の工場の責任を兼ねていた。組織的側面でのこのような未熟性は、運動期間が短いことを勘案しなければならないが、運動路線の不明確性や不十分さからきていることでもあった。

それにもかかわらず有馬精米所の例にみるように、工場内各々の部署で組織結成が試図されたし、また警察報告にみるように、仁川の代表的工場といえる東洋紡績と仁川鉄工所の両大工場で「二〇数名の尖鋭分子を獲得」したことは、地域労働運動の大衆的基盤と活力を表現するものである。これと関連して注目されることは、この運動に関連した者の大多数が純粋の労働者出身だという事実である。この事件に関連して検挙された一四名中、死亡した李昌煥と逃亡した李成来、金根培を除外すれば、残りの者は全て職工か埠頭人夫、あるいは自由労働に従事する労働者だった。学歴をみても、高普を中退した金根培を除いて、普通学校あるいはそれ以下の学歴にすぎず、家庭背景も大概が貧農、あるいは極貧農が大部分を占めていた。ソウル地域と比較する時、このようにインテリよりは労働者出身が圧倒的多数を占めていたという事実は、直接的で効果的な指導を受けなくても、地域内で一定の大衆的基盤と活力をもって成長していた労働大衆の自発性と力量の成熟を表現しているのである。そして中央ではない地方の運動において、インテリ出身の運動者に代わって漸次労働階級の比重と影響が増大してきた傾向がみられるのである。

最後に、李載裕グループもこの時期に仁川で運動を展開していた。警察報告によれば、李載裕とともに検挙された孔成檜《コン・ソンフェ》は、一九三四年五月西大門警察署から釈放されるや同志を収拾して、ソウル市内の運動線の統一と拡大、強化を図る一方、仁川で運動を拡大することを目標に「同志ヲ東洋紡績会社女工ニ潜入セシメ情勢ヲ調査」[5]したのである。金根培の運動の中心が仁川でも最も代表的な工場である東洋紡績に集中したことは既に見たが、同じ時期に李載裕グループも同一工場でこれと重なる活動をしていたのである。これら二つの組織が互いに相手の存在を知っていたのか、万一知っていれば運動線の統一のためどのような努力を傾注したのかなど、詳しいことは遺憾ながら不明である。

第六部　京城準備グループの時期——第三期

一、李観述《イ・グワンスル》との孔徳里での生活

李観述とともに朴英出《パク・ヨンチュル》の下往十里のアジトをぬけだした李載裕《イ・ジェユ》は、病気で寝ていた兪順煕《ユ・スンフィ》を救出して巧妙に逃走、行方をくらました。本町四丁目（現在の忠武路四街）の聖加病院から彼女を救出して、近くの往十里まで逃走するのに六回も人力車を乗り換えるという息づまる追撃戦だった。一九三五年一月一二日夜明、兪順煕は李貞淑《イ・ジョンスク》とともに李貞淑の本籍地である咸南洪原郡へ向って出発し、李鐘嬉《イ・ジョンフィ》はその前日の一一日夜行方をくらました。[1] こうしてアジトの整理を済ませた李載裕と李観述は、一月一二日午前八時頃農夫に変装して逃走した。李観述は卵を行商する農村の小売商人を装って卵を入れた箱を背負い、李載裕は農夫に変装し、鋤などの農具をもって纛島《トゥクソム》君子里付近の中浪川堤防にパンフレットなどの秘密書類を一括して埋めた。最初に二人が考えた行先は平壌方面だった。李観述、朴英出と運動方針を樹立する過程で、李載裕が平壌方面へ進出する計画を立てたことがあったが、それを実行に移そうとしたのである。そして議政府を経て楊州、抱川一帯を徘徊したのだが、二人が一緒に行くのは危険であり、また平壌地域に根拠がないかぎりそこへ行っても将来の希望はないと考え、[2]戻ってきて三角山で一晩過ごし、楊州郡蘆海面孔徳里（現在蘆原区倉洞）の酒幕〔宿屋〕にしばらく泊った。

彼等は南部地方の水害で中部や北部地方へ来た罹災民のふりをしてこの村（孔徳里新酒幕の碑石谷）の金点奉《キム・ジョムボン》の家の一室を借り、約二か月間起居した。自分たちは慶南金海郡大渚面麦島里に住む金小成《キム・ソソン》（李載裕）、金大成《キム・テソン》（李観述）兄弟で、水害で田畑を失い適当な耕地をさがして移住する目的で来たのだと言ったのである。

地名は新聞で報道された水害地区から李載裕が適当に選んだもので、疑われないためにわざと慶尚道方言を使った。彼等は氷が解ける春をまって、金点奉の兄たちの斡旋で楊州郡九里面墨洞里の金平山《キム・ピョンサン》、陳応七《チン・ウンチル》他二名の共同所有になっていた孔徳里付近の林野約六〇〇〇坪を、三年間小作料なしで開墾する条件で、二五円を出して借り、農事をやった。五月には李観述の所持金三百円ほどで荒蕪地近くに四方八尺程度の小さな藁葺き家を一軒つくった。半坪余の豚小屋と四坪ほどの鶏舎もつくった。家の裏の傾斜地には倉庫を兼ねて地下室も設置した。

一方ソウルでは、警察が李載裕たちを逮捕すべく血眼になっていた。一九三五年一一月初旬一味の端緒をつかみ検挙に総力をあげながら失敗した後、京畿道警察部は五〇〇円の懸賞金をかけた。新聞は「全朝鮮警察の三年間活動失敗、一策按出」とか「大京城地下に隠れる李載裕」を「つかまえる道遥遠」と書いた。(3)このような植民地警察の厳しい警戒が広がっているソウルの鼻先で、純然たる農夫になった彼等は勤勉に働いていた。翌年一九三六年また四〇〇〇坪の田畑を借り、二年間で一万坪ほどの荒蕪地を開墾した。そうしながら警察の追撃をいつも意識して警戒をゆるめなかった。

「平和」な田園生活の中で絶え間ない注意と緊張が要求される毎日であった。一九三六年八月には「適当な潜伏場所を捜すために」東亜日報社を通して京畿道地図も購入した。(4)部落から離れた所に独身の男二人が一緒に住むことも不自然であるし、ソウル市内へ毎日のように行ったり来たりすることも異常にみられそうだった。それで村の人との接触は最小限にした。時々は村へ遊びに行って文字を教えてやり、一九三六年一一月村に夜学会館をつくった時大工として精一杯働いたが、夜学会館ができた後は夜学活動を全面的には引きうけなかった。一九三六年夏から豚二頭、鶏六〇羽を飼い始め、兎も飼った。村人の信用をうるために安い利子で金を貸したが、一九三六年一一月に約一五〇余円に達した。副業で栽培した胡瓜やまくわうり、玉葱やジャガいも、南京豆などを売って、二年のうちになんと七五〇円の収入があった。(5)家の近くに総督府済生院養育部があり、駐在所巡査が日ごとに家の前を往来していたので李載裕とも親しくなった。胡瓜やまくわうり、トマトなどを駐在所から買いに来ることもあり、李載裕側から売ることもあった。

記録によれば、あたかも彼がこのアジトから変装して随時ソウル市内に出入し、同志と連絡して情報を交換し運動を指導したと英雄的に描かれる場合もあるが、[6] 実際には決定的状況やよんどころない事情を除いては殆んど市内に出入しなかったというのが事実に近いと見なければならない。一九三五年三月から、新聞を買いにあるいは警察の警戒状況を知るために時々ソウルへ行くことはあったが、当時はまだ活動できる状況にはなっていなかった。李載裕が活動を始めたのは、龍山署事件関連者が検察に送致され、手配は継続されていたが警戒が以前より緩和された同年九月からだった。[7] 孔徳里での生活は一九三六年一二月二五日、彼が倉洞付近で最終的に検挙される時まで二年ほど持続した。

二、運動方針の樹立と運動者の獲得

前述のように、この時期の李載裕は警察の弾圧と追撃によって行動に制約があり、運動の根拠地であるソウル市内に出入することや同志と連絡することがままならなかった。全国的な党再建を究極的目標としつつも、まず地域内での党再建を当面の課題とし、その地域的基盤をソウルにおかなければならない状況であったから、このことは決定的制約であった。従って、自分の代りにソウルで自由に活動できる運動者を獲得しなければならず、また市内の労働大衆と直接的に接触できない状況にある自分の役割を定めることも重要な問題だった。これについて李載裕は次のような五項目の具体的方針をたてた。

1．市内において相対的に自由であり、職業的に活動できる中心的オルグを獲得する。特に大経営内で決定的活動ができるオルグ。

2．まず宣伝・煽動・組織・指導者の役割を果す全京城的政治新聞を発行し、出版運動を確立する。具体的活動方針を掲載し、オルグを対象とする。

3．中心的オルグを通して各経営内の活動を協議し、同時に政治新聞をきめこまかに頒布する。

4．中心的オルグの任務を政治新聞および方針書の読者網、頒布網の確立におき、その中心点は大経営におく。もちろん大衆的要求があればオルグの任務対象を大衆に変える。

5．われわれは農業と養鶏に従事して自身の保護色化をはかるとともに資金を提供する。これは中心的オルグ同志の生活資金を提供するためである(8)。

このように、労働現場にいる運動者の中から自由に活動できる中心的オルグを獲得することを前提に、李載裕は自分とオルグとの役割分担を規定した。李載裕らの任務は（一）政治新聞や方針書など出版物の刊行（二）オルグを通して経営内の活動を協議（三）中心的オルグに生活費を含む運動資金を提供することであり、中心的オルグは（一）経営内での活動（二）新聞やパンフレットの配布およびこれを通じて運動者の獲得が主要な任務だった。この変化しつつある情勢下で選択された任務分担は、戦術的意味以上のことではないと李載裕は強調した。

こうした方針は、一九三五年一〇月に李載裕が初めて李鐘国《イ・ジョングク》と接触する以前に樹立されたと推定される(9)。李鐘国は儆新学校学生で運動の選手だった。彼は朴英出が逮捕された頃に潜伏した姉の李鐘嬉に対する愛情が人一倍強かった。李載裕は学校へ電話をかけ、姉が病気になっているから放課後崇仁面水踰里にある第二牛耳橋付近にきてくれるよう、李鐘国への伝言をつたえた。背負子を背負って農夫の身なりをして約束の場所に行った李載裕は、自分が「直接的に話はしなかったが李載裕だということを相手が推測できる程度に暗示した」。[10] 病気のはずの姉の消息を伝えず、逆に姉の所在や安否、警察の動きなどをたずねる李載裕に対して、李鐘国はこの人も姉と同じ共産主義者で姉と連絡するために自分を呼んだのだと思った。これ以後断続的に一九三六年三月まで、李載裕は李鐘国と六、七回会った。当初李載裕は李鐘国が「中心オルグ」として活動するだろうと期待したようだ。李鐘国に『自己批判文』を渡した事実からも[11]これをうかがうことができるが、李鐘国は李載裕に対し警戒と疑いの態度をたやすくすてず、李載裕は彼を不忠実だと評価した。[12]「金持ちの家の子供で思想方面の教養がない」[13]と判断した李載裕は、彼の役割を自分と兪順熙および李鐘嬉と兪順熙など、同志たちとの連絡に限定しようとした。[14] 李載裕は李鐘国に一九三五年一二月中旬の冬期休暇を利用して咸興へ行き、兪順熙と連絡することをたのんだ。[15] 結果的に兪順熙と連絡することは失敗したが、李鐘国は辺雨植や徐球源《ソ・グウォン》を彼につなげてくれた。

李鐘国の連絡により李載裕は、一九三六年三月下旬[16]東小門外彌阿里吉音橋付近で辺雨植《ピョン・ウシク》と会った。辺雨植は第一期トロイカの時期に学生運動部門で活動したが、当時は転向して執行猶予で刑務所から出所していた。出所後彼が「継続して運動するか、あるいは商売をしようか悩んでいる時」[17]、李鐘国が訪ねてきて李載裕と会ってみるよう勧めたのである。辺雨植自身は、コムグループ事件で検挙された権栄台《クォン・ヨンテ》と同じ房に収監されている時、権栄台が李載裕の路線は派閥であり自分は国際路線だと言ったので、これを確認する必要があって会ったのだと陳述した。[18] 二人が会った時、辺雨植は権栄台のコムグループ事件とトロイカ事件の公判情況、事件に関係した同志たちの動静を話し、李載裕は西大門警察署から脱走した後の活動を語った。そして当時の世界情勢、朝鮮情勢から始めて、反ファッショ人民戦線についての運動方針を協議し、同志獲得のため若干の対象人物を選んで接触[19]方法を論議した。積極的活動ではなかったが、[20] 辺雨植は李鐘国とは異なり、運動で一定の役割を果した。李載裕は彼に『自己批判文』『組織問題の意義とその必要』『三L闘争方針書』『一二月テーゼ』『八・一カンパ闘争方針書』『歳末カンパ闘争方針書』等を渡し、後述する機関紙『赤旗』の発行について体制や内容を協議したのである。

同じ頃である一九三六年三月中旬、李鐘国は故郷から出てきた青年が運動をしたいと言っているので一度会ってみますかと伝え、李載裕は下旬頃第二牛耳橋付近である青年と会った。それが徐球源であった。(21)それから同年一〇月下旬までに約二〇回ほど李載裕と会った徐球源は、互いに提携して活動することになった。李鐘国や辺雨植とはちがい、徐球源は李載裕が第三期の運動方針をたてた後最初に獲得した「中心的オルグ」であった。それ故李載裕は、他のだれよりも多くの運動指針書を彼に与えた。それらは『自己批判文』『ロシア革命記念日カンパニア闘争方針書』『八・一カンパ闘争方針書』『歳末カンパ闘争方針書』『組織問題の意義とその必要』『共産主義者グループと共産主義者に送るメッセージ』等である。また李載裕は彼に運動資金および生活費として毎月八円支給した。中心的オルグとしての彼の主要な活動は次の通りであった。一九三六年九月中旬、君子里ゴルフ場裏山での会合で、徐球源は京城準備グループの労働部責任として龍山方面の大規模工場で活動することにした。しかし一か月ほど後に、李載裕は徐球源から、自分は咸鏡道なまりのためソウルでの宣伝煽動には不都合で、同志を獲得することができないという報告を受けた。(22)こうして工場内で大衆的基盤を確保できず、経営内で直接的に活動するという方針は実現できなかった。新聞やパンフレットの配布およびそれを通しての運動者獲得についてみると、運動者獲得では、自分が属していたいわゆるコムグループとの統一達成に集中的に努力した。具体的には後述するが、これを通して優秀な運動者を獲得して運動線の拡大をはかろうとしたのである。後述する崔浩極《チェ・ホグク》は、その努力の具体的結実であった。一九三六年一〇月中旬徐球源が調査した「朝鮮日報社情勢調査表」(23)も運動者獲得の一環として作成されたものと推定される。また徐球源は、機関紙『赤旗』出版用に謄写用品をそろえたし、刊行以後には運動者への配布等運動方針を忠実に履行した。徐球源は李載裕とともにトロイカおよび準備グループの主要な成員であった。しかし彼は、洪原で農民運動をしていて上京したためにソウルの地理に明るくなく、また一九三六年一〇月以後には病気で咸南に帰郷したため積極的活動は期待できなかった。

崔浩極(24)は、故郷に戻った徐球源が李載裕に紹介した運動者である。崔浩極もコムグループの後継組織で活躍していたのだが、李載裕は前から徐球源を通して「左翼的意識が高い者として」彼の名前をきいていた。コムグループの路線が正しく李載裕グループが派閥だと考えていた崔浩極は、数次にわたる徐球源の説得により李載裕の運動線で提携、活動することになった。二人は一九三六年八月下旬初めて会ってから警察に検挙される同年一二月一五日まで一〇回ほど会合した。京城商工学院学生であったので、崔浩極も「中心的オルグ」として学生運動部門の責任を引き受けることになった。徐球源が労働部責任を担当した直後の一九三六年九月下旬君子里の中浪川堤防で決定された事項であった(25)。李載裕は、崔浩極が学生運動部門を引き受けたので、運動資料として機関紙『赤旗』をはじめ『自己批判文』『学生内の活動基準』『組織問題の意義とその必要』『三連続カンパ闘争方針書』『ロシア革命記念日闘争方針書』等を渡した。以後崔浩極は在学している京城商工学院で読書会を組織して梁成基《ヤン・ソンギ》らを獲得する一方、普成高普、昭和工科学院、京城電気学校、基督教青年学校、京城工業学校などで運動を展開した。しかし、崔浩極が李載裕と接触した期間は極めて短く、学生運動経験もなかったので効果的な活動は展開できなかった。

これらの運動者が接触する過程で注目されることは、すでに過去の経歴や顔を知っている辺雨植や李鐘国を除けば、各運動者達は徹底して自分の名前と身元をかくして互いに接触していたことである。これは第二期に李載裕が朴英出・李観述と会った過程でも見ることができた。第三期において李載裕は全素守《チョン・ソス》、朴允植《パク・ユンシク》あるいはＳＯＳ、また徐球源は黄質守《ファン・ジルス》、権《クオン》某またはＳＯＡという仮名を使っていた。李載裕は検挙された以後までも徐球源の本名を知らず、徐球源は検挙されて初めて彼が李載裕であると知った(26)。警察での陳述で、李載裕は徐球源を「咸鏡道なまりの年齢二四―二五歳の青年」であり、崔浩極を「年齢二〇歳程度の某商業学校の学生風の青年」だと言っていた。(27)徐球源も崔浩極と同じコムグループで運動しつつ、彼を同志に獲得するため一〇余回会ったが、自分の名前や身元を一切明かさなかった。後に警察で崔浩極は、一九三六年八月下旬運動者として徐球源と会って以来「最後まで何者であるか自分の名前も教えないので後で判断」したと言い、「検挙されて以後初めて名前も、また自分と同じ洪原郡出身」だということを知ったと陳述した。(28)このような運動方式は、第一期京城トロイカの時期に警察の逮捕と運動の失敗という経験から始められ、第二期以後厳格に確立されたと思われる。第二期の運動者で、朴英出とともに検挙された朴鎮洪《パク・チンホン》は、一九三四年九月新堂町永尾橋付近で金福今《キム・ボククム》と会い「京城事件（第一期の検挙事件――引用者）は李載裕があまりにも下部での接触を頻繁に行ったために事件の全容が暴露され、コムグループ事件も同じように暴露されたので、これからは互いに住所姓名を隠して街頭連絡をしよう」(29)と言ったという。李載裕も『自己批判文』でこれと似た趣旨の自己批判をしており、この運動方式は李載裕グループにおける不文律として確立されたと見られる。

三、運動線の統一

これまで見たように、李載裕は第三期の運動方針によって多くの運動者と接触して「中心オルグ」を獲得し、運動の発展を図ろうとした。しかし前に見たように、李鐘国は運動に積極的ではなく、辺雨植は家庭事情と警察の弾圧で実質的活動が不可能だった。徐球源はソウルの地理を熟知していないうえ病気のために活発な活動は期待できず、崔浩極は学生としてまだ経験がなかった。こうした事情から、李載裕は権栄台グループの後継組織である金熙星《キム・フィソン》らによる共産主義者グループを主要な対象にして、このグループとの統一のために多くの努力を傾注した。第二期において見たように、この問題はソウルの運動者達が当面したもっとも大きな問題でもあった。結論からいえば、この統一のための努力は失敗した。そして李載裕は徐球源と崔浩極の二人を通して、彼等が関係をもっていた金熙星組織の一部成員を吸収、統合して組織を再整備した。事件の検挙者六〇名中、こうして獲得した人員がどの程度になるかは不明確だが、最終判決をうけた七名中徐球源、崔浩極、梁成基、高柄沢《コ・ビョンテク》、閔泰福《ミン・テボク》の五名が少なくとも金熙星組織と直接間接の関連があったと思われる[30]。

金熙星組織との共同戦線が具体的に模索されたのは、一九三六年三月以後徐球源らを通してだった。李載裕は『共産主義的諸グループと共産主義者諸君に送るメッセージ』というパンフレットを執筆し、共同闘争委員会による運動力量の合同を提案した。彼が提案したのは、八・一国際反戦デーカンパニアと間島共産党事件被告死刑執行反対という二つの課題で互いに提携して共同闘争を行い、これを契機に運動の合同統一を図ろうというものだった。共同闘争委員会形式を通した運動戦線の統一は、以前にも構想提案されたことがあり、他の地域でも一般的に採択された運動方式であった。

李載裕は一九三六年六月李観述と討議して統一のための暫定的機関を組織することにし、数日後倉洞付近の山林で徐球源と会い「朝鮮共産党再建京城地方協議会」という統一機関を結成することを提案した[31]。さしあたり李載裕、李観述と徐球源の三人を成員とし、その下に李載裕が一九三三年以来もっていた朝鮮共産主義者トロイカと再建グループの二つの組織をまずおき、他の路線の代表者と協議して統一をはかった後で、朝鮮共産主義運動の統一機関として京城地方協議会を完成しようという構想であった[32]。つまりこの協議会は、ソウル地域の運動を統一するための機関として暫定的に設定され、異なる分派の参加を通して永続的に持続させようとしたのであった。一方この「朝鮮共産党再建京城地方協議会」をもとうとした一つの理由として、李載裕は再建グループやトロイカ運動があまりにも警察に知られているため名称をかえようと考え、協議会に改称したと陳述した。[33] こうした構想のもとで、下部組織であるトロイカの推薦者に徐球源を、再建グループの推薦者に李載裕自身を選出し、コムグループの代表者と協議しようとしたのである。ところでここで言われている李載裕が一九三三年以来もっていたトロイカとは何か？　第二期においては李観述が、以前のトロイカ組織に属していた運動者を主に担当したことは前に見たが、ここでまたトロイカ組織があるようにいう意味はなにか？　李載裕は、第一、二期の運動との連続線上で別に闘争していないが、第三期の党再建のための組織には李載裕と李観述の二人がいたのだと陳述した。またトロイカの成員としては自分と徐球源二人がいたが、このトロイカは一九三六年五月倉洞の山中で徐球源と会って組織したのである。[34] 従って李観述と自分が属した党再建組織は京城再建グループで、党再建組織に属した自分と「中心オルグ」である徐球源が所属した組織はトロイカであり、これらを統合する暫定的統一組織を上述の「朝鮮共産党再建京城地方協議会」と想定していたことがわかる。しかし、この組織自体は、具体的な運動内容をつくりあげていく過程なのだと強弁することもできるが、具体的な活動に裏付けられていないものがはたして組織的実態として意味をもっているのか疑わしい。結局統一のための協商でヘゲモニーを掌握するため、李載裕が自派勢力組織を乱発したと見ることもできる。[35]

一方コムグループに対して、五月中旬左翼戦線統一参加勧誘文が徐球源を通して金熙星に伝達された。その内容は、金熙星が同志と協議した後代表一名を選出して統一協議会に参加してくれというものだった。徐球源の参加勧誘文を受けとった金熙星は、自分のグループでこれを公開的に論議して立場を整理したと推定される。金熙星グループの結論は、コミンテルンの組織的指導線の脈を継いでいる自分たちが、「派閥分子」である李載裕グループが主導する統一運動には参加できないということであった。従って一九三六年六月二三日倉洞駅西側の山林中で開催(36)しようとした統一のための会合には、相手方の金熙星グループから誰も来ず結局霧散してしまった。(37)李載裕グループの提議を拒絶した金熙星グループは、この頃元山地域で形成されはじめた、同じ国際派に属している李舟河《イ・ジュハ》らの革命的労働組合運動と連絡した。(38)

四、京城準備グループの結成

このように両派の提携が決裂したため、再建グループとトロイカの二つの線が合流して朝鮮共産党再建準備グループと改称した。この準備グループの結成については二つの異なる主張がある。警察の捜査意見書によれば、一九三六年六月下旬蘆海面孔徳里の李載裕、李観述のアジトで二人が協議し、従来の「再建グループ」を「準備グループ」にかえ、出版部責任を李観述と李載裕、組織宣伝部責任を李載裕が分担、その直後に徐球源が加入、八月下旬に崔浩極が加入したというのである。(39)一方李載裕の陳述によれば、一九三六年一〇月倉洞の山中で、自分と徐球源が準備グループを結成し、家に戻って李観述の承諾をえ、組織部署については出版部責任を自分と李観述、宣伝部責任を徐球源の担当(40)としたという。準備グループの結成時期と組織部署をめぐるこのような異った主張は、それぞれ、それなりに妥当性をもっている。つまり六月に組織されたという前者の主張によれば、組織部署に李載裕と李観述だけしか含まれていないことから党再建の組織だということが容易に見てとれる。統一機関としての協議会の結成が相手の不参加で実現されず、トロイカと再建グループ両組織が合流して準備グループを結成したが、トロイカ組織は協商のための便宜的組織であり、また運動の初歩的段階で採択された組織方式であったのだが、徐球源がすぐ党再建組織の成員として合流したため、事実上この段階では別に意味をもたない組織だった。つまりトロイカ組織は無視できるので、以前の再建グループが準備グループに単純に改称されたと言えるのである。前者の主張はこのような事実をさしていると言える。

次に一〇月に結成したという李載裕の主張を検討してみよう。この主張は、徐球源と崔浩極がそれぞれ労働運動と学生運動を担当する「中心的オルグ」になって、本格的な運動を展開するために組織を整備した事実を示しているのである。本格的な運動とは機関紙『赤旗』を発刊することであるが、これは一九三三年李載裕グループが運動をはじめて以来の宿願事業であった。第一期における五大中心スローガンの一つであった非合法政治新聞の発行は、一九三三年末に計画されていたが警察の追撃で挫折し、第二期にはそれだけの余裕がなく、この時期に入って初めて実践に移されたのである。そのために李載裕と李観述が機関紙発行のため出版責任となり、徐球源は「中心オルグ」として運動者を獲得し経営内で直接活動するため宣伝部に配定された。このような点から見れば、準備グループは一定の組織的実体を持っていたのである。従って各運動者の役割と地位が規定され、組織が整備された後者の時点を、厳密な意味では準備グループが結成された時点と見なければならないのだが、一九三六年七月に作成された『八・一カンパ闘争方針書』(41)では準備グループという署名を使用していることから、一九三六年六月以後の組織を準備グループと見ることもそれほど無理ではないと見られる。

ところで李載裕はこのように名称をかえた理由を、当時の情勢を考慮した便宜的なことだと説明した。第一の理由は、組織の名称が警察にすでに広く知られているため、万一警察に文書が入手された場合でも、どの運動線であるか分別できないようにするためであった。これは今回の準備グループだけでなく、以前の組織名称をかえた有力な理由の一つで、非合法状況では不可欠の選択だと言えた。第二期の再建グループで作成したパンフレットが警察に入手され発覚する憂慮があったので、第三期に刊行した『八・一カンパ闘争方針書』などのパンフレットは準備グループと署名し、名前だけを改めたにすぎないという陳述も、[42] 同様の脈絡から理解される。二番目の理由として李載裕があげていることは、例えば金熙星組織のように「京城再建」に対して先入見をもっている「セクト的」部分と下からの統一を進展させるためだということであった。李載裕は名称だけをかえることは「二つの戦術的意味以外のなにものでもない」[43] と陳述していた。このような点から言えばこの時期にもトロイカ的組織方式には基本的変換はなかった見られる。つまり、戦略的次元での組織方針の変化はなく、トロイカ的組織方式が一貫して適用されたと言えるのである。それにもかかわらず、李載裕自身が特に第二期以後からトロイカ組織方式を組織それ自体と混用したため、時々それが組織自体として認識され理解された。これは、下から上への生きている活気に満ちた組織をつくるという李載裕の組織方針が衰退して、実質的な大衆的基盤がない少数指導部による上からの組織が構築されたことを意味していた。自分自身が批判した過去の運動を連想させるこのような傾向は、後期に行くほど一層明白に現れた。第二期の一九三五年一二月に言及された「再建グループ」の結成事実や、第三期の一九三六年一〇月に結成された「準備グループ」は、自身の意図とは異なり、客観的には一定の組織的実体をもっていた。一九三六年六月、警察の目をだますために名称だけをかえたという準備グループが、一〇月には「飛躍的に発展する革命的統一の具体的実行を決議」した公式的組織としてすでに六月に結成されていたかのように、事後的に正当化されたのである。「中心オルグ」の表現からも見られるように、この時期にトロイカよりは「オルグ」という言葉が頻繁に使用されたことも、似たような脈絡で理解できる。このように、下層統一戦線戦術方針に立脚した下から上への組織方針が、一定の形態で以前のように貫徹されていたとはいえ、この時期になってある程度の妥協と変形が不可欠になっていた。そして「同志は絶対に闘争を通して獲得する」という原則も相当ゆるんだ形で適用されざるをえなかったのである。

五、出版活動と『赤旗』の発行

前に見たように、第三期の主要な運動目標の一つは政治新聞の発行と出版活動であった。そしてこれは「中心オルグ」ではなく、李載裕らに固有の任務であった。こうして理論問題や闘争方針書など多くのパンフレットが刊行された。特にこの時期に多数のパンフレットが刊行されたことは、実践運動が現実的制約を受けざるをえなかった限界に対する突破口、ないしは代替活動としての性格をもっていた。

理論問題の領域で発刊されたパンフレットとしては『組織問題の意義とその必要』『共産主義者に送るメッセージ』等がある。前者は党再建運動のための一般的組織理論と具体的方針に関する叙述で、党と革命的労働組合、農民組合などの組織構成とこれらの関係を図解、説明している。このパンフレットの具体的な内容はわからないが、概略的内容が断片的に把握できる。例えば、革命的労働組合について、朝鮮には一二個の産別組合があるので、全国労働組合に化学、金属、運輸、繊維など一二部門をおき、その下に地区、工場分会などの下部組織を統合して単一組織をつくらねばならず、また革命的農民組合もこれと大略同様であり、党はこの大衆組織に入ってフラクション運動をしなければならないという。(44) 後者の『共産主義者に送るメッセージ』の元来の題目は『共産主義者諸グループと共産主義者諸君に送るメッセージ』である。運動線の統一についての主張がなされている点で、第二期に李載裕が作成した『統一問題について——コムグループとの統一問題を中心に』（パンフレット）の延長線上にあるとい言える。京城コムグループの後継である金熙星組織との合同のため李載裕が作成したこの文も現在残っておらず内容はわからない。その概要は、共同闘争を通して初歩段階の合同を試み、次第に両路線の組織統一を志向し、その組織は協議会形式とすること、そしてソウル地域での統一を基盤に全国的党組織を建設してコミンテルンなどの国際線と連結することなどであったと推定される。また『共同カンパニア闘争に関する件』というパンフレットも刊行されたとい言うが、これは、以下の闘争方針書と同じ発行趣旨である。

次に、各種記念日などの宣伝煽動のため刊行した闘争方針書がある。『八・一カンパ闘争方針書』『三連続カンパ闘争方針書』『ロシア革命記念日カンパ闘争方針書』等である。『八・一カンパ闘争方針書』の元の題目は『八・一カンパニアの具体的実践方法』である。八月一日国際反戦デー闘争のため、一九三六年七月に作成され[45]、前述したように初めて「京城準備グループ」という署名が付された。反戦デーは、一九一四年八月に勃発した第一次世界大戦における「万国のプロレタリアの残酷な搾取と殺害を記憶するため」一九二九年に制定されて以来、朝鮮でも檄文、パンフレットなどを通して反帝反戦のスローガンを掲げ、広く記念してきた日であった[46]。次の『三連続カンパ闘争方針書』は、八月二九日韓日合邦、九月一日関東大地震、九月最初の日曜日の国際無産青年デーが[47]連続しており、集中的に運動を展開しようという内容のパンフレットである。『ロシア革命記念日カンパ闘争方針書』は、一九一七年一一月七日のロシア革命日を記念して、革命当時の闘争経験などを叙述しつつ宣伝煽動したのである。後者の二つのパンフレットが作成されたのは一九三六年中半頃だという[48]。

なによりも第三期の出版運動でもっとも大きな比重をもっていたのは『赤旗』の発行だった。いままでのようにカーボン紙で写すという手工業的方式ではなく、『赤旗』が謄写版で刊行されたことによっても当時の運動において占めていた比重を充分に推量することができる。『赤旗』発行については、一九三三年の五大中心スローガンまで遡ることができるが、具体的には一九三五年五月孔徳里で生活をはじめてから計画されたのである。『赤旗』の発行が本格的に討議されたのは、一年ほど後に京城コムグループとの統一問題が提起された一九三六年六月であった。[49] 統一の努力が失敗に帰しつつあり、発刊は予定より多少遅れた。一九三六年一〇月李観述、徐球源らと朝鮮共産党再建京城準備グループを結成し、ついに機関紙として『赤旗』を発行するのである。謄写版は石油箱の側板と板ガラスを材料にこしらえ、松の枝を円筒形に切りサンドペーパーで磨きその上に自転車のチューブを巻いてバケツの取っ手を両側にとりつけローラーとして使った。また蓄音機の針をアカシアの枝に挟み込み板金でくるんで鉄筆の代用にした。『赤旗』の体裁や内容、発行計画などは、李載裕が李観述や辺雨植、徐球源、崔浩極らと協議して大体を決め、原稿の作成と記事の組立はすべて李載裕が担当した。そして李観述が字が上手なので浄書を担当し、謄写は李載裕がやった。記事の具体的な内容は、李観述といちいち協議はしなかったが、創刊号の中心綱領や行動綱領のような重要な記事はあらかじめ検討され決定されていた。細部の内容は李観述が原紙に浄書する過程で意見があればその都度李載裕と協議して作成した。[50]

『赤旗』第一号は約二週間後の一九三六年一〇月二〇日に発行された。第三号は李載裕が最終的に検挙される前日の一二月二四日に発刊されたが、第二号の発行日は明確でない。月刊を計画していた点からみると一一月中に発刊されたと思われる。発行部数は、第一号が二〇部、第二号が一五部、第三号が一〇部余であった。[51] 各号の頁数は四五枚ほどが目安だったようだが、[52] 実際の一、二、三号全体の原稿を合わせると一七八枚に達するほど多かった。『赤旗』という題名は「共産主義雑誌が、日本やドイツでも赤旗とされており朝鮮でもこの名称を使用」[53]したのだという。

『赤旗』は、労働大衆を基礎にするという運動方針に立脚して、大衆が読む話題を提供し、大衆の直接的利益を代表することによって読者を中心に党を再建するとともに、分散していたソウル（ひいては朝鮮）の共産主義運動者たちを統一することを目標とした。[54] これは党再建方式として一般に採択されたところの、機関紙の読者網、配布網を中心に党を再建するという方式と一致するものである。『赤旗』を「組織者であり、煽動者であり、宣伝者であり、指導者」と称する理由もそこにあった。『赤旗』は暫定的には「各経営内の革命的オルグ同志」を主要配布対象に設定したが、窮極的にはプロレタリア階級の一般労働大衆を目標とした。また全国的な次元ではなく、優先的にはソウル地域に限定されたのであった。地域的に限定されたが、『赤旗』第一号に明かなように、各経営単位の工場新聞を基礎に全国的次元で完成される党再建運動の政治的機関紙を窮極的には志向していた。このような点から「過渡的」政治新聞であったと言える。過渡的というのは、大衆ではなく前衛を一次的な主要読者として局地的地域を基盤にしつつ、窮極的には一般大衆を対象に全国的次元を展望するという二つの意味を含んでいるのである。政治新聞としての『赤旗』は、(一)日本帝国主義の全ての秘密を政治的に暴露し抗議闘争を起すこと(二)民政、社民、派閥セクト主義の一切の行動を批判、清算、克服、撲滅すること(三)大衆の一切の不平不満、反発、抗議闘争を激発させ、ひきだし、指導、集中すること、などを主要な任務として、理論問題、戦術問題、大衆の啓蒙のための問題、工場内の諸問題、等をとりあげようとした。[55] これに従い記事の内容は、(一)政治新聞として大衆的、前衛的任務を遂行するために活動する記事(二)理論機関紙として政治的・社会的記事(三)反帝新聞として反帝活動に関する記事(四)労働新聞として社会的、また労働者、婦人層向きの記事(五)共青新聞として青年層に影響をおよぼすための記事[56]などであり、これら各項目をあん配して作成しようとした。

『赤旗』は現在原本が伝わっていない。しかし第一号は日帝警察の翻訳を通して大体の内容をうかがいみることができる。「創刊宣言」は上記『赤旗』の任務の内、理論と戦術問題を主にとりあげた。「創刊宣言」〔第一章〕では内外情勢の特徴について、ドイツとイタリアをはじめとする列強帝国主義国家とソ連をはじめとする国際プロレタリアおよび植民地弱小民族間の人民戦線運動を中心に説明している。一九三五年コミンテルン第七回大会で採択された人民戦線運動方針が受容され適用されていることがわかる。このような世界的危機に直面して、日本帝国主義は自国だけでなく植民地朝鮮において「野蛮な搾取と圧迫による戦争準備に狂奔」し、数多くの革命的活動分子を検挙、拷問、虐殺、投獄した。労働者の経済的要求さえも銃剣で蹂躙し、さらには朝鮮人の言語、風俗、習慣、教育、歴史までも偽造、略奪し、同化するよう強制していると糾弾した。そして『東亜日報』『朝鮮中央日報』大同民友会などを民族改良主義だと罵倒して、それらが日帝の戦争準備のため「走狗的活動を露骨に遂行」していると主張した。また日帝の反動的大衆政策と野蛮な白色テロ下で、大衆の革命熱が非常な速さで昂揚している事実を強調した。罷業件数とその事例を列挙しながら、李載裕はこのような「反戦、白色テロ闘争が全ての現実闘争と結合して進められているだけでなく警察の留置場・監獄においてまで展開されている」と主張した。後に検挙されて刑務所生活をしつつ一連の闘争を展開したことで、彼はこの主張を直接実践した。〔第一章の最後で〕以上の点から、全朝鮮内の全ての大衆闘争は革命的労組と農組、党と共青の再建と直接間接に関連をもって展開されており、〔民族改良主義と〕派閥に対する大衆的抗争が展開されているとともに、各地に散在している全革命勢力は、多年の中心課題である大経営中心の党再建と全国的体系化に努力を集中しているとした。

「創刊宣言」第二章の『赤旗』の任務において、李載裕は過渡的政治新聞としての『赤旗』の性格および任務と目的とともに、当面する革命階級の中心綱領と行動スローガンを提示した。中心綱領は、朝鮮の絶対的独立と労農ソビエト政府の樹立を含む三領域にわたる六項目を設定し、当面革命の性質を「社会主義革命への強力な転化傾向をもつ民族革命、すなわちブルジョア民主主義革命」と規定した。いわゆる「資本制民主主義革命」である。この民族革命の課題は反帝国主義的であると同時に反封建的革命である。ここで注目すべきことは彼が人民戦線方針を主張しているにもかかわらず、前の時期と同様に日本帝国主義と封建貴族とともに土着ブルジョアジーを「打倒対象」に設定している点である。次に、行動スローガンは、帝国主義戦争反対、朝鮮の絶対独立、反ファッショ反帝人民戦線の確立などを含む八領域十八項目を羅列している。

当面する革命の中心綱領と行動スローガンは、マルクス・レーニン主義で武装された生産プロレタリアートのボルシェビキ的実践によって実現されるのであり、朝鮮プロレタリアが当面する主要な組織的任務は、次のようなことだと李載裕は主張した。

1. 大経営の生産プロレタリアを強固な基礎として、全国的ボルシェビキ党と共青を再建すること。このことは国際プロレタリアの指示と、経営細胞中心の地方組織再建を通してのみ、即ちピラミッド式組織方法によってのみ可能であり、それにより鉄のような組織が成立する。従ってわれわれは一定の地域、つまりソウルの経営細胞を組織する活動に全力を集中して地域内各共産主義グループとの革命的統一に努力しつつ、全国的ボルシェビキ党の再建に力を注ぐ。

2. 国際共産党の正当な指導と系統的連絡の定立。全ての大衆闘争が革命的に展開されるためには、国際共産党の系統的指導が絶対に必要である。闘争活動、運動方針、戦術経験その他全ての問題について、真実の報告を不断に継続して行い、これに対する革命的批判と新たな指令を受けることに特に留意しなければならない。

3. 下から上への統一戦線の拡大、強化。派閥的セクト主義者たちを大衆から分離するために、彼らの具体的実践に対する革命的批判と無慈悲なる闘争を継続的に展開し、大衆の全ての経済的闘争を派閥的セクト主義者から分離させ、独自的指導権を確立すると同時に赤色労組の確立に力を注ぎ、特に婦人、青少年労働者、中国人、日本人労働者の中での活動を強化すること。

4. 地主に反対する農民闘争を激発させ、革命的農組の確立に力を注ぐこと。

5. 人民大衆の反抗、抗議闘争の全ての行動を、戦争とファッショ的日本帝国主義の朝鮮統治権力に対する政治的闘争に結びつけ、反戦委員の活動を強化して、反ファッショ反帝人民戦線運動を樹立し、民政、社民主義の撲滅に力を注ぐ。

6．赤色文化グループ、スポーツ、その他全ての大衆運動を具体的に展開し、政治的影響を拡大、強化することに力を注ぐ。

最後に、労働大衆の実践活動を促進する部分的要求として、李載裕は一、民族的・階級的・政治的闘争の自由から、一〇、ブルジョアが負担する失業・疾病・災害・老齢・死亡の国家保険を即時実施するまでの一〇項目を提示した。この中で労働運動と関連して注目されるのは次の通りである。四項の①勤労者の出版・集会・言論等の無制限の自由②政治的大衆集会とデモの完全な自由③全ての経営内に経営委員会を創立する自由と経営委員会の承認④プロレタリア自衛団の創設。六項の、労働者・農民を弾圧する全ての法令の撤廃。七項の①寄宿舎的束縛反対②労働者、青年に対する奴隷制度の旧式形態たる年季契約制反対③婦人、青年に対する前時代的二重搾取反対④同一労働同一賃金⑤婦人、児童の公公然たる暗黙の売買制に対する刑罰。八項の①ブルジョア的産業合理化反対②成人に対する一日七時間労働制③一六歳未満の少年に対する四時間労働制④一八歳未満の青年に対する六時間労働制⑤幼年労働禁止⑥一週四十時間制（現労働時間中小工場四六時間）⑦一週一回の有給休暇と一年一回二週間の有給休暇。九項の①賃金の全般的引上②妻帯労働者の最低生活費基準による最低賃金制確立③賃金から控除引落し禁止④賃金支払の遅滞に対する刑罰。

以上理論と戦術問題について「創刊宣言」の主要内容を検討したが、日帝を政治的に暴露した記事として「死刑を受けた中国共産党員一八名を追悼する」や、日本皇室[57]や総督府、新聞社などの南部朝鮮水害救済金に対する批判がある。また派閥闘争に関する記事として上記間島共産党追悼文、八・一カンパニアの闘争決議案、「派閥的セクト主義のグループを大衆闘争で粉砕せよ」という記事がある。一九三五年七月頃南京で組織されたという朝鮮民族革命党に対する批判（「似非朝鮮民族革命党を大衆的に暴露批判せよ」）も同じ脈絡で提起されたのである。なお、大衆の不平不満と抗議闘争を指導する記事は収録されなかった。これは、第三期の運動が大衆的基盤を欠如していたということの別の表われであったと見ることもできる。この時期の運動が工場内で大衆的基盤をもっていなかったため、抽象的で一般的次元の宣伝煽動記事に集中するほかなかったのである。『赤旗』の最後の頁には、非合法状況での読者（つまりオルグ）に対する保安と注意事項を掲載した内容がある。「一部でもなくすことは階級的に反動の前提」とか、「読んだ後は必ず焼却せよ」「赤旗をもって行く途中閑遊、訪問、散歩は厳禁」などである。

次に第二号には、李載裕グループと「コムグループ」の関係について、『赤旗』編集部が調査した内容を掲載した。(58) 李載裕の「京城再建」グループが送った公開状の内容を含んでいるこの調査報告の具体的な内容はわからないが、両グループの関係を歴史的に振り返った後、数か月前の六月に、李載裕グループが京城コムグループに提議した主要内容が入っているものと推定される。他に「さるロシア革命記念日に全朝鮮で活発な闘争がなかったことは誠に遺憾であり、今後このような闘争記念日には旺盛な活動をしなければならない」という趣旨の記事が収録されていたとされるが、(59) これと類似する内容は第一号にも掲載されていた。「ロシア革命記念日は近づいた。具体的闘争を準備せよ」という煽動文がそれである。

第三号は、原紙を書いている時駐在所巡査が本籍地照会回答を伝えにきて身辺の危険を感じたため、残った原稿は全て焼却し書きおえた原紙だけによって編集したので分量が大幅に減った状態で刊行された。主要な記事としては「歳末に際し労働者は賞与を要求する歳末カンパニアを行い、闘争を通して共産主義運動をせよ」という趣旨の文があったというが、(60) 第二期に刊行された『歳末カンパニア闘争方針書』の内容を要約したものと思われる。『赤旗』収録文は、前述の出版活動でみた各種パンフレット『ロシア革命記念日カンパ闘争方針書』『歳末カンパニア闘争方針書』『八・一カンパ闘争方針書』等の主要趣旨を要約、紹介した記事が相当部分を占めていた。

六、第三期運動内容の評価

『赤旗』は徐球源、崔浩極らを通して他の運動者に配布された。配布範囲で推定されるのは、辺雨植を通じて獲得した京城電気会社の電工柳世圭《ユ・セギュ》、第一生命保険会社外交員閔泳憲《ミン・ヨンホン》らである。この外にも辺雨植は、朝鮮中央日報社の印貞植《イン・ジョンシク》、李友狄《イ・ウジョク》、高景欽《コ・ギョンフム》、朴洛鐘《パク・ナクチョン》らと関係を維持した。徐球源は、「街頭分子」閔泰福外五名と朝鮮日報社の配達員崔浩熊《チェ・ホウン》らを獲得した。崔浩極は、自分が在学している京城商工学院で梁成基、高柄沢らを獲得して同校の学生を中心に左翼グループを形成しただけでなく、普成高普、昭和工科、京城電気、基督教青年会、京城工業の各学校に『赤旗』を配布した。なお、李鐘国の指導下にあった金文炫《キム・ムンヒョン》などが京城公立農業学校学生を中心に組織した秘密結社「京農文芸会」などにも配布されたというが、信憑性のある主張ではない。[61] 前述したように、『赤旗』の配布網、読者網を中心に党再建が計画されたので、こうした配布範囲が第三期李載裕組織の運動範囲だ見ても大きな無理はなかろう。これでわかるように、この時期の労働運動は、大衆的基盤がほとんどなく、運動領域が狭かったのである。

学生運動も、第一期に活発に展開された同盟休校や教師排斥などの具体的実践活動、第二期の学校内活動基準を設定して運動するという次元からはるかに後退し、機関紙やパンフレットを通じての宣伝煽動、階級的教養と革命的意識の昂揚に重点がおかれた。[62] こうした運動の一定の限界と、度重なる検挙による運動力量の損失による客観的制約から、この時期の李載裕グループの運動方針は、不可避的に一定の変化をみせた。後に李載裕が逮捕された理由として、日帝の厳しい警戒で連絡期間がきわめて長くなったこと、同志の秘密厳守が最後までは守られなかったこととともに、「多くの同志が奴らの手でつかまえられ革命的組織が弱体化していったこと」[63]を指摘したのも、こうした事情から理解される。

このような事情が複合的に作用して、「同志は絶対に闘争を通してだけ獲得する」という一貫した方針が後退し、労働大衆でない学生やインテリに運動力量の供給源をもとめたことも、第三期の運動様相に現われた特性だと言えるのである。戦線統一のために集中的努力を傾けた事実や、典型的なインテリ出身で運動の休止者ないし脱落者だと言える延禧専門の李東寿《イ・ドンス》をはじめ、朝鮮中央日報社の印貞植、李友狄らを獲得しようとしたこともこのような脈絡で理解される。

第三期の運動で最終的に起訴された七名のうち、李載裕を除外する辺雨植、徐球源、崔浩極、梁成基、高炳沢、閔泰福の六人は、全て法廷で自身の運動を強く主張しなかった。辺雨植は「運動から身をひく決心をして故郷へひっこんだ」と言い、徐球源は、自分は李載裕の命令通りに動いたにすぎず、身体も弱いので、出所すれば故郷に帰り家と「国家」のため努めようと考えていると陳述した。崔浩極は自分が「日本帝国の国体を誤解していた。万世一系の天皇を奉っている非常に優秀な家族制度と、祖先崇拝、敬神の良い習慣がある国体において、革命は不可能だ」と宣言し、そのような趣旨の陳情書を裁判所に提出した。梁成基は「崔浩極から共産主義に関する話しを漠然ときいてそれを批判する力もなく、理解することもできなかった」と告白し、高炳沢もまた、共産主義がどんなものか確実にはわからなかったと陳述した。閔泰福は、共産主義社会が実現可能かどうかはわからないが、共産主義思想に興味もなくまた今後絶対運動に関与しないつもりだ、という考えを披露した。[64]彼等すべてが転向声明を発表したのだが、李載裕は最後の陳述で「彼等のだれも共産主義者だと称するだけの意識水準に到達していなかったので、彼等とともに共産主義運動をしたことはない」(65)と言及した。「質的によりも量的に多くの同志を獲得し、大部隊の結成を目標として意識の低い学生やインテリ層にも赤い魔手を伸ばし始めた」という指摘(66)も、同じ脈絡で理解される。この結果、この時期には、第一期で活動した辺雨植と李鐘国、第二期の李弼行《イ・ピルヘン》のみが再び運動に参加しただけなのに、検挙された人員だけでも六〇余名に達した。当時の客観的情勢を考慮すれば、実にこれは「大部隊の結成」だと言えたのである。それにもかかわらず、七名が起訴され、第一審で李載裕と辺雨植が各々六年と一年六か月の実刑を宣告された外、残る五名全部が執行猶予になった事実は、運動内容の脆弱性を表わしているのである。

七、運動路線と当面の任務、および反ファッショ運動

第三期李載裕組織による革命の性格、当面の任務、動力と対象、の規定は、以前の時期と比べて殆んど変っていない。李載裕が直接作成した数種類の文書がこれを立証している。すなわち、機関紙『赤旗』と一九三六年一二月に検挙された後三七年前半期に留置場で執筆した「朝鮮における共産主義運動の特殊性とその発展の能否」(67)がそれである。

これによれば、李載裕は朝鮮の経済的関係が半封建的、半資本主義的であることを立証しつつ、朝鮮革命の性格をブルジョア民主主義革命と規定した。この民族革命は、民族ブルジョアジーが全て反動化したために、革命的闘争力をより多くもっている労働大衆が、プロレタリア革命の前段階である民族革命を、民族ブルジョアジー

にかわって遂行しなければならないということである。従って民族ブルジョアジーに対する態度も以前と同様に変化がない。「朝鮮において極少数である民族ブルジョアジーを除外する全民衆」は破産、没落していく半面、彼等民族ブルジョアジーやインテリ層は、朝鮮の民族的独立、すなわちブルジョア民主主義革命の主体的任務を放棄しただけでなく、むしろ日本帝国主義の反革命的任務を引き受けているのである。あわせて、政府形態として労働者・農民のソビエト政権を想定したことも以前と同様である。そしてそのための中心綱領として次の事項を提示した。

朝鮮の絶対独立

労働者・農民のソビエト政府樹立

大土地所有を没収して農民に土地を分配

労農ソビエト政府による金融と大生産機関の直接管理

労働者状態の徹底した改善と一日七時間労働制実施

日本帝国主義と封建貴族や知識人層、地主を革命の対象と規定したことも以前と異ならない。とくに日本帝国主義に対する非難は一層強化され、また具体的である。彼等は朝鮮全域で戦時状態を造成して警察の竹刀と銃剣で労働大衆の自然発生的闘争を蹂躙する。朝鮮特有の四千年の歴史と文化、血統まで略奪したのみならず、言語、風俗、習慣の同化を強要し、あらゆる封建的要素の復活を政策的に奨励し、被抑圧大衆を帝国主義賛美〔と〕戦争に追いやっている。崇神組合をつくって迷信を奨励すること、明倫会を組織して従来の儒教思想を復興させようとすること、各宗教を衰退から復興させるため物質的・精神的・権力的に援助・奨励すること、一般民衆を保守化するために冠婚葬祭を奨励して私設墓地を再認、奨励すること、朝鮮人と日本人の通婚と融和を奨励し、男尊女卑、愛国排外思想を鼓吹すること、などがそれである。

従って李載裕は、朝鮮における民族革命の主体部隊は労働者であり、農民を同盟者として無産市民と学生、インテリ層を包摂しなければならないと主張した。彼は政治、経済、社会的側面での不平と、生産階層、所有程度によって、「各階級の闘争力とその推進性」という対照表をつくり、労働者・農民・無産市民・学生・インテリの順に闘争力が高く、それに従ってその推進性が決定されるという独特の論理を展開した。また、農民については楊州郡で自分が調査した具体的な数値を示して、農民の生産費と生活状態を詳しく言及している。しかしそれにもかかわらず、以前と同じく、農民各階級の区分や革命における役割を全く考慮していないことが注目される。

これと同時に、李載裕は一九三五年八月のコミンテルン第七回大会で採択された反帝反ファッショ人民戦線の考えを受け入れていた。一九三六年三月から九月にかけて数回辺雨植と会い、世界と朝鮮情勢を討論し、反ファッショ運動を提案[68]したし、監獄で執筆した前出の文でも反帝反ファッショ運動に具体的に言及している。そこでは、「朝鮮内の全ての反帝的要素を民族革命戦線に動員」すると同時に、「全民衆的反帝反ファッショ戦線を確固として樹立」することを主張した。このように人民戦線の考えを受け入れてはいたが、民族ブルジョアジーに対する態度や、政権形態について従前のまま労農ソビエト政府を主張したことなどからわかるように、完全な意味での人民戦線を実践していたのではなかった。無論上でみたように、日本帝国主義に対する批判は一層強化されたが、当時大部分の国内運動者がそうだったように、李載裕の人民戦線理解は不完全だった。そのため観念的性格のスローガンの次元にとどまり、実際運動過程上で胚胎され、定立された理論ではなかった。警察に逮捕され、監獄において、彼はこの理論をはじめて明確に理解したのである。

八、最後の検挙

李載裕が李観述とともに朴英出の下往十里のアジトを抜け出し、病気で寝ていた兪順熙まで救出して巧妙に脱出したことは前述したところである。その後兪順熙は、咸興一帯に繊維赤色労働組合を組織すべく活動した。咸興で活動しながら、兪順熙は李載裕と連絡しようと五回ほど手紙を送ったが、結局連絡できなかった。そうこうするうちに一九三六年一〇月[69]、咸興片倉製糸の女工七〇〇名の罷業を指導して咸南道警察部に検挙された。彼女の自白によってソウル馬場洞にある全昌洙《チョン・チャンス》の連絡所が暴露された。さらに西大門警察署に未決拘留中であったコムグループ所属李柱夢《イ・ジュモン》の取調べから、崔浩極、徐球源らの存在があかされた[70]。こうして一九三六年一二月一五日、本籍地咸南にしばらく帰郷していた徐球源がそこの警察に逮捕され、京畿道警察部に移送された。翌日一六日に、崔浩極もソウルの黒石洞で警察に連行された。徐球源は、一九三六年三月から一〇月頃まで李載裕と連絡していたがこれを崔浩極に引き継いだと自白し、崔浩極は徐球源の紹介で八月以後李載裕と会ったと陳述した。李載裕を逮捕しようと血眼になっていた警察は、さらに苛酷な拷問を加えて追求し、ついに新たな手がかりをつかんだ。それは、一九三六年一二月二五日午前一一時、倉洞付近の山中で李載裕と会うことにしているという情報であった。

一方孔徳里のアジトに隠身していた李載裕は、一九三六年一二月二三日頃[71]、畑で仕事をしているところを駐在所巡査の訪問を受けた。本籍地に身元照会した結果、本籍地にはそのような人物はいないという通報がきたというのである。李載裕は、内心しまったと考えたが平穏を装い、金海の徳島里に住んだことがあり、そっちに本籍があるかもしれないので一度調べてほしいと言った。李載裕は李観述と相談し、孔徳里の生活を整理することにした。あちこちに貸していた金を集め、鶏や卵、豚なども処分した。逃走後の行先は平壌か咸興であったが、そこは以前にソウルに代わる活動地域として想定したところであった。こうして一二月二四日『赤旗』第三号の謄写を終えた李載裕は、翌二五日倉洞第二牛耳橋付近の山中で崔浩極と会ってそれを渡し連絡するため、約束の場所へ出かけた。出かける前に、彼は李観述に万一自分が午後二時までに戻らなければ、検挙されたのだと思って逃走するよう言いおいた。

こうして李載裕は日帝に逮捕された。「農夫、行商人、労働者、学生などに変装」した数十名の私服警官に、無残に踏みにじられ、殴られても、彼は最後まで同志である李観述に対する配慮を忘れなかった。村中にきこえるほどの叫び声をあげて、アジトにいた李観述に自分が逮捕されたことがわかるようにしたのである。「逮捕されても二四時間は絶対アジトを自白するな」、これは李載裕がつねづね同志たちに強調していたことである。彼自身が、苛酷な虐待と拷問にもかかわらずこの規律を守った。李観述の身辺をおもんぱかって、また運動力量の保存のために、李載裕は「一定の時間までは死んでも自白しない」[72]ともちこたえたが、翌日二六日午後六時頃に自分の住所を自白した。警察は即刻現場に出動したが、当然のこと李観述はすでにどこかへ消えてしまっていた。李載裕を逮捕するために日帝がどれだけ苦心したかは「逮捕日の当局の苦心こそ彼（李載裕――引用者）によって育まれてゐた半島共産党運動の生死を賭けた大捕物だけに痛ましくも涙ぐましい凱歌が揚げられ、卅余名の捜査隊は凱旋将軍のやうに捜査本部へ引揚げた」という表現にもうかがえる。彼の検挙後四か月にわたる取調が終わり、記事が解禁されるや、日帝の御用紙『京城日報』は号外を発行し[73]、「執拗凶悪の朝鮮共産党遂に壊滅す」という見出で「廿余年に亘る朝鮮共産党運動史は今や最後の一頁が完全に封鎖され、かくて朝鮮共産党運動による総ゆる禍根は今こゝに全く壊滅終熄した。今後は農村に、工場街に明るくて朗な大気が躍動し、全半島に朗々と響きわたるものは平和と歓喜の合唱である」と報道した。

九、拘束、公判、そして獄中生活と死

京畿道警察部に逮捕された一九三六年一二月二五日以後、李載裕は警察の野蛮な拷問に苦しめられた。警察の苛酷な取調は、翌年四月下旬まで続いた。この間、李載裕は公式的なものだけでも全一四回にわたる取調を受けた。警察の捜査が終結して、検察に送致されたのは一九三七年四月二三日であったが、検事の取調は同じ京畿道警察部において送致されたその日から始った。同年五月一日、四回の検事による公式捜査が終わると予審に回付された。西大門刑務所へ移管されてから半年余の後、同年一一月中旬予審に入った。予審は翌年一九三八年二月初旬、三回で終結した。予審が終わると接見と書類接受禁止処置が解除された。第一回公判は、四か月ほど後の六月二四日京城地方法院公開法廷で開かれた。数日後の七月五日に開かれた第二回公判で李載裕は最終陳述を行った。

最終陳述は「安寧秩序を害する言動をする虞があると考えられるので一般の公開を禁じられたい」という検事の要請で一般公開を禁止し、傍聴人を退廷させて行われた。李載裕は、現在の社会制度は矛盾が多く、自分が服役中の刑務所で確かな共産主義者になったように、一方では共産主義思想を弾圧し他方ではそれを助長しているのだと批判した。また李載裕は、近い将来日本は必ず労働者の最低賃金を法律で定める時がくるし、中日戦争の

勃発とともに、日本農民の中堅がほとんど全部召集されるため、農村では大混乱がもたらされると予測した。さらに戦争のために日本では全ての産業部門が統制され、大産業は国家のものになり、次第に共産制社会に進展していくので、将来土地は国有となり、そうなるのが自然なのだと主張した。「われわれ共産主義者は、運動のために生命を捨てる決心であり、そのような者が真実の共産主義者だ」という陳述を最後に[74]、ごく一部の陳述しかしていないという彼の抗議にもかかわらず、裁判部は閉廷を宣言して最後の陳述の機会さえ封鎖されてしまった。三日後に李載裕は、次のような理由をあげ、最終陳述の機会を再び与えるよう請願書を提出した。

警察調書は拷問による偽造が多く、検事の調書は、検事が警察署に出張して警官と共同で拷問を加えながら作成したものであり、予審調書は渡辺判事が担当したが、警察調書をそのまま朗読して、被告人の陳述なしに小林判事に回付してそのまま終結したものである。また今般公判中の事実審問はあまりにひどい簡単なもので、この事件に対する警察の見解とそれによる官辺の見解が被告人事件の内容とあまりにかけはなれているゆえ、被告人自身の最終陳述により、被告人事件の真相を明白に陳述させるよう望むものである[75]。

この請願書に続いて翌七月九日に、李載裕は以下のような内容の裁判長に対する「忌避申立書」を法院に提出した。

1. 裁判長が被告人の事実審問をした時、具体的審問を忌避して計画的に抽象化し、被告人を不利にしただけでなく被告人の具体的意見の陳述をいちいち抑圧、中止した事。これに対する被告人の直接の質問に、裁判長は「傍聴人がいるので許諾できない」と答え、〔被告人が〕、被告人の〔具体的陳述の〕ためには傍聴を禁止してもよいというや、裁判長は「裁判長の質問に、はい、いいえで答えさえすればよい」と言って一切を中止させた事。

2. 裁判長が被告人事件で取調拷問した主任警察官である京畿道警察部査察係高村主任を特別席に着席させ

て被告人の審問に立会わせ、被告人に脅威を与えまた被告人の供述を不利にした事。また被告人が、刑事訴訟法第三三九条により彼を退廷させるよう請願しても毎日立会わせ、被告人を不利にし、行政権の司法権への介入を公公然と認定した事。

3. 裁判長が、検事の求刑に対する被告人の法律的反駁弁論をその場で反駁し、検事にかわって検事求刑年数の正当性を弁護し、合議による言渡は必要ないというような言動をした事。検事が八年を求刑したのに対して、被告人が七年以下に規定している法律以上の不当な求刑だと弁論反駁すると、裁判長は「前科があるので正当だ」とその場で反駁して、司法権の独立性と裁判の合議性を無視した事。

4. 被告人が最終陳述した時、裁判長は予審廷、検事局、警察署の取調および拷問その他の醜態を暴露することを阻止するため、被告人の言論を抑圧し、被告人と対立して部分的な議論をすることで被告人を興奮させようとし、また裁判長自身も感情的になった事。同時に、被告人の最終陳述が相当長時間要すると申立てたのに、被告人の弁論を計画的に、無理やりに停滞させ、暑いという理由で無理矢理閉廷させた事。

李載裕のこうした抗弁にもかかわらず、被告人たち全てが出席しないまま、一九三八年七月一二日に開かれた第三回公判で「刑事訴訟法の規定に違反し、また訴訟を遅延させる目的だけでしたことが明白である」と忌避申立を却下してしまった。この日の結審公判で、李載裕は懲役六年、未決拘留一五〇日通算の判決を言渡された。一週間後の七月一九日午後九時、李載裕はこれを不服として控訴を申立てたが、一四時間後七月二〇日午前一一時に上訴取下書を提出した。強要と暴力によるものであり、決して自分の意志ではなかった。西大門刑務所に服役してからも、彼は投獄されている同志とともに朝鮮語使用禁止反対、収監者の待遇改善、看守に対する思想鼓吹などの闘争を展開した。このため彼は西大門刑務所に一年ほどいたが、公州刑務所に移されたと推定される。刑期満了以後にも転向しなかったため釈放されず、一九四一年改訂治安維持法で新設された予防拘禁制度の適用を受け、清州保護教導所に収監された。[76] 持病の脚気があった彼は、ついに釈放されず、解放一〇か月前の一九四四年一〇月二六日四〇歳で獄死してしまった。彼の亡骸は生涯の同志であり、恋人であった李順今《イ・スングム》によって引き取られたという。

第七部　準備グループの時期——他の系列の運動

一九三五年一月李載裕《イ・ジェユ》らが警察の追撃を避けて孔徳里に姿を隠し、再び実質的な運動をはじめる一〇月頃まで、ソウルにおいて李載裕の運動は一時的に空白状態であった。そうした状況で金承塤《キム・スンフン》、権又成《クォン・ウソン》、安承楽《アン・スンナク》、金熙星《キム・フィソン》らによる運動が展開された。よく彼等は権栄台《クォン・ヨンテ》の京城コムグループの後継組織と呼ばれるが、それは権栄台の運動線で直接運動していたかあるいは関連があった安承楽や金熙星によって組織が復元、再建され、運動が展開されたからである。このような事情から金承塤のように国際線から派遣された運動者が容易にこのグループと提携を進め、こうした国際組織との連携がその正統性をさらに強化する要因となった。李載裕が李観述《イ・グヮンスル》とともに往十里のアジトから脱出して、ソウル近郊の孔徳里で営農しながら運動方針を樹立していた事情から、ソウル地域の運動が比較的空白状態となっていた一九三五年からこのグループの活動が始った。そして同年六～八月頃もっとも活発になり、権又成、鄭載轍《チョン・ジェチョル》、金承塤、安承楽らが検挙されて一時中止されたが、金熙星・朴仁善《パク・インソン》・白潤赫《ペク・ユンヒョク》らによって組織が再建され翌年一九三六年まで持続した。以下それぞれの運動内容を具体的に見てみよう。[1]

一、権又成・鄭載轍・金承塤らの運動

権又成は一九三一年中央高普に入学、在学中一九三二年九月から学友韓最項《ハン・チェハン》の指導下で秘密結社文化サークルを組織して活動したが、日本の熱河出兵に反対する反戦ビラを散布し、一九三三年四月京城地法で懲役一年六か月を宣告され、翌年一九三四年六月出獄した。出獄後多くの運動者と接触し活発な運動を展開した。八月末

日帝の監視が比較的弱い馬山に活動の場を移し、朴鐘大《パク・チョンデ》、姜正允《カン・ジョンユン》、李相孝《イ・サンヒョ》らとともに馬山府内の商店員を教育、訓練するために、地域を四区に分け商店と従業員数を調査して読書会などを組織すべく協議した。一〇月末再びソウルに出て、(2)一九三五年一月崔利七《チェ・イチル》と提携し、彼に馬山での運動の指導と責任を任せた。(3)権又成はソウルで安福山《アン・ボクサン》、李成学《イ・ソンハク》(4)の紹介で鄭載轍と会い、一九三五年一二月上旬から一か月ほど一緒に生活して彼を指導した。三月末に二人はそれぞれ労働者と接触し赤色労働組合を組織することに尽力することにし、権又成は金属部門、鄭載轍は出版部門の責任を引き受けた。以後五月から六月にかけて彼は張斗胆《チャン・ドゥダム》、鄭龍鳳《チョン・ヨンボン》、李迪雨《イ・ジョグ》などを獲得し、工場内で労働組合の組織を目標に活動することを協議した。この中で鉄道局京城工場の職工だった鄭龍鳳を(5)通した活動のみが具体化された。鄭龍鳳は以前一九三四年一二月上旬に同僚の職工の崔秉稷《チェ・ビョンジク》と会合し、互いに提携して工場内で運動者を獲得、活動しようと協議したことがあった。以後も彼等は活動を継続し、一九三五年七月中旬には活動のための前提として、工場で職工数、従業時間、待遇、衛生設備、合法団体つまり講や親睦会の有無およびその成員数、工場内の意識分子の数などを調査する一方、技工見習の李仁栄《イ・イニョン》を運動者として獲得することにした。崔秉稷は後金熙星グループで再び活動した。この他にも、権又成は鄭載轍とともに八・一反戦日の闘争事業として反戦ビラを発行、配布しようとしたが実現したかは不明確である。

次に鄭載轍(6)の活動内容を見てみよう。一九三四年一月末、昌信洞の飲食店で卞奇学《ピョン・ギハク》と会った彼は、互いに提携して活動することとし、一二月末卞奇学の紹介で金福今《キム・ボククム》と会った。同じ時期に彼は権又成に会い彼の指導を受けたが、七月下旬に反戦檄文の散布を計画（前述）、あわせて卞奇学に反戦日の意義を説明して労働者に宣伝することを協議した。また同年五月から七月にかけて、鮮光印刷職工の申後奉《シン・フボン》と京城ゴムの女工であり同居していた孟桂妊《メン・ゲイム》および東大門の外の工場で活動していた卞奇学を指導した。一方鄭載轍と提携した卞奇学は孫戌釈《ソン・スルソク》(7)、金万基《キム・マンギ》などとともに活動した。一九三四年六月二〇日、彼は光星学院付近の採石場で彼等と会い、工場内での活動に尽力すること、朝鮮の運動は「その特殊性を考慮して漸進完全主義を採ること」などを協議した。鄭載轍の運動部分は、以前李載裕グループに属した運動者たちを多数含んでいた。例えば孟桂妊は第一期トロイカ時期龍山で卞洪大《ピョン・ホンデ》の下位トロイカに属しソウルゴムを中心に、金福今は東大門外の李鉉相《イ・ヒョンサン》のトロイカに属し朝鮮絹織を中心に活動した。金福今はまた卞奇学、金万基とともに第二期の再建グループで活動していて鄭載轍の運動に荷担した。

このように権又成と鄭載轍は、運動者を獲得したり運動を協議することなどを中心に活動したが、一九三五年五月いわゆる国際線から派遣された金承塤(8)とつながった。一九三五年五月下旬以来彼は龍山工作株式会社（通称田川工作所）龍山工場で働いたが、同じ職工の南忠熙《ナム・チュンフィ》が権又成を紹介した。以後七月一〇日から下旬まで青葉町（現在、青坡洞）裏山孝昌公園で数回会い互いに提携し活動することにし、八月上旬権又成が鄭載轍を紹介した。彼等はプロフィンテルン九月テーゼと太労一〇月書信を根拠に、過去の労働運動は改良主義的であり、指導者が改良主義的知識階級だったとし、またプチブルジョア、インテリ、学生層を中心にした従来の共産主義運動は、運動というよりむしろ非原則的派閥闘争に力量を傾けたと批判した(9)。また既存の運動者たちと同様に産別労働組合組織を基盤としながらも、彼等は産別工場分会と工場内の親睦会や講などの合法団体の連絡関係を重視した。産別労働組合組織理論に従い、三人は金承塤の責任下に権又成は金属部門、鄭載轍は出版部門の各工場を分担することにした。

以後権又成と鄭載轍が金属と出版部門を担当して活動した内容は既に見た。部署の配置で責任を引き受けた金承塤は、自分の大衆的基盤を整えるため権又成に同志を紹介してくれと依頼し、同年九月上旬金順萬《キム・スンマン》(10)を紹介された。以後彼は金順萬と会談を重ねながら比較的大きい工場で運動すること、派閥闘争を排斥すること等の意見を述べた。これとともに金順萬に専売支局仁義洞工場と大昌織物会社の二工場を担当して運動者を獲得すること、工場の労働者数、賃金関係などを調査すること及び繊維部門の工場に現存する左翼グループを調査すること等を依頼した。これから推定されることだが、彼は繊維部門に大衆的基盤を用意しようとしたようであり、以前権又成が指導した専売支局仁義洞工場の李元業《イ・ウォノプ》を獲得したのを除いては取り立てて進展は無かった。また三人は八月頃日韓併合記念日、国際青年日などの闘争事業でビラを撒いたり、運動者に配布するための『ニュース』紙の刊行を論議したが、計画段階で終わったと見られる。

　ところで金承塤と権又成、鄭載轍の関係を見ると、彼等のそれぞれの運動部分が完全に統合されたのではなかったと判断される。あるいは、工場内で何人かの労働者を獲得する程度にとどまったために、大衆的基盤が非常に脆弱だったという事実を勘案すれば、結合するほどの運動力量がほとんど無かったと評価することもできる。大衆的基盤に相応する組織を結成することができず、従って協議レベル程度の結合状態で検挙により運動が中止になったと見ることができる。このような状態で、金承塤を中心に例えば『ニュース』紙の発刊などを通じて組織を統一して行く過程にあったのだ。前出の判決文[11]には権又成・鄭載轍・金承塤などの運動部分を、後述する安承楽などの運動部分まで含めて一つの事件として扱っているが、これは捜査の便宜上の区分であるだけで運動の実際内容を反映したものでは決してない[12]。また別の資料で、権又成と鄭載轍及び安龍鳳《アン・ヨンボン》三人を中心にした赤色労組事件と、金承塤・権又成・鄭載轍の事件をそれぞれ区分して提示しているのは[13]このような脈絡から理解される。

二、安承楽の運動

次に安承楽の[14]運動部門を見ることにする。具体的に確認することはできないが、当時彼は国際線の権威を借りソウルの運動者たちの間で相当な威勢を持って君臨したようだ。[15] 一九三三年安承楽が朝鮮日報の配達夫として働いていた頃から、李載裕は朝鮮日報社の徐昌《ソ・チャン》や鄭七星《チョン・チルソン》、あるいは卞洪大などを通し「将来実践的活動をする闘士」という安承楽に関する噂を聞いていた。李載裕は彼が姜晦九《カン・フェグ》と親交があるという事実を知っており、おそらく太労系の人物ではないかと推定していた。ところで一九三三年一一月安承楽が李順今《イ・スングム》を通して会談を申し込んでくるや、これに応えて運動方針および理論に関して討論を行った。朝鮮総督府東側の道路から医専病院正門の付近まで往来しながら、安承楽は李載裕に（一）咸南の太労系列をどうみているか、（二）朝鮮の派閥運動に対してどう考えているかの二つの質問をした。この会談で、国際線の人物として整然とした理論を持っているだろうという李載裕の期待を安承楽は満たせなかった。安承楽の一般的質問とそれに対する李載裕の答弁が全てであった。安承楽は咸南の太労系列と朝鮮の派閥運動に対する李載裕の意見を聞こうとした。[16] 特に彼が関心を持っていたことは李載裕が太労系の運動をどう評価しているかという点だったようだ。このため李載裕は安承楽を太労系列の運動者と推定したのである。当時李載裕はソウルのボルシェビキ組織を統一して行く過程にあったので、安承楽を自分の組織に引き込むために努力した。例えば一九三三年九月のソウルゴムや鐘紡罷業当時、共同闘争の一環として資金募集を提議したし、同年一一月中旬には間島共産党被告人に対する救援運動も提案した。[17]

ところで安承楽は、安鍾瑞を通して権栄台グループと一定の関係を維持していた。日帝の資料には一九三四年四月下旬安承楽が権栄台と数回にわたり会合し、彼から共産主義運動の情勢と革命の性質、統一戦線問題の一般的及び現在の意義、戦術的組織方法及び文書配布等の技術問題に関する見解を聞いて、全幅的に賛成し協力、活動することにしたというが、それ以前から二人は互いに会っていたと見られる。具体的な内容はわからないが、二人とも国際線の「権威」を持っていたという点からたやすく結び付いたはずだ。安承楽が権栄台グループの中心人物であった安鍾瑞の指導を受けたという点を念頭に置いて前の李載裕との出会いを注意深く検討してみると、李載裕との接触は運動理論と路線に対し討論するためのものよりは、むしろ競争組織に対する「探り」の意味と解釈しうる。(18)

それにもかかわらず権栄台グループでの彼の活動像ははっきり見えてこない。彼のルンペン的生活は李載裕や権栄台がともに指摘したこと(19)であるが、そのような彼が金熙星に会い指導し始めたのは一九三四年一〇月頃だった。これに従い金熙星は青葉町の岩村製糸工場に職工として入り工場内の様子を調査する一方、安承楽から紹介された李丙嬉《イ・ビョンフィ》、洪淳迥《ホン・スンヒョン》等を獲得した。これとともに彼は金熙星に工場内の活動指針として「同僚職工ト人間的ニ親交ヲ結フコト即チ相手ニ対シ精神的ニモ物質的ニモ犠牲的態度ヲ持シ其ノ趣味嗜好ニ迎合シ、日常的仕事ノ上ニ於テモ助力ヲ惜マス大衆ノ好感ヲ引ク様ウ努力」しなければならないと強調した。このような指摘は前衛と労働大衆の結合、あるいは大衆的情緒に取り入る問題と関連して注目に値する。当時の工場内で活動していた運動者たちが、労働大衆を獲得するという当面の問題にどのような方式で接近したのかを示唆するものだ。安承楽の指導を受けた金熙星は、彼が検挙された後も活動を続けソウルで権栄台グループの最後の後継組織になった。

続いて一九三四年一二月末から翌年一九三五年五月中旬に至るまで、安承楽は安任均《アン・イムギュン》に対して（一）東大門方面の工場で工場グループの結成に努力すること、（二）大昌織物工場の指導を単独で担当すること、（三）

崔敬昌《チェ・ギョンチャン》とともに兄妹に仮装して同居して自分のアジトを担当すること等を協議した。また安任均の要求に従い、工場で活動する契機をつくるため洪花順《ホン・ファスン》を工場に潜入させることにした。[20] また安承楽は柳海吉《ユ・ヘギル》[21]とも連携しており、安昌大《アン・チャンデ》、白明欽《ペク・ミョンフム》とも提携、活動した。白明欽は主に運動資金を提供する役割をし、[22] 安昌大は許均《ホ・ギュン》[23](許《ホ》マリア)、崔成浩《チェ・ソンホ》などと一緒に活動した。許均は前にも見たように李載裕の第一期運動で猛桂妊とともにソウルゴムで活動し、権栄台グループとも一定の連係を持っていた。この時期には一般家庭の女中として働いていたが、安昌大に会い彼の誘いにより同居しながら活動した。安昌大は許均に「従来ノ如キ派閥闘争ハ排斥スヘキモノニシテ、運動ハ専ラ『コミンテルン』ノ指導下ニ為サルヘキモノナル旨」と「優秀ナル指導者ヲ得テ其ノ指導下ニ活動スヘキコト」を強調し、[24] 大陸ゴム内で活動することを勧めた。次に崔成浩に[25]対して、大衆の信頼を基盤とした日常闘争の意味とともに革命でのインテリの役割を強調した。[26] 安昌大は崔成浩を指導しながら自分が労働部門を引き受け、崔成浩には学生、インテリ部門を任せることを構想していたようだ。崔成浩が獲得した大同製糸の女工鄭寅丁《チョン・インジョン》を自分が引き取り、彼には全的にインテリ運動者を獲得することに専念せよ[27]としたことからもわかる。

ここまで見たように、前出の権又成や鄭載轍の場合に似て、安承楽の運動は運動方針や組織理論の論議、運動者の獲得と教育などを中心にしたもので、実際の運動を展開したというよりは運動のための協議レベルに留まった。従って工場内の大衆的基盤も、大昌織物、大同製糸、岩村製糸などで工場班(細胞)を組織するための試みを行った程度だった。「概ね彼等の組織は確実な輪郭を形成するに至らないまま検挙[28]」されたという記事からもこのことがわかる。

全体的にみると、権又成・鄭載轍、金承塤、安承楽を中心としたおよそ三グループの運動は、それぞれ相対的に一定の独立性をもって展開された運動だった。そうであったが、一九三五年下半期以来日帝警察が李載裕を検挙するのに総力を傾けていた過程でこれらの組織が明らかになったのだ。[29] すなわち八月一〇日権又成と鄭載轍が、[30] 前述したように安承楽が九月下旬に、続いて金承塤が一一月七日の特別警戒中に[31]検挙されたのである。検挙以後、公判廷で金承塤を除いて彼等は概ね自らの「犯罪事実」を否認した。例えば安承楽は自分が薬剤師として中央医院に勤務したことはあるが、実践運動に従事しなかったし運動資金を提供したこともなかったと主張し、鄭載轍や権又成は、共産主義運動と純粋な労働運動は区別しなければならないとして予審終決書の内容を否定した。[32]

三、金熙星の運動

次に金熙星の運動部分を見ることにしよう。[33] 前に述べたように金熙星は安承楽の指導下で運動していたが、一九三五年九月以来引き続く警察の検挙を避け活動を継続した。逃走以後彼は黄金洞五丁目にアジトを置き李丙嬉と同居しながら朴仁善、白潤赫などとともに各工場と学校を中心に活動した。主要な内容を見ると、まず永登浦で崔秉稷を通して鉄道局京城工場の中に魯一《ロ・イル》他六名、朴温《パク・オン》を通して和新商店内に崔今順《チェ・グムスン》他二名、金庚柱《キム・ギョンジュ》を通して街頭分子である金声哲《キム・ソンチョル》他三名を、閔泰福《ミン・テボク》などを通して朴寅椿《パク・インチュン》他四名の自由労働者を獲得した。この他にも文庸培《ムン・ヨンベ》を獲得し、昭和工業、永登浦製糸工場などに左翼グループを結成するため工場内の労働者を教育、指導した。また具体的内容はわからないが、朝鮮製糸、大昌絹織工場などの女工たちと一定の連係をもって活動した。あわせて平壌では李鐘徳《イ・ジョンドク》他五名を獲得した。学生運動では京城電気学校、中央基督教青年会学校などで崔浩極《チェ・ホグク》などを獲得して活動した。李載裕の第一期運動と権栄台の赤色労組準備会に参加したことがあり、当時京電の職工だった尹淳達《ユン・スンダル》は、朴仁善、白潤赫等との交渉により一〇〇〇余円の大金を運動資金として提供した。以上の下部組織を基礎に、金熙星は朴仁善、白潤赫等とともにコミンテルン路線との連係を目的に「連結点」という秘密結社を組織したというが、それ以上の具体的内容は不明だ。

金熙星グループはソウルの非合法運動がほぼ全滅状態に陥っていた情勢下で、国際共産党の指導を受ける伝統路線に立脚した運動を標榜して李載裕グループを派閥と罵倒し、これに対立して組織競争を繰り広げた。李載裕路線に対するこのような対立的認識は、既に見た金承塤などの運動者たちも共有していたことだった。前述したように、当時李載裕グループは運動線の統一を当面の課題と設定して集中的努力を傾けたが、結局挫折してしまった。警察の捜査記録により判断すると、前の金承塤などに比べ金熙星の運動は相対的に多くの工場と学校に大衆的基盤を持っていた。しかし彼等は原則と闘争を通して結合した活動家たちというより、親族関係と縁故により寄せ集められたものに過ぎなかった。あるいは運動に参加するかどうかを打診するために接触した人々を含んでいる。李載裕が検挙された一九三六年一二月末に引き続き検挙された金熙星の組織は、関連者が四五名に至る多数に達したが、この中で七名のみ起訴され、一九三九年四月七日に開かれた公判で金熙星と朴仁善がそれぞれ懲役二年と三年を宣告されたのを除くと、全員執行猶予で釈放された[34]こともこのような脈絡から理解できるだろう。

今まで見てきたように、権栄台の後継組織形態で展開された金承塤と金熙星の組織は、人的側面から李載裕の運動で活動した多くの運動者を同時に包含していた。特に鄭載轍の運動部分で卞奇学と金福今・金萬基・孟桂妊、安昌大の運動部分で鄭七星・許マリア・金明順《キム・ミョンスン》、安承楽の運動で柳海吉などがそうだ。この他にも姜貴男《カン・グィナム》や安承楽・金熙星などは李載裕と一定の交流があった。権又成と鄭載轍の赤色労組事件を検挙した警察は、この事件を李載裕が指導した事件と見て李載裕等一六名を書類上で一緒に送致した[35]こともこのためだ。同じ脈絡から今まで見てきたこととは反対の場合であるが、李載裕組織も権栄台の後継組織から運動者を獲得した。徐球源《ソ・グウォン》や崔浩極などがその例として挙げられるだろう。[36]この時期の李載裕は徐球源を一旦獲得した後、再び徐球源を通して崔浩極を包摂したが、この過程を崔浩極の調書を通して具体的に見てみよう。

本来崔浩極は、コムグループで朴仁善の直接的指導下で活動していた。そのうち二人の間でしばらく連絡が途絶したが、この間に徐球源が崔浩極を訪問した。一九三六年六月末、崔浩極は「二四、二五才の上着なしの洋服を着た朝鮮人の青年」の訪問を受けた。彼が徐球源であったが、彼は内密な話があるので適当な場所を案内してくれと言った。崔浩極は彼が運動者だと判断し、同時に朴仁善側から送ったのだろうと思った。簡単な自己紹介をして、徐球源は朝鮮の革命運動と革命的階級戦線の状態から話しを切り出した。次にソウル地域では、革命的階級運動としては李載裕の京城再建と権栄台のコムグループの残りの部分がそれぞれ活動しているという事実に言及した。このように運動力量が散在しているのでその力は非常に微弱で、これは国内の現実としてはもちろん、国際的に見ても階級的に容認することはできない。このような点から、徐球源は残った二つの部分を統一して効果的に闘争を展開することが、運動者が当面している先決問題だということを指摘した後、自分は自分が活動した部分を李載裕の運動に統一し、その統一された部分で今活動していることを明らかにした。したがって革命的階級戦線も現実に照らし、自分たちの統一された部分と崔浩極が活動した部分を統一し、その統一された部分で提携して運動を展開しようと勧誘したのである。

李載裕の線から来たという言葉を直接に聞いた崔浩極は相当な衝撃を受けたようだ。なぜならば、崔浩極は金熙星や朴仁善などコムグループ運動者の指導を受けながら「コムグループが正しく李載裕などの運動は派閥」という言葉を常に聞いており、またそのように信じて来たからだ。呆然としている崔浩極に徐球源は、京城再建が世間で言うような派閥ではないことは今後の接触を通して自然にわかることゆえ、その点は心配する必要は無いと繰り返し強調した。崔浩極は自分は今までコムグループの線でのみ李載裕に対する批判を聞いて来て、李載裕グループからは聞いてみたことがないので、彼等の正体を知るために自分が直接入ってその内容を検討してみるのが良いだろうと考えた。自分は今指導者（朴仁善）から離れている状態であり、自分の活動した部分は残して自分が単独で入れば構わないだろうし、また李載裕の線が正しいと思われれば、その時自分の活動した部分を李載裕の運動部分へ統一すれば良いと判断したのだ。

こうして崔浩極は徐球源に、自分は革命的に価値がある者でもなく、今まで私的な生活をして来たために革命的収穫は何もないが、よい指導者がいてよく指導してくれれば、その指導下で階級的に活動してみるという意思を表明した。徐球源は「活動した部分がないわけではないけれど、ともあれそれは良い」と言い「今後は互いに李載裕の統一された部分で会おう」と言った。ここで李載裕の統一された部分で会おうというのは、まさに李載裕のトロイカ方式を徐球源が表現したものだと考えられる。すなわちそれは「私（徐球源）が君（崔浩極）を指導すると露骨に言わずに、君も私もみなの京城再建グループに統一されたので、お互い今後京城再建グループの運動者として協力して行くため必要な連絡をして助け合って運動を進」めるということだった。

一回目の会合があってから二、三日後に二人は再び会った。二回目の会合で徐球源は崔浩極に、李載裕の線で活動するとしたらどの部門で闘争するのか、またこの闘争に対して何か条件があるのか聞いてきた。このような接近方式もまたトロイカ方式の表現だ。李載裕自身の表現を借りれば「自身の自由意志により接触する人々の間には制裁」などは無く、したがって「運動部門を誰かが指定するのでもなく各自が別々に活動[37]」するのである。また第二期京城再建グループで指導者と学生部、労働部の部署別責任を「決めたのは事実か」という検事の尋問に対し、李載裕が「部署はなく」それぞれの運動関係に従って「自然にその方面の話をし運動をした[38]」のだと述べたのも同じ脈絡で理解される。このようにそれぞれの運動者が相互対等な条件で部門運動に参加しながら、相手の既存活動領域と意思を尊重する方式は他の運動ではほとんど見つけることはできない。例えば一九三一年京城学生ＲＳ協議会運動で労働運動部門への進出を希望していた崔台龍《チェ・テリョン》に対して、金三奎《キム・サムギュ》と李平山《イ・ピョンサン》は学生運動を指導することを指示したし、[39]安昌大を通して安承楽の指導を受けていた崔成浩は、自分が獲得した労働者を安昌大に引き渡し全的にインテリ部門の同志を獲得せよとの命令を受けた。[40]革命運動で運動者の活動領域と部署及び任務の配置・決定は、指導部の協議や判断に任された固有事項だった。指導者により運動者の部署配置と活動領域及び任務などが割り当てられた運動の一般的慣行に照らして見る時、このようなトロイカ方式は相当に異例的だと言えるだろう。

ともあれ徐球源のこの質問に対して崔浩極は、自分は学生であり活動は学生運動ですべきだろうから、学校が京城商工学院なのでまず商工学院を中心にすると言った。そして崔浩極は、自分は闘争経験がないので運動のための適切な方針を受けたいとの意思表示をした。彼が方針を要求したのは、自分が属していたコムグループでは適切な方針がなくそのため運動が活発でなかったと考え、李載裕グループに適当な方針があるのかを聞いてみて、それをもって派閥であるかの判断をしようとしたためだ。このように自分が属しているコムグループに良い方針が無くこれが運動の沈滞をもたらした主要要因と考え、「適当な方針」の有無により派閥であるかを判断しようとしたことは注目される点だ。当時の運動者は単純な人脈や地縁、縁故などにより派閥を形成したのではなく、理論的方針に立脚して離合集散を繰り返しながら、実質的に派閥の様相を克服する過程を窺い知ることができるためだ。以後崔浩極は『学生基準』、『自己批判書』などを中心にして徐球源の指導を受けながら、「李載裕の運動は今まで考えて来たコムグループで批判するような派閥でなく、これを批判しているコムグループこそむしろ方針がないので運動が萎縮する」との結論に至った。

こうして崔浩極は、自分が朴仁善の線で活動した部分まで含めて京城再建グループに統一することにし、自分が京城商工学院で梁成基《ヤン・ソンギ》、高柄澤《コ・ビョンテク》など四名の運動者を獲得したと報告したのである。このように李載裕は、金熙星組織と関係があった運動者たちを自分の組織内に吸収・統一していった。こうした方式で獲得した運動者の範囲がどの程度なのかは明白ではないが、最終判決を受けた七名を見ると徐球源と崔浩極、梁成基、高柄澤、関泰福五名[41]がこの範疇に含まれうる。

四、李圭渉《イ・ギュソプ》の運動

最後に、この時期にコムグループとは関係なく永登浦を中心に独自的に活動していた李圭渉などの運動を具体的に検討することにしよう。[42] 当時永登浦地域は各種の工場が三〇余、労働者数が一万名を超えており、これに建設工事場で働く自由労働者まで合わせると、一万五〇〇〇余名に達する巨大な労働群から成る朝鮮有数の工場地帯だった。労働者は地元民はまれで大概全国各地から押し寄せた人々であり、工場寄宿舎に収容された一部少数の労働者を除くと、一般の民家で部屋を借りて住んだりあるいは飯場や穴蔵などに居住した。従って住居の永続性はほとんどなく、職場の移動もまた頻繁であるので、警察の監視や追撃から相対的に自由である利点があった。李載裕や権栄台グループなどの運動で既に見たように、一九三〇年初期以来永登浦はソウルにおける運動の中心地かつ地下組織の根拠地だったのみならず、時には運動者たちに良い逃避所を提供もした。李圭渉の運動もこのような背景で展開されたものだった。

今まで見た大部分の運動は、ソウルを根拠地にして他の地域に運動力量を拡大したり、あるいは他の地域との連係を確立しようとしたのだが、この運動は逆に、地方に根拠を置きソウルに進出したという点が特徴的だ。中心人物の李圭渉は「熾烈な民族共産主義者」で、咸南の洪原で一九三四年夏、朝鮮共産青年同盟再建の一環として陳鳳洙《チン・ボンス》などが主導して組織した洪原赤色農民組合組織準備委員会に加盟し活動した。彼が洪原農民運動の分派運動をソウルで展開することにしたのは指導・教育を受けた陳鳳洙との協議からだというが、窮極的には全国的次元の党再建を目標にソウルに進出したものと推定される。一九三五年二月上旬にソウルに来た彼は、自由労働をしながら情勢把握をした結果、永登浦の工場地帯が運動に良い条件を備えていると判断し、道林洞に部屋を借り永登浦の各工事場を転々としながら運動者の獲得に努力した。この結果三月下旬に至り、彼は同宿していた李奎漢《イ・ギュハン》と黄敬洙《ファン・ギョンス》の二人を獲得するのに成功した。李圭渉は彼等に「われわれが今日いくら働いてもその日の暮らしが困窮しているのは資本家がわれわれの利益を搾取するからであり、これは現在の社会制度が悪いのでわれわれはこの制度を打破し万人平等の利益を享受する新しい社会を建設することに努力しなければならない」と言って無産者の団結と資本家に対する闘争を強調し、彼等の共感を得た。このようにある程度運動が進展するや、彼は自分が指導していた洪原の運動者たちをソウルに呼び寄せた。その時期は彼がソウルに進出してまもない二月上旬だった。こうして一九三三年一二月以後李圭渉の指導を受け洪原で「優秀な尖鋭闘士として同志たちの信頼を受けていた」金亨得《キム・ヒョンドゥク》始め陳秀根《チン・スグン》、李中龍《イ・ジュンニョン》(43)が順に上京した。

しかし彼等の運動は特別な進展を示さなかった。そうした局面を打破するため彼等は責任分担区域を定め、金亨得、李中龍、陳秀根が龍山地域を、李圭渉、黄敬洙、李奎漢が永登浦地域を担当することにし、毎月二円づつの運動資金を拠出して活動することにした。このように活動を継続している中、中心人物の李圭渉と金亨得が生活費と運動資金の関係で不和状態に陥り、運動は中止してしまった。一九三六年五月一日メーデー記念会合で軋轢はさらに露骨になり、同月下旬金亨得は阿峴洞に移住し単独で活動を始め、これと前後して陳秀根も洪原に戻ってしまった。こうして七月中旬には李圭渉が後継運動を李中龍と李奎漢に任せて帰郷してしまい、運動は事実上中止になったと言える。

今まで見てきたように、この運動の最も大きな特色は、地方運動の延長線上でソウル地域に一定の拠点を確保しようという試みの一環として展開された点である。つまり洪原を中心地としてソウルで分派運動を展開したのだが、それにもかかわらず運動方針に対する協議や連絡以外に具体的な交流関係がほとんど無かった。一九三六年五月下旬、李圭渉が陳鳳洙から洪原農組準備委員会の機関紙『火焔』一部を送ってもらったのがそのすべてだといえる。これを回し読んだ李圭渉たちは、ソウルでこの体制に準じた党機関紙の発刊計画を立てたが資金関係で実現できなかった。組織的側面から見れば、三〇年代後半になるほど運動者たちは、例えば赤色労働組合準備委員会のような具体的組織を結成しないことが趨勢になった。過酷な日帝の弾圧と監視の下で組織を結成することは、多くの苦労とともに命を懸けた犠牲が要求されるものであり、また運動の基盤が狭隘な状況で、少数の運動者たちでわざわざ組織を結成する必要も無かったためだ。このような点を考慮すると大部分の組織がそうであったように、李圭渉らも非合法労組を結成することを協議したにすぎず、永登浦赤色労組準備委員会という組織を結成したとは言うが、警察で捜査の便宜とでっちあげのために付けた蓋然性が高いと言える。このように組織結成の段階まで行かなかったとしても、当時の運動者たちは非合法状況下これに準ずる秘密結社を作って活動しており、窮極的には党再建を展望していたという点で、自身たちの活動を党活動の延長と認識していた。このような点で赤色労働組合準備委員会は実際の組織的実体はなかったが、擬似組織だったと言える。彼等が活動した時期は前述金熙星グループが活動した時期と部分的に重複するが、両運動間の交流は少なくとも資料上では確認できない。このように永登浦一帯が本格的な工場地帯に変貌する三〇年代中盤以後、いわゆる李圭渉グループで見たように、横の連関関係はほとんど断絶されたまま小規模の運動団体が散在し分散的に運動を展開していたのである。

第八部　李載裕以後の運動

一九三六年一二月二五日に李載裕《イ・ジェユ》が検挙され、続いて金熙星《キム・フィソン》が主導した京城コムグループの後継組織も検挙され、ソウル地方の運動の二大組織がみな瓦解した。以後ソウルでは一九三七年に李観述《イ・グワンスル》、朴鎮洪《パク・チンホン》、孔成檜《コン・ソンフェ》などが主導したグループが形成されたが、李観述が警察に追われる身になり、朴鎮洪、孔成檜が逮捕されそれ以上の進展は見られなかった。このグループはたとえ明確な組織的実体を備えていなかったにしても、二年後の一九三九年に各派の運動者を網羅したいわゆる京城コムグループが組織される端緒を提供した。グループの性格という側面から見ると、一九三七年の運動は一九三三年から一九三四年にかけて李載裕グループで活動した運動者が出獄して展開した運動だった。植民地警察が作成した資料によれば、(1)この運動の関連者は李観述、朴鎮洪、孔元檜《コン・ウォンフェ》、金舜鎮《キム・スンジン》、李順今《イ・スングム》、安炳春《アン・ビョンチュン》、金在善《キム・ジェソン》、李成学《イ・ソンハク》、南男徳《ナム・ナムドク》、趙秉穆《チョ・ビョンモク》の一〇人である。既に見たように、この中で孔元檜、李成学、南男徳を除く七人が、特に李載裕グループの第一期トロイカ時期と関連した運動者だった。したがってこの運動は李載裕の京城準備グループの後継組織としての地位を持って展開したと見られる。(2)

一九三五年一月朴英出《パク・ヨンチュル》と共に検挙された朴鎮洪は、一年六か月の刑を服役して一九三七年五月に釈放された。出獄後彼女は、警察の監視下の不自由な状態で色々な運動者と接触しながら運動の再開を模索した。出獄後彼女が最も早く接触した人物は一九三二年赤衛隊運動を主導した孔元檜と、(3)彼の弟でありかつて李載裕グループで一緒に活動した孔成檜だった。(4)六月上旬に彼等に会った後、続いて六月下旬には自分と一緒に検挙され、同じ刑期を服役し同時に釈放された金舜鎮に会い、その翌日金舜鎮の依頼によって刑務所から出獄したばかりの安炳春を(5)訪問した。また孔成檜も金舜鎮と安炳春および一九三一年慎弦重《シン・ヒョンジュン》などの京城帝大反帝運動に関連した李成学、そしてコムグループ系列の権又成《クォン・ウソン》の運動に関連した鄭龍鳳《チョン・ヨンボン》(6)などと接触した。この他にも孔成檜は、趙東源《チョ・ドンウォン》、朴源柱《パク・ウォンジュ》、潘衆圭《パン・ジュンギュ》、金漢声《キム・ハンソン》、林仁植《イム・インシク》(林和《イム・ファ》)、柳海吉《ユ・ヘギル》などと接触した。出獄直後朴鎮洪に会った安炳春は彼女の仲介で一九三七年七月七日以来李観述と数回にわたって会い、李載裕の『自分批判文』と運動資金などを渡された。以後李観述とは事実上連絡が断絶した状態で彼は金舜鎮と密接な関連を持って運動を展開するが、この他にも権栄台《クォン・ヨンテ》のグループでメーデー檄文を龍山工作所に撒布するなどの活動をした崔慶玉《チェ・ギョンオク》（前述）や金喜鎮《キム・フィジン》などと提携、活動した。

　このように一九三七年のこのグループは、以前にソウル地域の運動に関連した多様なグループの運動者を網羅していた。以前の運動で部分的に見られたこのような現象は、李載裕の予測のとおり運動の進展により順次派閥が克服される様相を示しているといえる。しかしこのグループで採択した最終方針は、李載裕自身を「派閥分子」と規定する逆説的な結果を産んだ。したがってこのグループは初めは李載裕グループの後継運動から出発したが、後には李載裕グループの運動を「派閥」と規定し、「国際線の権威」を認めることにより国際線と連絡があった権栄台グループを正統と認める京城コムグループの結成を媒介する役割をした。

　この過程をもう少し具体的に見よう。このグループに網羅された運動者は数回の会合を持ち、李載裕運動の評価を巡り熱気を帯びた討論を繰り広げた。運動方針を樹立する問題と密接に関連したこの問題に関する議論は、運動の内部構成員が多様だったため熾烈な様相を帯びて展開された。まずこの運動の指導者格といえる孔元檜はこの問題に対し非常に慎重かつ柔軟な姿勢で接近した。すなわち一九三七年六月上旬朴鎮洪に会った場で、この問題を判断するには客観的立場で事実を把握し慎重かつ厳密に検討しなければならないという前提の下、過去李載裕の運動が直接的に派閥だと断定するのは難しいという見解を表明したのである。派閥問題は朝鮮に思想運動が始まって以来続いてきた問題であり、その根本原因は「不純分子の英雄的気分」と「自分の功利主義」に胚胎したものと見ているためである。すなわち少なくとも李載裕が英雄主義や利己心のような動機から運動をしたのではないということだ。しかし彼は李載裕の運動が派閥の疑惑が全くないとはしなかった。権栄台が国際党から来た正統派として、朝鮮内で運動した他の路線を派閥だと排斥したことが正しくなかったように、李載裕が国内で相当な運動の基盤と勢力を持っているとして国際線との提携を理由なく拒否したことは正しい態度でないと考えたのである。孔元檜はこのような原則論的見解を表明しながらも、李載裕が権栄台との提携を理由なく拒否したかに関しては正確な情報を入手できなかった。従ってこの問題に関する彼の見解は曖昧で不明確だったが、同じ年一〇月頃最終的には、一九二八年コミンテルンの一二月テーゼ以来李載裕運動に達するまで朝鮮の運動は派閥で一貫したのであり、李観述もその一派に過ぎないという結論に達した。(7)

次に出獄直後朴鎮洪の訪問を受けた安炳春は、刑務所生活の苦痛や李景仙《イ・ギョンソン》、李順今などの近況などに関して日常的な話をやりとりした場で、李載裕運動の評価を巡って彼女と論争を繰り広げた。安炳春は李載裕がコムグループとの統一問題で曖昧な立場を保っただけでなく、自身が危険に直面しながらも二年もの間ソウル近郊に潜伏したのは、自分が獲得した部分を他の指導者に奪われることを憂慮したためだと主張した。合わせて一九三六年の運動でも李載裕の方針が具体的でなかったこと、太労の説明に攻撃的だったことなど(8)を総合してみる時、彼の運動は派閥だったと主張した。安炳春のこのような主張は、前の孔元檜の評価とは異なり李載裕の運動を英雄主義や功名心の観点から判断していることを意味する。これに対し朴鎮洪は、事実はこれと正反対に李載裕は戦線統一に熱心なあまりソウル近郊にとどまったのであり、自分が指導した部分を他の指導者に奪われることを憂慮したためではないと反論した。(9)

自身の主張にもかかわらず、朴鎮洪はこの問題に関して自信がなかったのかも知れない。「情勢把握と運動方針の樹立」のために彼女が李観述(10)と会うために努力したことは、このような脈絡から理解されなければならないだろう。一方李観述は李載裕が検挙された後、倉洞のアジトから脱出してから「雑貨箱を背負いひげを伸ばし髪を刈り」洪川、麟蹄などの江原道と慶尚道などを転々としながら、隠遁生活を継続した。そうするうちに一九三七年七月頃ソウルに上がってきて、永登浦で工場労働者の組織に着手した。(11)一九三七年七月一日朴鎮洪は李観述の連絡を持ってきたという二〇歳中盤のある運動者の訪問を受け[12]、翌日彼の案内で上道洞付近で市場に行く商人風に変装した李観述と会った。二人は番大方洞、新吉洞を経て、始興郡の新林里、奉天里の間を周回しながら会談した。この会合で朴鎮洪は出獄したばかりで具体的方針をたてられなかったため、李観述の指導を受けながら「李載裕の衣鉢を継ぎ、朝鮮共産党再建京城準備グループの拡大強化」のために努力することに合意した。また李観述は身辺に危険が差し迫っているので朴鎮洪と連絡し運動を指導することにして、朴鎮洪は連絡責任と運動者獲得の責任を引き受けることにした。運動者の獲得で二人は孔元檜と安炳春を対象に挙げて討議したが、特に孔元檜を指導者に引き込むことにして[13]朴鎮洪が二人の出逢いを周旋することにした。朴鎮洪は李観述に前述の孔元檜、安炳春らと討論した内容を伝達し、これに対する自分たちの見解を整理したであろう。そしてこのように整理された方針に立ち、李観述は自身が直接動いて彼らを獲得しようとしたと見られる。李観述は安炳春に対しては自身が直接接触して、李載裕の『自分批判文』などを彼に渡したが、孔元檜との接触は恐らく朴鎮洪に頼んだものと推定される。次いで七月一六日に朴鎮洪は、鷺梁津の電車終点で朝鮮総督府地質検査所に通じる漢江沿いの道路で李観述と二回目の会談をした。この日朴鎮洪は孔元檜と接触した結果を報告しながら、李観述と会う方法を具体的に議論したと考えられるが、警察の報告では朴鎮洪がその前日の七月一五日に李順今が釈放されたという事を知らせたとなっているだけだ。李観述自身の回顧によれば、自身が直接「工場に手をつけるのが難しくて」妹である李順今の出獄を待っていて朴鎮洪の斡旋で会ったという。これに伴い李観述と李順今の二人は七月一九日汝矣島の京城飛行場付近で会った[14]。李観述は当時を次のように回顧した。

　ところがおりしも漢江上流で豪雨が降り、川の水が増して渡っていく道がふさがれてしまった。それで仕方なく飛行場側に出て行き橋を渡っていて巡査に二人が捕えられてしまったが、当時はシナ事変（日中戦争——筆者）の真っ最中で巡査たちが私を中国スパイと疑うようになり派出所の中で一晩寝るようになったが、巡査たちの対話を聞くと危うい状態だった。彼らの話を聞くと、あいつらは日本語も知らないのできっと中国のスパイだから夜が明けたら永登浦高等係に渡そうというのだ。永登浦署には私の顔をよく知っている日本人刑事がいるので、行けばまちがいなく捕まるとぞっとして、しかたなく順今だけ残して私は逃亡することにした。なんとか派出所から逃亡して来たが川を渡るのが大ごとだ。幸いなことに以前に水泳をちょっと習っておいたので服を脱ぎ、ぐるぐるとくくって、頭にのせて水を渡った。どうにか渡って見ると頭にのせた服は全部水に流されてしまったので、それこそ素っ裸だった。しかし部屋を借りている家主の家に丸裸になって入ることもできず、そうかと言って夜中に裸で路上をさ迷うこともできず困ったことこの上なかった。幸い雨がとても強く降っている夜中で、家主の家の門を静かに入ってみるとひと気がないのですばやく自分の部屋に走って入り、服を着てまた飛び出し、夜明けを待ち、京城を発って、大田に行った。(15)

このように二人は警戒中の警察の検問を受けて逮捕されてしまったが、李観述は逃走するのに成功した。逮捕された李順今は、会った人の身元と会った目的などを述べろと苛酷な拷問を受け、朴鎮洪も京畿道警察部に連行され、同じように苛酷な取り調べにあった。かくして李観述と孔元檜の出逢いは実現されず、孔元檜が安炳春らと結び付き、彼等がこのグループの主導権を掌握した。これに伴い多様なグループの構成員から構成され、組織の内的結束力が微弱なため自分たちの運動方針を確立する必要を感じていた彼等は、李載裕グループの運動を派閥と規定し(16)自分らの正統性を国際線との連結に設定した。前にも述べたが、二年後京城コムグループが採択した運動方針の端緒がここで生じたのだ。

既に見たように、一九三〇年代ソウルの運動で対立的に活動した李載裕に代表される国内派と権栄台に代表される国際派の中で、運動の主導権は断然李載裕グループにあった。特に一九三〇年代中盤、革命運動の大衆的基盤と活力という点で、李載裕組織は他のどのグループよりも多彩で豊富な運動内容を持っていた。要するに李載裕グループの運動は日帝下非合法運動の花だったのである。[17] 独創的かつ主体的だった国内運動の伝統と自分たちの運動の遺産を、「派閥分子」という烙印を押して否定した彼等は架空の現実と手を結ぼうとした。李載裕自身も「国際共産党の系統的指導」を主張したことからわかるように、孤立した一九三〇年代の情勢で外部の国際共産主義運動力量にある程度依存するほかはなかったという事は認めるにしても、これは以後の運動が他律的で非主体的な事大的方式により展開されざるを得なかった必然性を予告するものだった。しかもこれは一九三〇年代後半以後、その時までとは異なり各国共産主義運動の自律性と独自性を保障する方向に世界的次元で革命運動の政策を転換したコミンテルンの方針とも真正面から逆行するものだった。人民戦線と表現されるこの方針によりコミンテルンは一九四三年に最終的に解体されたのである。

ともあれこのグループの残りの話を見てみることにしよう。警察に検挙されひとまず釈放された朴鎮洪は、七月二一日再び警察に逮捕され苛酷な拷問と虐待に苦しめられ、同年九月六日に起訴中止で釈放された。解放翌日の九月七日に彼女は孔元檜を訪問し、李観述と会って討論した内容を伝達した。前述したように李載裕の運動に対する評価が主要な内容であったろう。当時彼女は度重なる検挙と弾圧、監視により身辺の危険を極度に感じており、そのため非合法生活に潜伏することを模索していたようだ。孔元檜は、ひとまず釈放された状態なのであせらずに沈着を保ち、適当な機会を見て潜伏するのが良いと彼女に薦めた。現情勢の把握と関連して、孔元檜は一九三三年自身が刑務所から出獄した当時、各地方に大衆的ストライキ、小作争議、学校の盟休などが頻発していた時と今の情勢は全く違うという事を指摘した。すなわち現在はこのような動きが全くなく、表向ききわめて平穏な状態を維持しているが、その原因は満州事変により朝鮮人が満州に進出し弾圧と監視がより一層強化されたためだ。日中戦争が勃発して以来、極度の窮乏と恐慌状態に陥った農民らの日常的な不平不満は、弾圧により表面化せず潜在しているが、戦争が勃発して結局世界大戦に至れば日本は崩壊するしかなく、そうなれば朝鮮民族が立ち上がらねばならない絶好の機会が到来する。従って今このような情勢下で運動者はやたらに行動する時期ではないことを悟り、ひそかに運動者を獲得し資金を作り、すべての準備を整えて革命の時期を迎えるべきだという事を孔元檜は強調した[18]。

二人は以後にも数回の会合を繰り返しつつ、情勢を把握して運動者を獲得しようとした。情勢把握では、彼らは人民戦線理論に立脚し当時の世界情勢を説明しようとし、その一環として「中華民国の歴史的発展および現在の情勢」、「朝鮮の思想運動史」等に関する教育と指導もした。戦争末期の苛酷な弾圧と監視の下、非合法方式による出版物はすでに不可能だったため、情勢把握のため彼らが主に参考にした刊行物は日刊新聞をはじめとする『中央公論』、『日本評論』、『改造』などの日本語の合法出版物だった。運動者の獲得では朴鎮洪が印貞植《イン・ジョンシク》[19]と接触を続け、九月一〇日頃から南男徳[20]と数回会い、互いに提携し運動に進出することを協議し、彼女を通し趙秉穆[21]を紹介された。朴鎮洪は彼らを指導しながらその状況を孔元檜に報告した。これとともに彼女は運動資金を用意するため李順今の結婚を推し進める[22]こともした。

こうしているうち一九三七年一〇月一三日三青公園で会った二人は、一九三二年趙正来《チョ・ジョンネ》などの反帝同盟運動に関連した梁成灝《ヤン・ソンホ》と偶然に遭遇した。日帝のスパイ政策と関連し当時運動者中には日帝の手先がたくさんおり、特に思想転向者の場合は優先的警戒の対象になっていた。孔元檜は朴鎮洪を自身の妻といいその場を取り繕ったが、街頭連絡の現場を梁成灝に見られた以上秘密の暴露と身辺の危険を憂慮し、どこかに身を避け地下運動に入ることを協議した。しかし旅費などの資金がまずなかった。また相対的に経済的余裕があった李順今は地方に行っていたので他に術がなく、警察の動静を注目し、検挙の気配があればすぐに逃走することにした。まもなく孔元檜は朴鎮洪に金舜鎮と李順今の結婚を促し、運動資金を用意することを指示し故郷の統営に行った。孔成檜と一緒に朴鎮洪がこのことを推進している間にも李順今はまた京畿道警察部の取り調べを受け、金舜鎮は警察の家宅捜査を受けた。朴鎮洪にも刑事が訪ねて来た。身辺の危険が差し迫ったのを感じた朴鎮洪はこの問題を孔成檜と協議したが、旅費もなく下手をするとかえってことが露見するおそれもあるので当分の間見守ることにした。そのうちに朴鎮洪と金舜鎮も京畿道警察部に連行され取り調べを受けたが、特に嫌疑を探せなかった警察によりひとまず釈放されたが、一〇月中旬にまた検挙されてしまった。

今まで見たように、この運動は運動方針を協議し運動者間の連絡などをしたが、それ以上の進展は見られず中断してしまった。当時の新聞は孔成檜と孔元檜が永登浦などで同志を糾合する地下運動をし、李順今と朴鎮洪が重要工場に女工として潜入したと報道しているが[23]、実際には工場や学校などに大衆的基盤はほとんどなかったと見られる。李順今や朴鎮洪らは孔元檜を指導者に迎え入れソウル地域での運動の脈を継ごうと試みたが、これは指導者である孔元檜の力量不足により思いどおりに進まなかった。孔元檜自身が出獄以後すでに運動からある程度距離をおいているのみならず、「やたらに妄動する時期でないのを悟りすべての準備を整えて革命の時期を迎えなければならない」のような準備論の姿勢であり、指導者としての限界を露呈したためだ。

一方、一九三七年七月汝矣島飛行場から脱出した李観述は大田にきた後、この都市でひと夏を過ごし、李順今が検挙されたという消息を聞きまた大邱に居所を移した。大邱で彼は小さい惣菜店を営みながら、反戦反帝的な小グループ運動に関与し、一年ほどを過ごした。一九三八年秋李順今が出獄したという消息を聞いた彼は、水原の虹華門前で彼女に会った後また大邱に行き、翌年一月忠北の忠州で金三龍《キム・サムニョン》と会った。一九三九年忠州で李観述が金三龍をしばしば組織者として招き、張順明《チャン・スンミョン》、権五稷《クォン・オジク》、李鉉相《イ・ヒョンサン》などの運動者とともに京城コムグループを結成したのはここから由来しているのである[24]。

金三龍と会った後ソウルにきた李観述は、「里門町大昌織物工場にコムグループを作るのに成功し、五、六個の工場細胞と一〇個に近い街頭細胞を形成している間、その年（一九三九年）一二月永登浦に入る入口の曲がり角で暗号表示により」朴憲永《パク・ホニョン》に会った。ソウル地域で運動を継続していた李観述と、上海で逮捕され六年の宣告を受け一九三九年に出獄した朴憲永の出会いは事実上時間の問題であった。(25) 過去に李載裕グループで一緒に活動した李鉉相は監獄にいるとき朴憲永と知りあうようになり、李鉉相を通し朴憲永を知るようになった金三龍は「歴史もながく運動コースも正しい共産主義者が地下に潜伏」するのを助けることを李観述に依頼した。(26)

朴憲永と初めて会った時彼を知らないで会った金三龍と同様に、(27) 李観述もまた漠然と彼がうわさで聞いた朴憲永だと察した。「ひと目で彼は真実にあふれ接する人に信頼感を与えまた包容力に富んでいると直感した」(28) というのが朴憲永に対する李観述の第一印象だった。金三龍と李観述は永登浦に自転車に乗ってきた。三人はすぐに仁川公設市場で会うことを約束し、李観述が朴憲永に自身の自転車を貸してやり、金三龍と朴憲永が自転車に乗り約束場所に行き、李観述は鉄道で現地に到着した。金三龍を李胄相《イ・ジュサン》の家に送った李観述は、朴憲永と共に李順今の家に行った。(29) 共に夜を明かしながら、李観述は朴憲永に自身が誰なのか分かるかと尋ねた。大体見当がつくというのが朴憲永の返事だった。李観述は自身の今までの運動経歴を話し、自身が「李載裕とともに派閥運動をしたように言われるが、実際私はそのような考えからしたのではなく私は運動する意志はあったがその方法を知らなかったため李載裕に従ったのに過ぎない」と話し、「将来はあなたの方針に従い運動を継続したい」という意向を表明した。朴憲永は「今後互いに研究しながらしていこう」と言ったが、具体的な話は別にしなかった。(30) 翌朝ソウルに出て行く李観述は、朴憲永から帰り道に質屋に預けた自身の物を取り戻してくれという頼みを受けた。質札中に朱世竹《チュ・セジュク》という名前を発見した李観述は、自身と共に一晩過ごした人物が朴憲永だと確信した。朱世竹が朴憲永の妻という事を以前から知っていたためだ。(31)

朴憲永と会った李観述は、自身が李載裕と共に出版し一部ずつ持っていた『赤旗』を朴憲永に与え、京城コムグループでも機関紙『コミュニスト』を出版・刊行する責任を引き受け活動した。後に彼は咸鏡道に活動区域を移し、張順明などと共にそこで『赤い道』を出版するなどの活動をした。(32) 咸鏡道に活動区域を移した理由は、警察に顔が知られすぎソウル地方で活動するには多くの制約が伴ったためだった。清津に到着した後、李観述は張順明、金亨寛《キム・ヒョングワン》らと共に鉱山組織に着手する一方、興南地方の組織化に関与しながら山中に土窟を掘り『赤い道』などの出版物を刊行し始めた。また山中に隠れている運動者と共に武装パルチザン隊組織を準備・計画したが色々な理由で実現されなかったという。(33) これとともに、朴憲永はコミンテルンとの連絡を図るため、ロシアに行く道を開くために李観述をそちら側の地方に派遣しようとした。(34) 李観述自身の説明によれば、予審公判では自身が朴憲永に「私はソウルにいたくない。元々ソウルに来たのもしかたなく来たのであり、さらに李載裕が逮捕されたのもソウルを離れようとしなかったためだと皆が言っている」と言って移ったと述べたが、解放後の回想では、自分が「ソウルに来るとすぐに咸北から人がきて、朴同志（朴憲永）に咸北に行けということだった。しかしこちら（ソウル）の状況上朴同志が離れづらいので」自身が咸北に行くようになったと説明している。(35)

次に京城コムグループの具体的な組織実態を理解するには、李観述が予審公判で述べた内容が役に立つ。李観述が、朴憲永と会った後金三龍と共に三人が京城コムグループという結社を組織した事を否認したのは、否認のための否認でないかという予審判事の問いに、李観述は決してそうではないと答えた。自分らが集まって朝鮮共産党再建のためにあれこれ運動をしてきたので、そういう事実に対して結社ではないかと追及されるなら返す言葉はないが、実際に結社体を作ったとすれば「私たちの運動として互いの関係がもっと緊密化しなければならないと考える」というのだ。もし自身が総責任で金三龍が宣伝責任ならば、金三龍はいちいち私に運動状況を義務的に報告し、私がそれに批判を加え検討した後決定を下せば、金三龍はそれに従って行動するのが正しいだろうが、実際には、私が金三龍の仕事に全く関係がないわけではなかったが、彼も義務としていちいち私に話したことはなく、単に一緒に行っているだけであり、それも全部報告するわけでもなかった、というのが李観述の説明だった。これは朴憲永との場合にも同じで、自分が朴憲永に咸北であったことを話したのも、義務としてというよりは「言わば座談風に話しただけ」というものであった。[36]

予審判事の追及は続いた。李観述が朴憲永や金三龍と共に、朝鮮共産党再建に合わせて、その組織をいかなる方針にするのかを数回議論し、遅くとも一九四一年春頃までには、朝鮮に実在する共産党を組織する考えだったと図面まで描いたのではないか。これに対し李観述は、「鍾路署で図面のようなものを描けと言って参考書を貸してくれ、それを土台にかいたものだ」と答弁した。「考えたこともない組織論を警察で書けというので書けなくて、参考書でもあれば書けないこともない」と言ったらピャトニツキーの組織論[37]の付録にあるようないくつかの図面を持ってきて、それで「その図面をあれこれ組み合わせて、一つの図面を描きそれを解説した文も書いた」というのだ。それが私の組織論となっているが、それは「抽象的で一般的なものであり、大体どこでも適用できるものであり朝鮮の特殊な事情は全く加味されていない」というのが李観述の説明だった。[38]

京城コムグループの組織に対する李観述の陳述は、尋問と裁判過程で提起された「嫌疑」から抜け出そうとする偽りの陳述の可能性もあった。しかし一九三〇年代初期以来、少数の運動者が上からの組織をまず結成した党再建運動の失敗と誤りに対する反省から、以後の革命的労働・農民運動では党組織をまず結成することよりは農村と工場で大衆的基盤を構築しようとすることが運動の大勢になった。李載裕はトロイカ方式を通してそれを典型的方式として発展させたのだが、京城コムグループの組織方式でもその片鱗をかいま見ることができた。すなわち義務的報告と批判的検討という公式過程よりは、互いの領域で共に仕事をしながら、あったことを話す程度の「座談式」組織形態を維持したということだ。下部の運動者の間で、あるいは他の運動線との接触では往々にしてそれが公式組織と誤認されたりもしたが、実際は運動者は警察の捜査記録で示された厳格な組織系統よりは柔軟で緩い形態の組織の中で運動をしたのである。

ここで京城コムグループでの李観述の活動の話を終えることにしよう。咸北で活動した李観述は一九四〇年一二月にソウルに上がってきた。この時期ソウルでは金三龍らが西大門警察署に逮捕されるいわゆる「西大門署事件」が繰り広げられていた。事態は急激に変わった。一方では金三龍が逮捕されたかの真偽もはっきりと調べなければならず、他の運動者に知らせ被害を最小化する方向で事態を収拾する必要もあった。そのような渦中でも南部地方の運動者との連絡を確認しなければならならず、狭まる捜査網から逃避する資金も用意しなければならなかった。このような事で奔走していた李観述は、一九四一年一月七日苑洞の金台俊《キム・テジュン》宅を訪問し、潜伏していた警察に逮捕されてしまった。李観述が逮捕された後、潜伏した朴憲永が光州のレンガ工場で人夫として仕事をする間、李観述は「いわゆる大東亜戦争中の残酷な監獄状態」の獄中生活を送った後、刑執行停止により出て来てまた逃走し、「鋳掛け屋の使いになり、全羅道の山中で村人の釜を直して回っていて」八・一五解放を迎えた。(39)

第九部　李載裕と日帝下変革運動

一、民族問題と階級問題

一九二〇年代朝鮮社会主義運動は、その克服過程に注目するにしても、全般的に見て民族的課題よりは階級的観点を優位においていたと評価できる。このような現象は、社会主義理念の伝統がとるにたりなかったこと、知識人と青年学生のプチブルジョア階級がこの理念の主要な担い手であったこと、植民地民族運動の限界に対する反発と批判、などの理由から説明できる。こうした偏向は特に一九二〇年代後半以後、民族改良主義が急速に堕落する状況を背景に一層強まった。この時期に民族主義は民族改良主義に、さらに時には親日買弁と同一視する雰囲気が公然とつくりだされた。

何よりもこの時期の世界革命運動は、革命力量の結集に否定的影響を及ぼした「左偏向」の大きな流れの中にあった。西欧では社会民主主義者がファシズムに協調する一方、植民地・半植民地では民族ブルジョアジーが帝国主義に加担する情勢が造成されたのを背景に、コミンテルンが採択したいわゆる「階級対階級」戦術[1]がこれを代表したのであった。これにより、革命的路線は、ベトナムなど東南アジア国家の民族解放運動では「選択の問題ではなく唯一の道」[2]とされ、二〇～三〇年代ヨーロッパ知識人もやはり、戦争とロシア革命、大恐慌、政治的混乱、ファシズムの台頭などの政治的経験下では同じような立場にたった。英国の有名な労働史家であるホブズボーム（E.J.Hobsbawm）は次のように告白している。

あのような状況で若いユダヤ系知識人が進むことのできる道とはなんだったろうか。どんな種類であれ自由主義者には決してなれない、なぜならば自由主義はもはや崩壊した世界だったからだ。……結局われわれは共産主義やそれに類似した形の革命的マルクス主義者になるか、そうでなければユダヤ民族主義であるシオニストになった。しかし大部分の若いシオニストの知識人は自らをある種の革命的マルクス主義的民族主義者と考えた。**実質的にそれ以外の選択の道は存在しなかった。われわれはブルジョア社会と資本主義に対しては未練は一切なかった。なぜならば資本主義が運命の最期に近づいているということは既にあまりにも明白な事実と見えたからだ。われわれは迷わず未来を選択し、その未来とは革命を意味した。**(3)

植民地朝鮮でのこのような状況は、日帝の巧妙な分割統治政策と選択的な弾圧によって、より複雑な様相を帯びた。李載裕《イ・ジェユ》はこれを次のように分析したことがある。すなわち三〇年代以後、治安維持法の改定や警察テロの強化のように労働大衆の経済的要求までも弾圧するならば、彼等は一定の犠牲と戦闘力を以って「半共産主義者」になり、また一定の非合法的活動方法をもって立ち上がるしかないだろう。一方彼等は中間的階級の運動をすべて没落させて、朝鮮内の政治情勢を変化させ、労働者と資本家の二大階級の対立をさらに尖鋭化させるだろうと見たのである。(4)このように民族ブルジョア階級の一部が帝国主義に加担して民族的要素を持った「中間的運動が没落」するにつれ、国内で変革運動が、民族独立の要求を解決しなければならないという課題をあわせもつほかになくなったのである。

日帝下の社会主義・共産主義者とその思想を理解するためには、まずこのような時代的状況を念頭において接近することが必要である。理想主義的な民族主義者として出発した李載裕が「民族主義者の冷淡、卑怯なことと、日帝との妥協」を見て、「ただ共産主義だけが階級の利益のみではなく民族解放においても唯一の指針であり正当な路線だ」という結論をえて共産主義者になったと述懐している事実は、ただ彼に限られたことではないだろう。この時期の共産主義者の大多数は、植民地下の民族的差別から出発したのであり、その基底には民族主義的思想が内在していた。李載裕もやはり例外ではなかった。

それでも李載裕は共産主義者だった。彼自身日帝の民族的差別と弾圧に憤慨し、民族の独立に対する強い熱望を持っていたにもかかわらず、独自な共産主義者と認められることを望んだ。マルクス・レーニン主義運動の理論と方式に立脚して彼は運動を始め、具体的実践を通してさらに完全なボルシェビキに成長した。コミンテルン執行委員クーシネン（O.Kusinen）が指摘したような、正統マルクス・レーニン主義者で主に党組織で活動した朝鮮人共産主義者によく見られる思想的混乱と不明瞭さ(5)は彼には無かった。このような点で彼がこの時期の共産主義者が持っていた一定の偏向的要素を共有していたことは明らかである。要するに彼はこの時期、大衆的基盤がとるにたらない状態で形成された、観念的で急進的な共産主義運動の文化的影響圏から完全には抜け出せなかったのである。合法と非合法の適当な結合は理論だけであり、実際には非合法中心の運動方式に頼らざるをえず、民族ブルジョアジーは「包摂」や協商の対象ではなく一貫して「打倒の対象」であったし、派閥の止揚と運動線の統一問題も、やはり持続的に追及したにもかかわらず遂に解決できなかった課題だった。

しかしこの時期の共産主義運動をこのように一方的に罵倒するだけにはいかないだろう。たとえ限界があったといえども、この運動は植民地の労働者・農民に対する献身という大義を標榜したほとんど唯一の代案であった。日帝の過酷な弾圧を背景に、時期と場所の変化はあったが、その運動がもっていた大衆的活力と影響は少なくなかった。反帝運動と民族革命の理想を秘めて、特に三〇年代以後多くの共産主義者が日帝によって逮捕、拷問、虐殺されたことも、逆にこの理想が日帝の植民地統治にどれほど脅威であったかを証明しているのである。このような点から、筆者は李載裕の民族問題に対する認識を強調したい。たとえそれが民族主義と共産主義という二つの理念の境界に設定されたものに過ぎないとはいえ、この時期の共産主義運動の流れにおいて、李載裕の民族問題に対する認識は独自の特性をもっていたのである。二〇年代中頃ソウルにきて、民族的差別待遇を経験して芽生えた李載裕の民族意識は、その後共産主義者として成長する思想的土壌となった。「初めはただ民族意識から朝鮮は独立しなければならないと考え」たが、「刑に服し出獄した後に共産主義者になって、朝鮮独立と共産制度の実現は同時になされねばならないと考え」たという記録からもこのことがよくわかる。すなわち「朝鮮赤化の手段として朝鮮の独立を希望」したのではなく「まず朝鮮の独立が根本問題と考えその趣旨で活動」(6)したのである。朝鮮を完全に独立国家にした後、搾取のない万民平等の朝鮮ソビエトを建設(7)するという主張もこのような脈絡で理解される。これにより自分の運動の基本目標として、ブルジョア民主主義革命の民族的性格を次のように強調したのだ。

だからと云つて、朝鮮は一定の発展段階としての民族革命即ちブルジョア民主主義革命がなくなるであらうか？　否ブルジョア民主主義的性質を帯びた革命でもなくて済むだらうか？　即ち朝鮮民族的立場に於ける政治、経済社会諸方面のブルジョア民主主義的革命がなくして済むだらうか？　否そこには必らず革命！民族革命があるべきだ。(8)

また李載裕は日本帝国主義の民族政策に対して最も強烈に批判し、これを抗拒した。他の誰よりも彼は「日帝の朝鮮侵略の本質と過程を卓越して把握(9)」していた。『赤旗』を始めとするパンフレット(10)で彼は、日本帝国主義が朝鮮特有の四千年の歴史と文化、血統までを略奪したのみならず、朝鮮人の言語、風俗、慣習、教育、歴史をも偽造・略奪・同化させようと強制していると辛らつに非難した。また学生運動においては、各学校の常用語を朝鮮語とすること、朝鮮の歴史の欺瞞的編纂絶対反対、朝鮮歴史の時間を増やすことなどを綱領に掲げ、指導方針では独立運動の方途に重点をおいて学生たちを教養しなければならないと主張した。彼の運動における朝鮮の独立思想に対する関心は、民族問題に関する多くの書籍を彼が渉猟していたことにも現われている。最終的に検挙された以後、獄中でもかれは朝鮮語使用禁止に反対する闘争を展開した。

従って李載裕が他の共産主義者と区別されることは、相当数の共産主義者が、現実的民族主義の無能力と限界に触発されてそれを民族改良主義と罵倒し、階級主義にだけ埋没していたのとは異なり、民族革命の観点を一貫して維持してきた事実だろう。特に三〇年代の非合法運動者の大部分が、階級問題を重視して民族問題を等閑視した事実に比べて、民族問題に対するこのような認識は当代最高の革命家という名声にふさわしいものだった。このように彼は革命的ゆえにこそ民族的であったのである。このような点で、彼は当代のどの運動者よりも民族問題に重大な関心をもっていたし、またこれを解決するために自身の生を捧げたのである。検事の尋問で、彼は自身の根本思想は共産主義思想だと表明し、共産主義社会をつくるのになぜ朝鮮の独立が必要なのか、との質問に対して次のように答えた。

私が朝鮮の独立を目的とするのは、日本から独立しなければ朝鮮はいつまでも共産主義国家となることはできず、またたとえ共産主義国家になったとしても日本的な共産主義国家になってしまうためだ。(11)

二、国内主義と国際主義

前に見たように李載裕の運動は、国内に基盤を置くいわゆる国内派運動として認識されて来た。彼の運動は結果的に、いわゆるコムグループなど国際派との競争関係を持っており、これを対象にして運動の統一を絶え間なく追及してきたことからもそのように言える。また、既に見たように彼の思想が、民族問題の解決という問題意識に徹底して立脚していたことも、これと無関係ではなかろう。李載裕が平素いつも、自分は決して海外へでないし、死ぬまで朝鮮におり、最後まで国内で活動するのだと言ったことも[12]これを反映しているのである。

このように彼の運動が国内に基盤を置く国内主義的運動であったという評価は、ひいてはコミンテルンなどのいわゆる国際線に対して彼が批判的で拒否的であったという見解につながっている。もちろんこれは、それ自体としてはある面で妥当性がある。たとえばモスクワ共産大学卒業生の親睦会を組織しようとの動きに対して、李載裕が示した態度に端的に現われる。李載裕が刑務所で服役していた当時は、モスクワ共産大学出身の運動者が大挙して朝鮮内に入って来ていたが、彼等の大部分はこれといった活動を見せないまま日帝に検挙されてしまった。このように分散的で統一が不可能であったため、一つの組織体を作り指導をすればどうかという意見が台頭し、組織体を持つのか持たないのか議論が粉々だったようだ。これに対し李載裕は、組織を持つ必要は無いとの反対論の立場を明白にした。またプロフィンテルン極東部から派遣された権栄台《クォン・ヨンテ》に対し、彼は警察の調書で「国際線だと自称する」[13]との修飾語をかならず加えたし、コミンテルン上海支部〔極東部〕の金丹冶《キム・ダニャ》の命を受け派遣された金炯善《キム・ヒョンソン》に対しても、彼は国際線から派遣されたという事実自体を疑っていたと陳述した[14]。このような事実は李載裕が国際線を拒否したとの嫌疑を呼ぶに充分だ。

しかし、このような不信は、当時の国際線との連係を保っている運動がもっていた限界と、それに対する李載裕の評価によるものであり、国際的指導や連帯自体を拒否したのでは決してなかった点を念頭に置く必要がある。彼が拒否したのは、たとえば権栄台グループで典型的に現われたように「コミンテルンコースの旗のもとに」を掲げ、国際線の権威を借りて君臨しようとする英雄主義的で権威主義的な態度だった。またこれと関連して、党再建運動過程に現われた国際路線に対する無批判的で盲目的な追従、教条的で硬直した理論の固守、主体的に運動方針を樹立できず外部の権威に依存しようとする安易な現実認識、大衆的基盤なしに少数の運動者で組織を結成し、一挙に革命を達成しようとする観念的で急進的な態度に批判的であった。

これより重要な事実は、コミンテルンを始めとする国際革命運動組織が、植民地朝鮮の運動に対して体系的で一貫した方針を効果的に提示し得なかったという点である。李載裕は、当時国際機関から派遣された多くの運動者を、直接会うかあるいは聞いて知っていた。例えばコミンテルン極東部から派遣されたという金炯善がいた。彼は上海で中国共産党関係者から指導を受けた金丹冶・朴憲永《パク・ホニョン》などと連結していた。権栄台はプロフィンテルン極東部から派遣されており、鎮甲範《シン・ガプボム》は国際党のレポ討議会に参加した。そうかと思うと鄭泰玉《チョン・テオク》や姜穆求《カン・モクク》は国際共産青年同盟東洋部の密命を帯びて来たし、さらには中国共産党満州省委員会や太平洋労働組合から派遣されたとか、あるいはモスクワ共産大学から輩出した無数の運動者がいた。

国内に入ってきた彼等の一部は、自分が派遣された機関の権威を笠に着て、運動者の前に君臨しようとした。多数の組織から派遣されてきた運動者間には運動線の重複があり、系統的な指導体系が確立されていなかった。また彼等が習ってきた朝鮮についての知識は、国内に入って運動を始める時に現実的な力にはならなかった。そこに日帝の老練な秘密警察と巧妙なスパイ政策がつけいった。こうした事情があったので、李載裕は「国際線の権威」を振りかざす運動者を信任しなかった。彼が信頼したのは、朝鮮の現実に対する主体的で具体的な運動方針であり、それこそが真正な意味において正当な国際路線であるのであった。当時の国際革命組織の力量から見て、李載裕のこうした期待は初めから無理であったかも知れないが、李載裕はともあれ「国際共産党の正当な指導と系統的連絡を定立すること」を自分のグループの当面の重要な組織的任務の一つに想定した。このような点を見ても、彼が国際線との提携を拒否したり、あるいは好意的でなかったというのは、反対派から出た悪意に満ちた謀略あるいは皮相的な観察によったものと言える。

第一部で言及したように、李載裕が挙げた派閥の基準を見ても、彼が国内主義と国際主義を均衡させて追及した運動者であった事実は容易に理解できる。例えば、彼は国際機関と連絡があると言って大衆の前に君臨して大衆を獲得しようとはしなかったし、また反対に大衆を多数獲得したとして、国際的連絡をまったく考慮せずに党を建設しようという、それぞれの傾向を批判しつつ、前者に対しては革命的闘争を通して誤謬を清算することを、後者に対しては国際路線の系統的指導を通した闘争の展開を勧めた。そのような主張にもかかわらず、彼はずっと国際線の権威を否定した「国内派」と罵倒され続け、国際機関から派遣された運動者は、しばしば彼の運動を「派閥」だというプリズムを通して見ようとした。このように当時の革命運動で国内主義と国際主義の間に対立的関係が造成されたのは、運動力量の大いなる損失であり不幸であった。李載裕が最終的に検挙され獄死したため、国内主義の主体的伝統は否定され、国際主義の路線が運動のヘゲモニーを掌握し、その状態は解放後南労党の時期まで持続された。

三、前衛と大衆

革命運動の伝統が取るに足らなかったことを背景に、党あるいは党的機関が大衆の中へ根をおろさず外部の権威に依存していた事情から、当時の運動者の大多数は観念的かつ権威的だった。数百年間の儒教的伝統の影響として、労働に対する一定の偏見と共に労働者に対する社会的距離感もまた、次第に克服されつつあったとはいえ厳然と存在した。労働者出身が少数で、知識人・学生が多数を占めていたこの時期の共産主義者たちでさえ、労働運動に対する大義にもかかわらず、そうした偏見の影響圏内にあった。前に見たように労働大衆の上に君臨して指導しようとする運動者の一方的な振る舞いはこのような脈絡から理解できる。大衆的基礎もなしに全国的組織を持ち、党を先に結成した後、労働者を単純に「獲得」の対象とのみ見なした三〇年代前半の無数の党再建運動でこのような事例はいくらでも見つけられる。

李載裕の運動はこれに対する批判から始まった。一九三二年末出獄し運動を始めた頃、かれは会う人ごとに、自身が労働者となり、工場に入って活動しなければならないと強調した。金三龍《キム・サムニョン》にも安炳春《アン・ビョンチュン》にもまた安承楽《アン・スンナク》にもそう言った。前衛として各運動者は自分が直接労働者となり労働大衆の中へ深く入り、大衆的基盤を準備しなければならないのである。これを通して前衛と大衆がたやすく分離されていた今までの欠点を克服し、大衆的党を結成することができると彼は考えた。大衆がいない党は死んだ党であり、運動者は直接工場へ入り、自由意思による運動者を獲得しなければならないというのが、李載裕の一貫した運動方針だった。

そしてこれが、まさに李載裕が独自に考え出したトロイカ組織方式である。各々の運動者が自身の自由意志により個人的に接触して大衆を獲得し、相当なグループが結成されたときに始めて組織を創るというこの理論は、当時支配的であった、いわゆるオルグによる中央集権の下向式組織方式とは対照をなした。レーニンのいわゆる民主集中制が、その後「民主」的要素が無視され、集中的要素だけが貫徹された状態でスターリン体制に移行した歴史的事実もこれと無関係ではなかろう。李載裕のトロイカ理論は、このような一方的な指導—被指導関係を否定して、指導すると同時に自身も指導されるという民主的性格をもっていた。トロイカにおいて、民主制が貫徹されるという平等の原理は二重的である。つまり、運動者間の関係を基本的に相互に対等なトロイカとして設定する。そして平等な関係にある運動者たちは労働大衆の中へ入って活動するが、この時両者の関係も対等である。大衆が前衛となり、前衛が大衆になるのである。労働者の意識化を通して前衛自身の意識が高揚され、前衛は一方的に指導することにとどまるのではなく、自らが大衆から指導を受けるのである。

このように李載裕は労働大衆の指導力を認定しつつ、彼等がもっている民衆的自律性と力動性を強調した。「偉大な人物一人が統一したからといって、革命が成就するものではない」という言葉に端的に表れているように、彼は労働大衆の主体性と自発性をほかの誰よりも重視したと言える。そして労働大衆に対するこのような信頼は、民衆に対する彼の深い愛情から生まれたのである。彼の運動の基底には、労働者・農民と都市貧民と娼婦にいたるまでの下層階級の民衆に対する関心と愛情があった。彼等の大多数は朝鮮人であり、この点で彼は民族的であり、また民衆的であった。たとえば彼は日本にいた時、朝鮮人女性を魔窟（私娼街――筆者）から救助した経験を話したことがある。[15] ソウルにきてからも彼は、新町、桃花町、並木町などで、親の暮らしのために幾年も身を売らなければならない幼い女性たちの苦しみを忘れなかった。「本当に幼い彼女等の肉を切り取って売るに等しい」悲惨な状態を告発しながら、このような公然たる人身売買は警察が助長しているだけでなく、一人売買するごとにいくらかづつの税金を取っていると痛烈に非難した。[16] このような人身売買の野蛮な状態は、郡是製糸、鐘紡紡績、片倉製糸などの大工場で働く女性労働者にも全く同じく適用され得る。わずか一〇余円で売られてきた彼女らは、六年、一〇年の契約で一度入ったら決して出て来られない。

初めの一、二年は喰ふだけで無報酬で十八、九時間労働に虐げられ、其の後は二十銭乃至三十銭で十年間働いても四十銭の賃銀を取る例はないのである。罰金制を設けて時には負債として月に二円位出る時もあるのであり、又彼等は監獄と少しも違はない寄宿舎に居つて一箇月一回しか外出することは出来ないし、出る時は監督者が付いて出るのである。彼等の食物は粟で丁度監獄と同じであり、其の一切の行動に於ける監督、殴打、拷問、懲罰等は監獄と違ふが衛生等に於いては返つて監獄が優位を占める位である。彼女等は何時でも八〇度以上の温室で仕事をするし、通風位の穴さえもない處で酷使される関係からか知らんが、私の経験だけでも一寸知られます、私は五年以上の職工を八名位知つて居つたが、今は只二人しか居なくして後の六名は皆死んだのである。私は早死すべきものばかり知つたのか？[17]

そうかと思えば、李載裕は楊州郡で自分が直接農民の生活状態を調査したという。彼等の耕地面積と生産方法、生産費などを土台に、彼は農民の一年総生産物が、小作料と肥料代、利子支払にも足らず、稲藁まで売らねばならない状況を具体的数値を通して提示した。ソウル付近のため稲藁の価格が高いので費用をやっと払える状態を、李載裕は「実に空想的な計算」に基づいたものだと断言する。なぜなら農民自身の生産費用は全く計算されていないからだ。具体的な分析を土台に彼等の生活状態を告発しながら彼は問う。「農民は喰はないのか？　他の時は喰はなくとも仕事の時は喰はねばならぬ。そうするとそれは何處から出るか？」。農民に対する愛情と信頼を土台に、植民統治下の悲惨な農民の生活像を、このように具体的に叙述した文章はおそらくほとんどないだろう。次の文章は丁若鏞《チョン・ヤギョン》が『牧民心書』で哀切に描写した農民の生活状態を連想させる。これは「近代化」された植民地農民生活の実像だったのだ。

農民の農業と云ふものは実に斯様な状態である、私は彼等に何時も農業をやつて足らないのを何うしてやるのかと聞く、彼等は賢くも農業をやるのは其の農産物を相手にしてやるのではないのです、あれをやらなければ東拓で債金をして下れないし、又隣家からの信用がなくなるから仕方なくやりますと。なる程そうである。故に農家の婦人は河川に出で草根を取るのが本職である。あ！　彼等は生に対する愛着性を放棄して居る！　何時どうするか知らない位である。(18)

四、理論と実践の統一

李載裕は優れた「理論家」ではなかったようだ。彼が直接書いた文を見ると、革命に対する熱情と民衆に対する愛情を感じるが、マルクス・レーニン主義概念を正確に駆使するとか、理論的に洗練されているという感じはしない。「理論闘争では往々にして正統派（コミンテルン等——引用者）の連中の方に優れた点が多く、それ故に彼（李載裕——引用者）自身が圧倒され勝ち」(19)であるという指摘は、このような脈絡からであろう。また第一期に革命的農民組合の組織方法を巡って李星出《イ・ソンチュル》と卞洪大《ピョン・ホンデ》が理論対立を繰り広げた時も、李載裕が「組織方法ハ其ノ時々ノ客観的事情ニ応シテ変ルヘキモノニシテ、予メ一定ノ方法ヲ以テ律スヘキモノニアラス」(20)と言ったことも適切な例になるだろう。このような点から見れば、李載裕が相対的に「理論に弱かった」と見ることもできよう。しかしこれは当時の客観的現実と運動情勢に対する正確な判断なしに、少数前衛分子の活動により当面革命の獲得を想定した、国際共産主義の運動系列に対して批判的だった李載裕の意識を反映するものだった。彼等を念頭に置いて、彼は検事の尋問で、朝鮮で実際運動者は彼等に対して「理論的指導を行える頭はあるが、実践には経験が無いと考え」ていると陳述した。(21)

このような点で、李載裕は理論に対する教条的で硬直した態度よりは、相当な程度の融通性と柔軟性をもって対せよというそれなりの「理論」を主張したのだと見ることもできる。また警察に押収された「押収金品総目録」で、李載裕が所持していた書籍を見れば、彼が大変に多くの本を渉猟していたのがわかる。京城帝大の教授だった三宅が李載裕に初めて会った時、「社会科学方面の研究を相当にした人物」との印象を受けたのはこの点から理解できる。この本の中には『進化論』などや『世界経済年報』あるいは『中央雑誌』などの資料や雑誌もあるが、いわゆる「左翼書籍」に分類されるものが大部分を占めている。そしてこれらはさらに幾つかの範疇に分類できるが、第一の範疇はマルクスとレーニンの原典だ。マルクスの書籍としては『共産党宣言』と『賃労働と資本』、レーニンのものとしては『何をすべきか』、『急進主義共産主義小児病』、『唯物論と経験批判論』、『協同組合について』などがあった。これと関連してこれらの書籍や思想を紹介・解説した書籍として『マルクス主義の綱領問題』、『ヴラディミール・イリッチ・レーニン』、『レーニン小文庫』、『レーニン学教科書』などが挙げられる。第二の範疇は民族問題に関する著作が挙げられるが、例えば『民族革命』、『レーニン主義と民族問題』、『朝鮮問題』などがそれだ。これらは植民地民族解放運動に対する彼の極めて高い関心を反映している。第三は世界情勢に対する認識と関連して『ファシズム研究』、『帝国主義論』、『修正主義に関して』などがあるが、これらから彼が多様な思想的潮流に対する該博な知識を持っていたと推定することができる。第四は国際主義路線に対する彼の関心を反映する本として『国際赤色労働組合一〇年史』、『ロシア大革命史』、『世界プロレタリア年表』などが挙げられる。この他にも前に言及したコミンテルン各大会の主要決定事項や論文集、一九二八年一二月テーゼ、あるいはコミンテルン執行委員会第一三次総会テーゼなどもこの範疇に含まれるだろう。最後の第五は具体的組織理論や戦略戦術に関する文献が挙げられる。例えば『党の組織構成』、『左翼農民運動組織論』、『再建後の左翼労働組合運動』、『ピャトニツキー論文集』、『ストライキ戦術』などがそれだ。この分野の多くの著作は特に第一期に李載裕が具体的な運動理論と方針を樹立するのに有用な知的源泉であったろう。

右の書籍の大多数は具体的な内容はもちろん、著者や使用言語などもわからない。彼が日本で大学教育を受けたという点、コミンテルンで発表した日本共産党の一九三二年テーゼを引用している点、コミンテルンで発表した日本（とドイツ）共産党の機関紙から暗示を受けたという点、および日本語の左翼書籍の入手が多少容易だったという点などを考慮してみると、使用言語は大部分日本語あるいは日本語への翻訳だったと推定される。さらに具体的連関関係は明らかにならなかったが、これは李載裕の運動が満州などを通した運動より、日本での運動とより親和力を持っていたものだろうという推定の根拠を提供するものだ。

正統理論に立った運動グループが実践運動でさして目立った成果を挙げられなかったのとは対照的に、李載裕は具体的実践で目覚しい活動を行ったとしばしば評価される。この本を通しても立証されたであろうが、日帝の御用新聞で「実践の巧みさに於ては如何なるリーダーも彼の足下にも及ばず」とか、あるいは解放以後に「中日事変以後最大の革命家」との評価を受けたの[22]はその良い例だ。しかし彼が活動した範囲と性格が明確に明らかにされなかったことを背景に、今日李載裕の運動に関心をよせる多くの人々は、彼に関する正確な評価ができなかったと筆者は考える。その結果彼の運動は実際より誇張され伝えられるか、甚だしくは神話化され受け入れられる傾向まであったのは事実だ。このようなことの全てが運動に対する正しい認識を妨げ、歴史を通して学ぶという態度に大きな障害をもたらしたのだ。従ってこのような偏向を正すために、われわれは次の幾つかの事実を考慮しなければならない。まず、李載裕は『自己批判文』を通して自身の運動方針を批判した。また李載裕グループの運動に参加した運動者たちも、やはり彼の運動方式を批判した。前にも言ったように、第二期「再建グループ」時期の一九三四年九月に朴鎮洪《パク・チンホン》は金福今《キム・ボククム》と会った場で、第一期の「京城トロイカ」を評価しながら、李載裕が部下同志と頻繁に接触し過ぎたために事件の全貌が露見したと批判した。[23]また李載裕が逮捕された後の一九三七年七月、孔成檜《コン・ソンフェ》もまた李載裕の運動を批判した。当時金舜鎮《キム・スンジン》を指導していた孔成檜は、李載裕の『自己批判文』を彼に渡しながら、李載裕の運動が失敗した原因として、李載裕が組織的訓練に不足していたこと、上部にいながら下部の同志に頻繁に接触し過ぎたことなどを挙げている。[24]このためこのグループは、最終的に李載裕の運動を派閥と規定したのである。

次にこれと関連して李載裕運動の範囲が過度に誇張されたり、あるいは漠然と推測されてきた点も、厳密に検討する必要がある。日帝の報告によると、一九三四年以来李載裕が関与した運動の関係者として警察が検挙取調した数は大略五〇〇余名に達し、この事件で送検された人数が二五〇余名、起訴者が七〇余名と言われた。(25) これは同じ資料の末尾に添付されている表によったものであるが、これを分析してみると数値算出の根拠を明らかにすることができる。つまり権栄台の共産主義者グループ関係人員八六名、李載裕の京城トロイカ関係人員一八〇名、崔善珪《チェ・ソンギュ》・崔燉根《チェ・ドングン》・金徳煥《キム・ドクファン》などを指導者にした江陵再建事件関係人員三〇名、李載裕・李観述《イ・グワンスル》・朴英出《パク・ヨンチュル》などの再建グループ三三名、金潤会《キム・ユンフェ》・兪順熙《ユ・スンフィ》・沈桂月《シム・ゲウォル》などの協議会関係九名、権又成《クォン・ウソン》・鄭載轍《チョン・ジェチョル》・安龍鳳《アン・ヨンボン》などの革命的労働組合運動二四名、金承塤《キム・スンフン》・金順萬《キム・スンマン》・権又成などが主導した革命的労働組合運動一〇名、安承楽・安任均《アン・イムギュン》・金熙星《キム・フィソン》などが主導した革命的労働組合運動七名、李載裕・安宗浩《アン・ジョンホ》などによる赤色労組運動三名、金七星《キム・チルソン》・李東千《イ・ドンチョン》などが参加した赤農運動一三名、金熙星・朴仁善《パク・インソン》・白潤赫《ペク・ユンヒョク》などが主導したグループの後継組織事件関係者四五名、最後に李載裕・李観述・徐球源《ソ・グウォン》などの準備グループ人員六〇名を合わせたものだ。

まず考慮すべきことは、この数値には人員の重複がある点だ。次にこの中で権栄台組織の系列として分離できる運動は、権栄台の共産主義者グループ、権又成、鄭載轍と金承塤、金順萬及び安承楽など各々による革命的労働組合運動及び金熙星の後継組織に関連した一七二名だ。従って残りの三二八名が李載裕の運動に関連した運動者と言えるが、この中にはもちろん逃走などで起訴中止になった場合が含まれている。反面、例えば前に言及した金潤会の協議会事件のように、李載裕と直接関連していないのに捜査の便宜上分類されたり、あるいは赤色農民組合運動のように関連のない運動が含まれている。したがって全体的に見るとき、この人員は若干誇張された数値という点を考慮すべきである。

さらに、当時高揚していた民族解放運動を弾圧するために、日帝が運動と直接関連がない事件の関係者や運動などの「嫌疑者」に対して、無差別的に大量の検挙をやたらに行った事実を念頭に置けば、運動の範囲と規模を評価するためには、判決で実刑を宣告された人物の比重がより重要な指標になる。このような点からすると様相は相当に異なる。例えば、資料上の限界で全体の数値の把握は難しいが、李載裕の「トロイカ」と権栄台の共産主義者グループ関係で検挙された二六六名の中、警察に送検・起訴処分をうけた人数はそれぞれ二〇名と一三名であり、[26]二つを合わせて三三名に過ぎない。逃走や所在不明などで起訴中止された場合を考慮しても、これは全体検挙人員の一〇％を若干超える程度だった。朴英出、李観述などによる「再建グループ」時期の関連者起訴比率はこれより高かった。すなわち検挙された三三人中、検事処分で起訴された人数は九名だった。[27]李載裕・李観述・兪順熙を含む五名の起訴中止者を除外けば、この比重はさらに高まる。また前述したように最後の「準備グループ」ではなんと六〇名という多数の人員が検挙されたが、実際予審に回付され第一審で有罪判決を受けた人数は七名に過ぎず、この内五名は転向声明を出し執行猶予で釈放されたのである。

五、未来社会に向って

種々の資料が伝えるところによれば、李載裕は鷹揚であっても多情多感であり、楽天的であっても意思が固い性格であったと思われる。彼が残した若干の文章を見れば、彼があらゆる事物を根本的次元で考えた人間であるということが容易にわかる。このような評価は、李載裕と一緒に活動した運動者はいうまでもなく、彼の「敵」

である日帝警察までもが共通して一致している。例えば「線の太い性格と、同志獲得に際して理屈一点ばりに走らず平易に一般化した理論……その他魅力ある幾多特異の性格」をもっていたという評価や[28]『新天地』での次のような言及を挙げることができる。

彼は情があって涙があり、屈強な実践力と大きな感化力をもつ指導者だった。彼がひとたび動けば数多くの青年が彼と生死を共にすることを誓い、彼の身辺が危険になれば死を以って彼を守る青年が多かったことを考えれば、彼が革命的な指導者として青年たちにどれほど信望があったかがわかるのだ。[29]

彼が作成した「同志獲得に関する注意事項」をみると、親切な態度と共に、信任を得るために言語や行動に注意すること、最初から左翼的言動をしたり自慢したりせずに、相手が話すところをよく聞きそれに従って宣伝煽動すること、意識程度に従い左翼書籍を勧め、いつでも熱情を持って応対し、討論などの場合に自分の誤りは努めて相手の面前で自ら指摘することなど[30]を強調していた。平素の生活態度の反映であろう。彼が日常的にこのような生活態度をもって他人に接していたことは何度も確認できる。例えば朴英出、朴鎮洪などと共に働いた時代には「近所の仕事をよく見てやり、当番で回る夜警も回り、近所の婦人たちが手紙を頼むとよく書いてやり、近所の人々の信望が厚かった」[31]。孔徳洞で生活した時も、彼は村の人たちに対して「無利子で金を貸すし、夜学で諺文や算術を教え」[32]信望を集めたし、「常に慎重なほうで、親密であり威圧的でなく、道理に外れたことはせず徳をもって行い、近所の人々の人心を失わなかった」[33]という。このため管轄駐在所の身元調査書にまで、彼は「品行方正で性質が温順で充分模範人物たるに値する」との評を受けた。

このような彼が、究極的に志向したものはなんであったのか？　いうまでのなくそれは、この時期多くの「思想犯」と運動家をでっちあげた思想事件判決文に常套的に登場する「朝鮮の絶対独立と共産主義社会の建設」であったのである。植民地の不毛な風土と敵対的環境で、彼が志向した望ましい未来社会のイメージはどのようであったか？　ここで、真正の共産主義社会に関する彼の考えを多少長いが引用してみる。

1．社会的生産力が高度化され、極少量の社会的労働により生産された豊かな生産物を各自の希望に従い社会的に消費するようになる。このような生産労働は芸術化され疲労を感じなくなる。そこでは搾取も、工場主も、搾取のための私有制度もないため、社会構成員すべては高い水準の生活を平等に自由に営む。

2．社会的生産や高水準の社会的教育が社会構成員すべてに実施され、支配と被支配、抑圧と被抑圧の関係がない。したがって抑圧的国家権力は必然的に死滅し、ただそこには社会構成員の自由意志による必要な政治的委員会があるのみだ。抑圧も法律も懲役もないので真正の人間の自由、平等、平和を享楽する生活だけが続く。

3．芸術と科学の高度化で迷信と宗教が消滅し、社会構成員すべてはより良い生活のために自然を征服する各種の研究と発明に総動員されるだろう。こうして今までの人間と人間の闘争は消滅し、人間と自然の闘争が展開されるので、全く新しい人間の歴史が始まるだろう。彼等は疲れた時には最も高級な芸術的生活を選択して楽しむだろう。

4．特に社会構成員として男女関係は、生産・政治そしてすべての研究・発明とその他の問題でも差別はない。したがってそこではただ性的に対立する者として存在する。みな確固たる個性が社会化された男女であるため、真実の自由と平等により物質・精神・芸術及びその他すべての生活の統一過程としての男女の愛は断たれない。真正の統一体として、現在のわれわれの考えでは想像もできない真実の厳格な一夫一妻制である。真実の自由・平和・平等・幸福の夫婦生活が初めて人類の歴史に現われるだろう。(34)

「老衰した吸血鬼の如き資本主義」、それも「奇形的な経済的・政治的条件」が社会的関係全てに観察される植民地朝鮮で、あたかもマルクスが『ドイツイデオロギー』で描写した牧歌的でロマン的な社会を連想させる、理想社会のビジョンを提示すること自体が非現実的であるかも知れない。それにもかかわらず植民地の一革命家は、冷え切った監房の中で「社会的生産力が高度化され高水準の物質的生活を営み、支配と抑圧の関係がなく、国家権力が社会構成員の自由意志により政治的委員会に置き換わり、最も高級な芸術的生活を自由に選択し楽しみ、男女の愛が断たれず、現在のわれわれの考えでは想像もできない真実の厳格な一夫一妻制である」そのような社会への理想を胸に抱き、ファッショ権力の野蛮で非人間的拷問と、過酷な人格的侮蔑や虐待を全身で耐え抜いたのかも知れない。この時期に始まり、戦後冷戦時代に刻み込まれ、以後歴代軍事政権の悪意的で集中的な洗脳を経た、反共イデオロギーを通して形成された共産主義概念からは、李載裕が提示した理想社会のイメージをありのままに理解できない。前にも言ったように、彼は革命的であるとともに民族的であり、民族的であるとともに民衆的であった。「共産主義こそが朝鮮人を救う唯一の道[35]」と確信していた李載裕は、革命のために生き、革命のためにすべてを捧げ、革命のために喜んで死んだのである。

〈注〉

■第一部

（1）　調書、一六一八～一九頁。

（2）　一九二八年朝鮮共産党事件で検挙された時の警察の分類によれば、彼の財産状態は最下級で一〇〇〇円未満に属した。「秘密結社朝鮮共産党並ニ高麗共産党青年会事件検挙ノ件」京畿道、京特秘第八〇三六号、一九二八年一〇月二七日（梶村秀樹・姜徳相編『朝鮮（五）』現代史資料29、みすず書房、一九七二、一四四頁）参照。しかし一九三七年四月警察で祖父名義の動産、不動産合せて約二〇〇〇円（水田五六〇〇坪と畑一万六〇〇〇坪、牛三頭、家屋一棟）ほどの資産があり、農業で年収五〇〇円ほどあったと陳述している。これは本籍地の別東警察署駐在所で作成した「被疑者素行調書」の内容と一致する。

（3）　検事訊問調書第一回、三九五二頁と予審調書第一回、四一三四頁。「被疑者素行調書」の「家族と生活状況」欄には本籍地にいた李載裕の家族を「睦まじく生活が円満豊か」と評している。調書、三九四〇頁参照。

（4）　検事訊問調書第一回、三九五一頁参照。警察での陳述によれば学資金の事情から中途で退学するほかなかったという。調書、六四九頁参照。

（5）　一九三八年六月の第一回公判での陳述によれば「一六歳の時郷里を出た」といっているが、一九三七年一一月の第一回予審調書では苦学する目的でソウルにきたのは一九二四年だといっている。一九二二年頃ソウルにきて一年余の適応期を過ごし、一九二四年高等普通学校へ入学したと推定される。

（6）　調書、三八〇一～五頁。ところで彼は当時主導的な役割を果たしたのではないと陳述している。検事訊問調書第一回、三九五一～五二頁。また他の資料によれば彼は一九二五年朝鮮共産党と高麗共産青年会結成に「刺激を受け」、松都高普内で「朝鮮で最初の」学生社会科学研究会を結成、同盟罷業を煽動して退学処分を受けたという。京城日報一九三七年四月三〇日号外。

(7) 検事訊問調書第一回、三九五四頁及び予審調書第一回、四三〇〇～一頁。

(8) 警察調書（三八一九頁）では経済科と陳述している。また予審調書（第一回）では三次の試験を受け正式に入学し、最初二か月は学費を納入したが以後納入できず、学校側から正式学生として扱われず三か月だけで退学したと言っている(四二三八頁)。ところが第一回公判では日本大学に入学した事実がないと陳述した(四九五七頁)。

(9) 金俊燁・金昌順『韓国共産主義運動史』3、高麗大学校亜細亜問題研究所、二三五頁、二九五～二九七頁参照。

(10) 当時彼は「共産青年会事件」で張赤宇《チャン・ジョグ》（張弘相《チャン・ホンサン》）外一九名とともに公判に回付され金桂林とともに最高刑の三年六か月を宣告された。

(11) 「李載裕逮捕見聞記」高等法院検事局思想部『思想彙報』第一〇号、一九三七年三月、二九二～九三頁。

(12) また予審調書（第一回）で彼は高麗共産青年会日本総局および朝鮮共産党に加入はしたが幹部にはならなかったと陳述（四二三一～三二頁）したが、第三回予審（四八五〇頁）では、この団体に加入した事実がないが加入したことがあるような供述をしたとされたのだと指摘して、加入の事実自体を否定した。

(13) 検事訊問調書第一回、三九五六～五七頁、また予審調書第一回、四三〇八～九頁。

(14) 検事訊問調書第一回、三九五三頁。

(15) 調書、三二九九～三〇〇頁。

(16) 東学革命と義兵戦争期に無差別的に強行された朝鮮民衆に対する日本人の過酷な虐殺は、このように辺境地域ではこの時期までも継続されていた。

(17) 公判調書、四九六一～六二頁。

(18) 「三宅、李載裕ノ協議決定セル各種情勢討議」、ハン・ホング、イ・ジェファ編『韓国民族解放運動史資料叢書』4、京沅文化社　一九八八、二六四頁。

(19) 同書、二六七頁

(20) 同書、二六七～六九頁。後述するように、李載裕が最終的に検挙された〔翌年〕一九三七年以来朴鎮洪、金舜鎮《キム・スンジン》、孔成檜《コン・ソンフェ》らとともに活躍した孔元檜も李載裕の評価にほとんど接近していた。すなわち孔元檜によれば、ML派はソウル系の旧組織から離脱した者と火曜派の残党が結合して後継組織を作ったので世称Y合同というのがこれだが、これを契機にML派という新派閥が生れて猛烈な派争がくりかえされたのである。したがってML派が主観的にいう統一運動は、客観的に見ればむしろ分裂をもたらし党線外にあった派閥闘争を党線内にひきいれ、ついに党を破壊してしまった、と主張した。京畿道警察部「朴鎮洪外十名ニ対スル治安維持法違反事件意見書写」、一九三八、四七頁。

(21)「三宅、李載裕ノ協議決定セル各種情勢討議」、前掲書二七一～二頁。またイ・エスク「李載裕グループの党再建運動（一九三三～三九年）」韓国歴史研究会一九三〇年代研究班『日帝下社会主義運動史』ハンギル社一九九一、一六九～七〇頁、およびアン・テジョン「一九三〇年代ソウル地域の朝鮮共産党再建運動」韓国近現代史研究会一九三〇年代研究班『日帝末朝鮮社会と民族解放運動』イルソンジョン　一九九一、一九八～二〇五頁参照。

(22)「三宅、李載裕ノ協議決定セル各種情勢討議」、前掲書二七三～七五頁。

(23) 太労系に対する李載裕の評価は相対的に好意的である。興南一帯の工場地帯で太労系が確保していた大衆的基盤に注目したためである。こうした点で李載裕は、これが以前の派閥ではないにしても少なくとも「セクト」的であったと評価した。興南で協議会系と工作委員会系がメーデー共同闘争を提議したにもかかわらず、太労系が拒否したことがその適切な例だ。つまり金鎬盤のグループが、国際線ということをセクト的に利用したということである。調書、二二一七～一八頁参照。

(24) 調書、二二一〇～一二頁。

(25) 調書、六九七～九八頁及び三三〇三～五頁。

(26) 三〇年代前半期における党再建運動の失敗が与えた教訓の一つは、全国的でない一定地域内の工場に大衆的基盤をまずつくらなければならないということであった。自身の運動の根拠を置く地域で大衆的基盤をもっていない状態で他の地域に運動を拡大することは、運動の進展のためであるというよりは自派のヘゲモニーを確立するための不純な意図から始められた場合が多かった。李載裕がソウルを自身の運動の根拠地に選んだ理由は、自身の革命的労働組合運動が窮極的には党再建を展望していたためであった。一九三六年一二月日帝に検挙されるまで彼はこの地域を中心に活動したのであるが、このような点が後に彼の運動を「派閥」と評価する有力な根拠とされたといえる。運動的な側面でソウルがもっている主客観的条件に関しては、イ・エスク前掲論文、一四五〜四七頁、およびビョン・ウンジン「一九三〇年代京城地域革命的労働組合研究」韓国近現代史研究会一九三〇年代研究班前掲書、二六七〜六九頁の論議を参照すること。

(27)「ML系朝鮮共産党再組織事件検挙其他ニ関スル件」京本警高秘第六七五一号(『思想ニ関スル情報綴』一九三一年一〇月)で「目下一部教授たちにマルクス主義が理論的に正当なものだとして社会政策其の他の講義中で高調され、このため一部学生に主義研究の信念を強化し、進んで運動に転化しようとする嫌疑がないことはないが詳細なことが判明しないので継続捜査中」という言及を参照。

(28)金炅一「一九三〇年代前半期ソウルの反帝運動と労働運動」『韓国近代労働史と労働運動』、文学と知性社 二〇〇四、参照。

■第二部

(1)後述するように二人は後で楊平、驪州地域の赤色農民組合組織方式をめぐって「理論闘争」を展開する。

(2)警察は李載裕が安宗浩に郷里の鉄原水利組合内で地域非合法農民運動をするよう指導したと主張した。李載裕は自分はいま出獄して情勢がよくわからず、安宗浩は学生で社会主義者としての意識が極めて低いのでそのようなことは不可能だと嫌疑を否定した。調書、四三一〇〜一四頁。

(3)この後金三龍は仁川地方を根拠地に李百万らとともに労働運動を行った。

(4)調書、六五三、一六〇二、四三七四頁。

(5)調書、三八四一頁。

(6) 調書、三八三九頁。
(7) 調書、三九四一頁。
(8) 予審調書第一回、四三三五〜三七頁。
(9) 調書、三三〇〇〜二頁。
(10) 『思想彙報』第一〇号、二九三頁参照。まず党を組織して後に大衆を獲得しようとした支配的運動様態をよく知っていた日帝警察は、李載裕のこのような説明をきき、そうであればそれは協議会方式だと評価（予審調書第一回、四三四〇頁）した。ところでトロイカという言葉は李載裕が始めて使用したのではない。一九二九年一〇月に金丹冶は党再建運動のため権五稷《クォン・オジク》などにトロイカ運動をするように指導したが、ここでのトロイカは単純に三人組の基礎細胞組織を称することと理解された。金俊燁・金昌順『韓国共産主義運動』5、三三六頁の注一九二を参照。
(11) 検事訊問調書第一回、三九五九〜六〇頁。
(12) 調書、一〇頁。
(13) 調書、一四一〇〜一一頁。
(14) 調書、六九八頁。
(15) 調書、三八四〇頁。
(16) 調書、六九五頁。
(17) 調書、六九九、一三九九頁。
(18) 予審調書第一回、四三五三〜五四頁。
(19) 予審調書第一回、四三七六〜七七頁。
(20) 公判調書、四九八四〜八五頁。
(21) 調書、三八四〇頁。
(22) 調書、七〇二〜三頁。

(23) 調書、七〇三、一三九九頁。
(24) 検事訊問調書第二回、四〇〇四〜六頁。
(25) 検事訊問調書第一回、三九五八頁、および第二回、四〇〇七頁。
(26) 検事訊問調書第二回、四〇〇六頁。
(27) 京畿道龍仁に生れた安炳春は、ソウルに移住一三歳の時永登浦公立普通学校入学、一九二八年三月卒業。一時中央基督教青年学校高等部に学びながら、後に朝鮮国内工作委員会事件に関連した李重業《イ・ジュンオプ》、金中源《キム・ジュンウォン》の指導を受け読書班を組織して活動したが、普成高等普通学校給仕となり同校の教師であった文錫俊《ムン・ソクチュン》らの影響を受け学校内の而習会文庫で思想書籍を耽読、しだいに共産主義思想に共鳴。赤色読書会組織の嫌疑を受け治安維持法違反事件で一九三一年八月東大門警察署に検挙され、訓戒、放免される。以後李載裕と会いともに活動。この事件で彼は一九三五年七月京城地法で懲役二年、服役後一九三七年六月大田刑務所から満期出獄。出獄後も李観述、朴鎮洪らと連結し持続的に運動に従事。「朝鮮国内工作委員会事件等予審決定書写」京城地方法院（金俊燁・金昌順編『韓国共産主義運動史』（資料Ⅱ）、高麗大亜細亜問題研究所　一九八〇、五八六頁）、および京畿道警察部「朴鎮洪外十名ニ対スル治安維持法違反事件意見書写」七八〜七九頁。
(28) 例えば『プロレタリア経済学』『プロレタリアの使命』『資本主義の構造』『インターナショナル』『産業労働通信』など。予審調書第一回、四三三二〜三三三頁。
(29) 調書、七〇一、一二五九〜六一頁。
(30) 調書、二一七三頁。
(31) 検事の訊問調書第二回、四〇〇七頁。
(32) 調書、二一七四頁。
(33) 一九三六年一月中旬李丙驥は大邱で鄭雲海《チョン・ウンヘ》、安貴南《アン・グィナム》、廉弼守《ヨム・ピルス》などとともに赤色読書会を組織し活動した嫌疑で五か月間の厳しい拷問と取調を受けたが、証拠不十分で釈放された。中外日報一九三六年一月一六日、五月二四日、東亜日報五月二六日参照。
(34) 調書、二一六一〜六四頁、および検事訊問調書第二回、四〇一二〜一四頁。
(35) 調書、四〇一四〜一五頁。
(36) 調書、二一七二〜七三頁。
(37) 調書、二〇二五〜二七頁。
(38) 調書、二一六四〜六五頁。
(39) 調書、一三九七〜九八頁。
(40) 調書、一四一一〜一二頁。
(41) 調書、一三八七〜九一頁。
(42) 〈表1〉には彼等以外に金三萬《キム・サムマン》、李徹池《イ・チョルチ》の二名の労働者を含め「街頭」に分類しているので、この点から見ると彼等の大部分は龍山工作所永登浦工場の正式職工というよりは臨時人夫だったと推定される。
(43) 龍山工作所永登浦工場は鉄道車輌の製作が中心で、一九三〇年代中半に従業員二〇〇人以上の大規模会社だった。川北電気は大阪に本店をおく支社で従業員規模はわからないが、一九三八年現在公称資本金六〇万円ほどの会社だった。朝鮮総督府殖産局編纂『朝鮮工場名簿』(一九三六年版)、朝鮮工業協会発行、三七頁、および京城商工会議所『朝鮮会社表』一九三九、三五九頁参照。
(44) ソウル生れの金舜鎮は、一九二七年三月於義洞公立普通学校卒業後龍山工作株式会社永登浦分工場の労働者になった。一九三三年四月慎甲範などの党再建運動および李載裕運動に加わり、一九三四年五月京城地法検事局で治安維持法違反で起訴猶予処分を受け、また李載裕の第二期運動に参与して一九三六年七月懲役一年六か月を宣告され、一九三七年五月西大門刑務所から出獄した。出獄後も孔成檜、朴鎮洪らと持続的に運動を展開した。
(45) 孔成檜は、慶南統営郡統営邑で出生。家族と一緒にソウルに出たのは一〇歳の時だというが翌年齊洞公立普通学校に入学。一九二九年三月五学年終了後中央高等普通学校に入学したが、一九三一年一一月三学年の時病気で中退。兄孔元檜の影響で早くから共産主義思想に接し、一九三三年六月から朝鮮中央日報の配達夫をしつつ李載裕の運動に参加して一九三四年一月西大門警察署に検挙されたが訓戒赦免された。以後金舜鎮、尹淳達、黄大用、兪順熙らと活動したがまた検挙され転向を表明し、一九三六年七月京城地法で治安維持法で懲役一年六月、執行猶予三年の処分を受けた。出獄後一九三七年七月賃金七〇銭の京城府測量人夫として生活したが金舜鎮、朴鎮洪らとまた実践運動に進出して活躍した。

(46) 「朝鮮共産党再建運動協議事件」『思想彙報』第九号、一九三六年一二月、二二三〜二四頁。

(47) 朝鮮総督府殖産局編纂、前掲書、一〜二頁、七四〜七五頁参照。

(48) 朴鎮洪は次章で言及する。慶北金泉生まれの李元鳳は、李順今、李鐘嬉とは三歳ほど年齢が上だ。一九二七年苦学堂に在学しつつ学生前衛同盟事件に関連して懲役一年六月の宣告を受けたのをはじめ、一九三二年には社会科学研究会を結成して活動。一九三四年以後ソウルオリエンタルゴム工場と京城紡績などで労働しつつ、工場内で多数の女性労働者とともに根気よく運動に従事した。次に江原道鉄原が本籍の許マリアは李元鳳より年齢が五年ほど上だということが確認できるだけだ。彼女らに関しては、大阪毎日新聞一九三五年八月二四日参照。

(49) この事件などで一九三二年二月京城地方法院検事局で治安維持法違反として不起訴、一九三三年一月起訴猶予処分をうけた。

(50) 予審調書第一回、四三六八〜六九頁。

(51) 調書、二一七八〜八〇頁。

(52) 一九三四年一月に検挙された後、一九三六年一月京城地方法院で治安維持法違反で懲役二年を宣告され、一九三七年七月西大門刑務所を満期出獄。以後朴鎮洪らと運動したが、朴鎮洪らが警察に検挙されるや逃走して活動した。

(53) 予審調書第二回、四四五四〜五五頁。

(54) 調書、二一九七〜九九頁。

(55) 予審調書第一回、四三七三頁。李載裕自身も社会民主主義に対する批判の一環として兪鎮煕を中心とする『新階段』を猛烈に攻撃した。この章の最後の部分参照。
(56) 調書、二二〇一～二頁。
(57) 調書、一四〇五～九頁。
(58) 調書、一四〇〇～三頁。
(59) 調書、一四〇三～四頁。
(60) 調書、七〇四～一五頁。
(61) この罷業に対する新聞資料としては、朝鮮中央日報一九三三年六月二日から四日までの該当記事を参照した。
(62) 毎日申報一九三三年八月一九日。
(63) 東亜日報一九三三年八月二三日、二四日参照。
(64) 東亜日報一九三三年九月二〇日、二一日。
(65) 東亜日報一九三三年九月二四日。
(66) この罷業に関する新聞記事としては、東亜日報九月二二日から二八日まで、および朝鮮中央日報一九三三年九月二七日等を参照した。
(67) 朝鮮日報一九三三年九月二四日、および東亜日報一九三三年九月二六日。
(68) 東亜日報一九三三年九月二五日、三〇日参照。
(69) 毎日申報一九三三年一〇月二日、東亜日報一九三三年一〇月一九日、朝鮮中央日報一九三三年一〇月二〇日。
(70) 朝鮮中央日報一九三三年九月二四日。
(71) 朝鮮中央日報一九三三年一〇月一六日。
(72) 鐘紡罷業に関しては東亜日報一九三三年九月二七日。またハン・ホング、イ・ジェファ編『韓国民族解放運動史資料叢書』4、一三六～三七頁。

(73) 金三龍は忠州郡厳政面の公立普通学校を卒業してソウルに来て私立苦学堂に入学し、在学中の一九三一年三月治安維持法違反で懲役一年の刑を受け、三二年二月出獄した。しばらく帰郷して農業に従事したが、一九三三年春仁川に来て同年夏頃から仁川埠頭人夫として働いた。

(74) 判決文ではこの時期を一九三三年二月だとしているが調書によれば四月だという。「朝鮮共産党再建京城地方協議会事件」『思想彙報』第一六号、二六五頁、および調書、一六二八頁参照。ところで李載裕は公判においてこの事実を全面否定した。公判調書、四九六五〜六八頁参照。

(75) 調書、一六二八〜三〇頁。

(76) 「赤色労働組合並赤色農民組合組織準備工作等事件」『思想彙報』第四号、八六頁。

(77) これが李載裕のトロイカ式組織方針を金三龍が受容していたことに縁由するのか、あるいはこの地域の運動の進行速度を反映することなのか不確実である。ソウルに比べると運動の進行速度が遅いきらいがあるといえるが、金三龍が李載裕のトロイカ組織方式に依拠して上部組織をつくらなかった可能性も全く排除することはできないと思う。

(78) 安炳春は金三龍と連絡するのが危険だと感じたが、自身が出なければ金三龍が検挙されることを憂慮して現場に出て結局二人とも検挙されてしまった。李載裕はこれを直接批判しなかったが、彼の街頭連絡方式に比べてみれば、これに対する批判的な見解をもっていたようである。調書、一六三〇頁、および「李載裕逮捕見聞記」『思想彙報』第一〇号、二九四〜九五頁参照。

(79) 「城大教授三宅鹿之助赤化工作事件」金俊燁・金昌順編、前掲書、七二〇頁の図表、および京畿道警察部「京城を中心として赤化に暗躍狂奔しつつありたる李載裕竝金熙星等一味の犯罪概要及検挙の真相は左の通である」『思想ニ関スル情報綴』一九三七、また京城日報一九三七年四月三〇日前面の図表参照。

(80) 李載裕「朝鮮に於ける共産主義運動の特殊性と其の発展の能否」(シン・ジュベク編、『一九三〇年代民族解放運動論研究』1、セギル　一九八九、八一頁)参照。

(81) 予審調書第一回、四三七五頁：「赤色労働組合並赤色農民組合組織準備工作等事件」『思想彙報』第四号、八九頁：李載裕、前出文、同書第一一号、一〇四頁：「朝鮮共産党再建京城地方協議会事件」、同書第一六号、二六六頁参照。
(82) 金炅一「一九二〇、三〇年代印刷出版業における労働組合組織の発展」『韓国近代労働史と労働運動』参照。
(83) 調書、六三六～三七頁。
(84) 京城日報一九三七年四月三〇日号外。
(85) 調書、一三五七～七四頁。
(86) 調書、一三七四～八二頁。
(87) 調書、一三八二～八四頁。
(88) 調書、七二三～二四頁、一三五六～五七頁。
(89) 李景仙は一九三三年四月李順今の紹介、電気学校の生徒だった崔小福は同年七月李丙驥の紹介、辺雨植は李景仙の紹介を受けた。
(90) 「城大教授三宅鹿之助赤化工作事件」前掲書、七五七～五八頁。
(91) 李載裕が李景仙を知ったのは一九三三年四月李順今の紹介によるという。第一回公判で李載裕は、当時李景仙は「左翼的意識」がなく、女子医学専門学校に通っていて読書会事件に関係し「前罪を後悔し悩んでいたので、それを解決してやるために」会ったと陳述した。予審調書第一回、四三八三頁、および公判調書第一回、四九八八～八九頁参照。
(92) 調書、七二四～三六、一三五四～五六頁。
(93) 上記儆新学校にでている張鉉近と同一人物で、学校を移ったため重複されたと推定される。
(94) 李載裕が南萬熙と会ったのは一九三三年三月苑南洞の新階段社においてだ。南萬熙は李載裕組織に好感をもっていろいろと助けた。前述した一九三三年九月の鐘紡罷業当時には罷業救援基金として四五円を募集したし、労働大衆に宣伝ビラを配布する計画では李載裕が南萬熙に謄写版の入手を相談した。この出版活動は罷業以後卞洪大、権五相などの検挙が続き実現されなかった。調書、二一九二〜九三頁参照。

(95) 調書、七一五〜二三頁。

(96) この事件は、京都大学法学部滝川教授の一九三二年一二月東京の中央大学での「復活に現れたトルストイの刑罰思想」という講演内容と、彼の著書『憲法読本』を問題にした日本の文部省が、一九三三年四月滝川教授を休職処分にしたことが発端だった。日本政府はこの本がマルクス主義的観点に立脚して書かれており、特に内乱罪と姦通罪に関する彼の主張が公序良俗に反する点で「反国家的」だと主張した。これに対して、大学の自治と研究の自由擁護の旗幟を掲げて、京都大学法学部教授全員が辞職し京都大学の全校生が講義を拒否したのみならず、全国各地の大学がこれに呼応して大きな社会問題になった。この事件に関する詳しい内容に対しては『現代史資料42思想統制』みすず書房、一九七六、二六一〜二六五頁所載の京大全学部学生代表会議編「京大問題の真相」等を参照。東京大学の法学部教授としていわゆる天皇機関説を提起し、天皇制イデオロギーの批判により後に日本ファシズムの犠牲者となった美濃部達吉は、一九三三年五月と六月の二回にわたり「滝川教授の問題」および「再び京都大学の問題」という文章を発表し日本政府の措置を非難した。朝鮮でも「東亜日報」は一九三三年四月末から同年一〇月末に至るまでこの事件を持続的に報道し、「朝鮮中央日報」は「学問討究の限界」、「学問研究の自由に対する懐疑」、「京大問題の帰結」などの社説（一九三三年五月二九日、七月一九日、八月一日）を発表しこれに対する植民地知識人の関心を促した。「朝鮮日報」も「学問の自由と職業—京都帝大事件の新展開—」（一九三〇年七月一三日）等の社説を掲載した。五月一五日の社説「学術研究の自由」はこの問題に直接は言及していないが、コペルニクスや秦の始皇帝、ヒトラー等にかこつけてこの事件を批判しようとした。この他にも北河賢三「一九三〇年代の思想と知識人」鹿野政直・由井正臣編『近代日本の結合と抵抗』日本評論社、一九八八、一四三頁参照。最近の研究としては伊藤孝夫『滝川幸辰　汝の道を歩め』ミネルヴァ書房、二〇〇三がある。

(97) 調書、一四一五〜一六頁、三七四三頁以下参照。

(98) 調書、二一六九〜七二頁。

(99) 検事訊問調書第三回、四〇二二頁。

(100) 調書、二〇二六～二七頁。

(101) 調書、六二〇～二二頁。

(102) 「李載裕逮捕見聞記」『思想彙報』第一〇号、一九三七年三月、二九五頁。

(103) 検事訊問調書第三回、四〇二三頁。

(104) 調書、一三八一頁。

(105) この条項は一九三二年コミンテルンで発表されたいわゆる日本共産党の一九三二年テーゼと殆ど類似している。労働運動では七時間労働制を主張していることが目をひくがこれは李載裕グループの全時期にわたって変化していない方針である。村田陽一編訳『コミンテルン資料集』第五巻、大月書店、四九四頁の資料75の「日本の情勢と日本共産党の任務」、およびイ・エスク「李載裕グループの党再建運動（一九三三～三六年）」、一六一頁の注61参照。

(106) （　）内は原文では焼失している。

(107) 例えば最初の天道教に対しては『農民』『真人間』『別乾坤』等々を出版し、労農大衆特に農民大衆に神秘的宗教的イデオロギーを注入し、彼等の思想を混乱させ革命的エネルギーを減衰させ、その対価として彼等から「精米」を取り立て私腹を肥やし、意識的に日本帝国主義の手先」になったのであり、二番目の興士団に対しては「裏切り者安昌浩《アン・チャンホ》を首領とし、同じく脱落者で裏切り者の李光洙《イ・グワンス》（朝鮮日報副社長）および朱耀翰《チュ・ヨハン》（編集部長）を指導者とし「実力養成」「産業振興」のスローガンを掲げ日本帝国主義の手先の役割」を果たしていると批判した。

(108) 三宅鹿之助は大阪出身で一九二四年東京帝国大学経済学部卒業。法政大学経済学部専任講師を経て、一九二七年四月京城帝国大学助教授となった。一九二九年以来、独、仏、英、米などへ留学、ドイツ滞在中ドイツ共産党の政策を支持して参加し、赤色救援会などにも加入して活動。一九三一年朝鮮に戻って以後、東京帝大教授としてドイツにいた国崎定洞などと関係をもちつつ、崔容達、李康国《イ・ガングク》、朴文圭《パク・ムンギュ》などとともに朝鮮社会事情研究会をつくり活動した。「三宅城大教授の赤化運動事件」『思想彙報』第二号、一九三五年三月、三四～三五頁および磯谷季次『わが青春の朝鮮』影書房　一九八四（キム・ゲイル訳、サゲチョル、一五三～五九頁）、およびビョン・ウンジン「一九三〇年代京城地域革命的労働組合研究」二七六～七七頁参照。

(109) 警察捜査記録によれば（「城大教授三宅鹿之助ヲ中心トスル鮮内赤化工作事件検挙ニ関スル件」前掲書、七五三頁）、同年一〇月李載裕が金月玉の家を訪ね偶然鄭泰植と会ったとしているが、これは誤りで調書（二〇一八頁、および検事訊問調書第二回、四〇〇九頁）と「赤色労働組合並農民組合組織準備工作等事件」『思想彙報』第四号、一九三五年九月、六五頁を見れば、これより以前の七月頃二人は会った。

(110) 当時金月玉は印貞植《イン・ジョンシク》の家に住んでいたという。また後述するが李載裕が南萬熙を通して鄭泰植を紹介された事実からわかるように、明確になってはいないが彼等運動家の間に一定の交流があったと推定される。

(111) あるいは金月玉が李載裕に本を貸してほしいと頼み、〔李載裕が貸した〕その本をもって返しにきた人が鄭泰植で、このような縁由で二人が知ったという。公判調書第一回、四三八九～九〇頁参照。

(112) 京城日報一九三七年四月三〇日号外。

(113) 調書、二〇二〇～二四頁。李載裕が提供した材料は前述した「学生運動の行動綱領」などのパンフレット。他面李載裕は京城帝大の「水準の高い」学生を通じ組織と宣伝煽動を研究させ、上の「行動綱領」のパンフレットを補完し内容の充実化をはかり自身の運動理論を洗練しようとしたと推測される。

(114) 「朝鮮共産党再建京城地方協議会事件」『思想彙報』第一六号、一九三八年九月、二六七頁。

(115) 「赤色労働組合並赤色農民組合組織準備工作事件」『思想彙報』第四号、一九三五年九月、六五～六六頁。

(116) 後に李載裕は彼等から運動資金、また三宅の家に隠れている時逃走のための洋服、靴、帽子などの提供を受けた。

(117) 〈表1〉の李載裕組織とは対照的に日帝捜査記録で鄭泰植の運動部分を党の樹立を前提にして「共産青年」グループ法専班、龍谷（女学校）班などと提示していることもこのような脈絡で理解できる。「城大三宅鹿之助教授ヲ中心トスル鮮内赤化工作事件検挙ニ関スル件」前掲書、七七〇～七一頁参照。

(118) 前者はシン・ジュベク前掲書、三二九～四四頁、後者はハン・ホング、イ・ジェファ編『民族解放資料叢書』4に収録。
(119) 調書、二〇三二頁。
(120) あるいは、三宅が(一)プロレタリア運動と関連して実践運動に提携できるか(二)他の運動関係があるかを、李載裕が訊ねたという。「城大教授三宅鹿之助ヲ中心トスル鮮内赤化工作事件検挙ニ関スル件」、金俊燁・金昌順編、前掲書、七五三頁参照。
(121) 調書、二一三五～三六頁、および「李載裕逮捕見聞記」前掲書、二九四頁参照。
(122) 調書、二〇三六～三七頁、八二七～二八頁。
(123) 調書、八二七～二八頁。
(124) 検事訊問調書第三回、四〇三〇頁。
(125) 三宅と李載裕、権栄台、鄭泰植の四人をオルグとする「朝鮮運動統一協議会」が、ドイツ共産党国崎定洞、国際共産党の片山潜などと連係をもって、一九三四年一月から四月まで存続したという日帝の捜査記録は、このような脈絡で理解することができる。しかしこれは、彼等の間で存在した運動方針の差異を見ていない事件捜査の便宜のための設定で、意図的に事件を拡大して共産主義運動に対する不安感を大衆的に造成する世論操作の意図から出たものである。京畿道警察部「京城を中心として赤化に暗躍狂奔しつつありたる李載裕竝金熙星等一味の犯罪概要及検挙の真相は左の通である」の図表参照。
(126) 調書、二〇三七～三八頁。
(127) 「三宅城大教授の赤化運動事件」『思想彙報』第二号、一九三五年三月、三六～三七頁、および調書、八二三～二七頁、二〇三九～四一頁、検事訊問調書第三回、四〇二六～二九頁参照。前出の「三宅、李載裕ノ協議決定セル各種情勢討議」(前掲書、一八二頁以下)が、協議した事項を三宅が執筆したものである。作成後三宅はこれを容器で覆い、火鉢の底に入れておいたが一部が焼却されて完全な内容はわからない。

(128) ここまでがパンフレットの内容である。具体的にみれば（一）国際情勢の分析に該当するのは七節二七頁（前掲書、一八二～二〇八頁、以下前掲書）、（二）の朝鮮情勢は全体八節四八頁で、また二つの部分に分かれ、朝鮮の政治経済状況と資本家の搾取状況、労働者、農民の窮乏化過程、日帝の弾圧など五節、三三頁（二〇九～四一頁）にわたって叙述され、当面の革命の性質と任務、対象と動力の勢力関係が三節、一五頁（二四二～五六頁）にわたって叙述され、（三）過去の運動批判が五節、一六頁（二五六～八一頁）、で構成されていた。

(129) 検事訊問調書第三回、四〇二九～三〇頁。

(130) 調書、三三一三～一四頁。

(131) 「城大三宅鹿之助教授ヲ中心トスル鮮内赤化工作事件検挙ニ関スル件」前掲書、七五三頁。

(132) 同前、および調書、八一四～一五頁。

(133) 検事訊問調書第一回、三九七一頁。

(134) 「感想録」『思想彙報』第四号、一九三五年九月、二〇三頁。

(135) 金潤会が彼女を助けたことは「彼女の境遇に深く同情するとともに革命運動達成のためには犠牲者とその家族を救援する」必要があったためだという。金潤会は友人の金洙千《キム・スチョン》を書店の店員としてあっせんするなど、陰に陽に三宅一家を後援した。のちに彼が警察に追われ逮捕された時までの一九三五年一月末から五月中旬までに、彼女は逃避資金として二回にわたり一二円を与えるなどの助けでこれに報答した。「李載裕一派ノ鮮内赤化後継事件起訴中止者検挙ニ関スル件」京高特秘、第一六〇〇号の一、一九三五年六月。

(136) 調書、八一〇頁、八三一頁参照。出獄以後彼は妻が経営する古書店を整理して一九三七年一月に日本へ戻っていった。

■第三部

(1) この部分に関しては特に言及しない限り主に「予審請求書」『思想事件起訴状判決写綴』一九三三、および「朝鮮共産党再建運動事件」『思想彙報』第二号、一九三五年三月、一一〜二一頁の判決文を参照にした。

(2) 金炯善は公立普通学校を卒業した後、簡易農業学校に入学したが一学年一学期に学資金不足で退学し、商店員、埠頭労働者などを転々とした。そうこうするうち馬山倉庫会社が設立されるや事務員（書記）に採用され五年程勤務したが、職員整理により失業し一九二六年から朝鮮日報馬山支局を経営した。

(3) この頃の彼の活動状況を新聞記事を通して見ると、一九二五年七月に開催される予定だった馬山青年会の討論会演士と、一九二六年一月に馬山青年連合会で計画したカール・リープクネヒトとローザ・ルクセンブルク殉死第七周年記念講演会の演士に内定されている。また一九二六年四月に開催された馬山労働会第九回定期総会で臨時議長として司会をつとめるなどの活動をした。このように彼は二〇年代中期馬山青年運動と労働運動の中堅運動者だった。東亜日報一九二五年六月二七日、一九二六年一月一七日、時代日報一九二六年四月二九日。

(4) 一九二五年朝鮮共産党が最初に組織された当時彼は最年少の年齢で一二名の発起人に参加した。以後馬山と釜山地方を中心に持続的に運動に参加した。三〇年代初期の活動としては一九三一年五月に開かれた馬山労連執行委員会の司会をつとめたことが目につくが、以後の活動は子細にわからない。キム・ナムシク、シム・ジヨン編著『朴憲永路線批判』トゥリ　一九八六、一九〜二〇頁、および東亜日報一九三一年六月二日参照。

(5) 前掲判決文、八四頁参照。予審決定書には一九三〇年二月とある。

(6) その直接的理由としては、コミンテルンの指令説、中国共産党の指令説、一国一党原則による朝鮮人共産主義者の主導という三つの説がある。徐大粛『韓国共産主義運動史研究』ファタ、一四九〜五〇頁参照。堀内稔はその背景としてコミンテルン第六回大会での「左旋回」や一二月テーゼの影響をあげている（「朝鮮共産党再建運動」『一九三〇年代民族解放運動』コルム、二八五頁）。またその経過に関しては金森襄作「満州での朝鮮中国共産合党と五・三〇蜂起」（同書、三一四〜一六頁）、および韓国歴史研究会一九三〇年代研究班『日帝下社会主義運動史』ハンギル社　一九九一に収録されている金仁徳「朝鮮共産党の闘争と解散─党大会を中心に」：シン・ジュベク「朝鮮共産党の組織論とコミンテルン」を参照。

(7) 朝鮮総督府警務局「満州ニ於ケル共産党ノ直接行動ニ関スル件」朝保秘第一三二七号、一九三〇年一〇月(梶村秀樹・姜徳相編、『朝鮮(五)』現代史資料29、みすず書房 一九七二、五九六頁)、および堀内稔前掲論文、二八六~八七頁参照。徐大粛著の韓国内翻訳版では一九三〇年五月二〇日とされているが、これは翻訳上のあやまりで元本では三月になっている。徐大粛前掲書、一五〇~五一頁、および英語版、一五九頁参照。

(8) ここで筆者は朝鮮人主導による統合過程だけを見た。この過程は満州で国際主義路線の運動と結び付いて非常に複雑に展開されたので、より子細な研究が今後必要であろう。前述のコミンテルンと中国共産党主導説の根拠に対する説明は上述の徐大粛の著書、同所を参照すること。事実運動の効率的な展開それ自体だけを重視すれば、どの側が主導したのかは本質的な問題でないといえる。しかし以後の運動がこの問題と密接な関連をもって展開されたため、主導様相が不可避に重要な意味をもってくるに他ならない。どの側の主導によることであっても明らかなことは、この結果一九三〇年六月以前にはこの問題がコミンテルンと中国共産党両方でも整理された形態で提示されたことである。例えばコミンテルンでは、一九三〇年五月一日ハバロフスクの東洋宣伝部に朝・中共産党代表を召集して在満朝鮮人に中国共産党に加入することを命令した。一方中国共産党でも、コミンテルンから朝鮮共産党の促成に関する一斉の権限を委任され、これにより満州省東満部責任下の工作委員会を一九三〇年六月に組織した。梶村秀樹・姜徳相編前掲書、一八九、三二六、六二七頁:金森襄作前掲論文、三一四頁参照。

(9) 第一次朝鮮共産党の時期に高麗共産青年会の幹部だった彼は、一九二五年一一月に第一次党が検挙されるや上海に逃走して二次党の海外連絡責任者となった。一九二六年六・一〇万歳運動が起るや自ら檄文をつくり国内に送りもしたが、四次党が崩壊するやモスクワと満州を往復しながら党再建運動を展開した。

(10) 約五〇頁という比較的厚い分量で、重要な内容は反戦闘争の展開、ソビエト同盟死守、中国紅軍とソビエト擁護、帝国主義戦争を日帝に反対する民族解放戦争に転換すること、朝鮮の絶対独立などだった。

(11)「日本の満州占領に反対せよ!」と「赤い五・一節」という題目で、前者は日本帝国主義の満州占領反対、中国革命民衆の反日的民族戦争後援、中国ソビエト政府と中国紅軍擁護、日本の満州侵略を声援する朝鮮地主、資本家排撃、ソビエト祖国死守、新たな帝国主義戦争絶対反対、日本帝国主義打倒、朝鮮の絶対独立、労働者農民のソビエト政府樹立などが、後者の檄文は日本帝国主義の打倒、中国の民族的独立擁護、日本の満州占領反対、帝国主義者の中国新分割反対、中国ソビエト紅軍擁護、民族反逆者である朝鮮の地主、ブルジョアジー排撃、社会改良主義機会主義者排撃、ソビエト祖国を死守して反ソビエト連邦戦争に反対することが主要内容だった。

(12) ソウル上海派とともに金燦は中国共産党に加入することに反対したと伝えられている。その理由として彼は(一)中国共産党満州部内では有力な人物がなくただ無用で無定見なテロ運動をするために自縄自縛に陥っている。(二)朝鮮人党員が中国党に入党することは一国一党の原則により中国革命にだけ重きをおかなくてはならない。この様に朝鮮の革命運動にどんな積極的貢献もなさない。(三)朝鮮人は中国党に入党しても言語関係で重要な役割を担当できず、殆ど中国人の駆使に甘んじなければならない、ことなどをあげた。このために一九二九年一二月満州総局から除名された彼は朝鮮で運動することを決心して普通学校教員をしながら機会をうかがっていた。そのうちハルビンで一九三一年四月に日本領事館警察に逮捕され、五月に京畿道警察部に押送され六月に治安維持法違反等で送致された。「朝鮮共産党中央幹部金燦取調状況ノ件」朝保秘第六四四号、一九三一年八月二二日(梶村秀樹・姜徳相編、前掲書、四三四〜四二頁)参照。

(13) 以前のように不特定多数を対象に配布する方式ではなく、パンフレット等を中心に同志を獲得する一方、全国の重要都市にこれら同志《オルグ》を派遣して全国的党組織の基礎を準備することに活動の重点を置いたと推定される。

(14) 京畿道公立商業学校在学中学費窮乏で退学した梁河錫は、一九二七年四月広東に行くため上海に到着、そこで具然欽と会い商店員などをしながら運動に従事した。一九二八年一〇月(判決文では一九二九年五月とされている)上海韓人青年会に加入した嫌疑で懲役二年の宣告をうけ服役し、出獄後暫く住宅経営社の集金人や医療機器製作所の職工、新聞配達夫などを転々としたが金炯善と連結した。

(15) 幼い時父母を失い兄の養育により平壌で普通学校を卒業した韓国亨は、鎮南浦公立商業学校に進学したが学資金不足ですぐ中途退学した。一九二八年春苦学する目的で日本へ行き、新聞配達をしながら早稲田中学夜間部を卒業して日本大学専門部経済科に入学したがまた学資金の事情で退学してしまった。帰郷以後一九三一年三月に鄭達憲《チョン・ダルホン》などの影響で労働運動をするため鎮南浦で埠頭労働をしたが、一九三二年一二月尹相南《ユン・サンナム》などが検挙されるやこれを避けてソウルに来て金炯善と会った。

(16) 重要な内容は朝鮮共産党建設、日本帝国主義打倒、一切の封建残滓打倒、一切の改良主義打倒、朝鮮にソビエト政府建設などで、前の「赤い五・一節」の内容と大同小異であった。

(17) ソウルで私立普成専門学校を中退した沈仁沢は、京畿道始興郡永登浦邑で米穀商および新聞支局を経営したが、新聞配達夫であった李宗林《イ・ジョンニム》(宋林《ソンニム》)を知って彼の指導により共産主義者となった。一九三一年七月には大邱で李相祚《イ・サンジョ》、権大衡《クォン・デヒョン》、徐寅植《ソ・インシク》らのいわゆる朝鮮共産主義者協議会成員たちとともに活動しようとしたが、いわゆる江陵共産党事件関係者とともに警察の調査と判決を受けた。「共産青年同盟準備委員会、江陵赤色農民組合結成準備委員会等組織事件」『思想彙報』第四号、一九三五年九月、二九頁参照。

(18) 一九三三年七月に金炯善が検挙された以後にも彼等は活動を継続したが、一九三四年羅州で李烘衍が検挙されたのを契機に翌年一九三五年二月初旬全南一帯で一〇〇余名の運動者が大々的に検挙された。当時の新聞はこれを全南赤色労組事件と報道した。朝鮮中央日報一九三五年五月一三日、九月七日、一〇月二七日。

(19) 調書、一六〇三〜一八頁。

(20) 李載裕と金炯善の会合は一月余続いたが、調書で李載裕は七月初旬に始めて会い八月初旬まで会っていたと陳述した。しかし金炯善が七月中旬に検挙された事を考えれば李載裕が一か月ほど錯覚したと思われる。

(21) ソウルよりも他の地方へ行くのがよくないかと梁河錫が繰り返し強調したことからみると、金炯善がソウル地域での運動のヘゲモニーを掌握するため李載裕のような有力な脅威的競争者を地域内から追い出すための布石だと解釈することもできるが、それ以上の資料がなく明確ではない。

(22) 朴憲永、韓国亨、梁河錫などとともに治安維持法および出版法違反で逮捕され、一九三四年一二月二〇日の公判で金炯善は懲役八年を、一二月二七日の公判で朴憲永は六年を言渡された。朝鮮中央日報一九三三年七月一八日、および金俊燁・金昌順編『韓国共産主義運動史』5、四〇五~七頁参照。

(23) 一九二六年九月一日に発刊された『炎』7号には、よく知られている「朝鮮共産党宣言」が収録されている。『歴史評論』一九号、一九九二年秋、三四九~六一頁参照。

(24) 検事訊問調書第二回、四〇〇〇~一頁。

(25) 予審調書第一回、四三六二~六三頁。

(26) 洪原で公立普通学校卒業後兄と一緒に果樹園を経営したという。一九三〇年前後いわゆる共産大学卒業生事件の関係者蔡奎恒《チェ・ギュハン》の指導を受け、一九三〇年に蔡奎恒が検挙されると彼の妻を助け鶏林書店を経営したが、洪原に戻って来て活動した。

(27) 洪原労組に対抗して御用団体を組織し、労働権を奪って労働賃金の引下げをたくらんだ「反動分子の膺懲」に対して、警察は事件が解決して一〇余日後に労組委員長姜顯壹《カン・ヒョニル》と労組員権栄台らを検挙した。権栄台は一九三一年一月末咸興地方法院で暴力行為など処罰に関する件で懲役六月を宣告されたが、「勅令」により四か月一五日に減刑、服役した。この事件に関しては朝鮮日報一九三〇年一二月二日、三日、一九三一年一月三一日参照。

(28) 二〇年代洪原の思想団体である左進会の中心人物であった姜穆求は、一九二七年二月左進会が主催した大衆運動者懇談会で地方運動について報告し、新幹会洪原支会庶務部総務幹事としても活動した。東亜日報一九二七年三月一日、一〇月六日参照。以後の経過は確実ではないが、一九三一年一月中旬モスクワの国際共産青年同盟東洋部で開かれた執行委員会に鄭泰玉《チョン・テオク》とともに参加し「朝鮮共産青年諸君に告ぐ」という公開書簡の指針を受け一九三二年三月中旬国内にもどり、姜穆求は咸興を、鄭泰玉はソウルを中心に活動したという。「朝鮮共青再建咸興平野委員会組織準備委員会事件」『思想彙報』第一一号、一九三七年六月、二五六頁参照。

(29) 金仁極は大田方面を中心に活動しようと一緒に来たがその地方の事情にうといなどの理由で断念し、咸鏡道方面へ戻って行った。一九三三年四月に彼は赤色労組を組織しようと雄基で自由労働者をする一方、韓俊植《ハン・ジュンシク》、李成春《イ・ソンチュン》らが活動していた洪原労組と連絡して御用化された労組の革新を図ったが検挙され、一九三四年末に懲役五年を宣告された。東亜日報一九三四年一一月一八日、および朝鮮中央日報一九三四年一一月二一日参照。

(30) 徐升錫は元来は中国共産党のいわゆる工作委員会に加盟して活動したが、起訴猶予で解放された後読書会などを通じて安鐘瑞を指導していた。「中国共産党満省委員会東満特別委員会朝鮮内工作事件ノ検挙ニ関スル件」一九三二年四月(前掲『韓国共産主義運動史』(資料Ⅱ)、四八四頁)、および「赤色労働組合並赤色農民組合組織準備工作等事件」、『思想彙報』第四号、七二頁参照。

(31) 姜文永の読書会活動の詳しい経過は「判決書」一九三六年刑公合第一三号『鮮内検事局情報』一九三六参照。

(32) 権栄台グループの運動に関する主要資料は警察の捜査結果を土台に京城地方法院検事局が作成した捜査報告書と予審終結決定書がある。各々「城大教授三宅鹿之助赤化工作事件」、金俊燁・金昌順編、前掲書、七六七~七〇頁、および「赤色労働組合並赤色農民組合組織準備工作等事件」を参照。

(33) 普成3Aと3B班が各々三名、2Aと2B班が一名ずつだった。「城大教授三宅鹿之助赤化工作事件」七二四頁の図表参照。

(34) 鐘淵紡績罷業で李載裕組織の李鉉相《イ・ヒョンサン》、卞洪大らが罷業指導部を構成し、両組織が競合的活動を展開したことはすでに言及した。同文、同書、七六九頁。

(35) 調書、六二五頁。

(36) 調書、一六二〇~二二頁。

(37) 「赤色労働組合並赤色農民組合組織準備工作等事件」、五九頁参照。

(38) 調書、六二四~二五頁。

(39) ハン・ホング、イ・ジェファ編『韓国民族解放運動史資料叢書』4、二八五頁。

(40) 調書、六〇四頁。

(41) 李載裕の運動の第三期準備グループ時期に発刊された『赤旗』第二号には、李載裕の「京城再建」と権栄台の

「コムグループ」の関係に関して『赤旗』編集部が調査した記事内容が載せられている。その一部である「公開状」の内容をみると活動人物として両組織の人物が網羅されている。子細な内容はわからないが全体一三個の小グループに分類され、重複する人物まで含んで網羅された全体数は延人員四一名に達した。権栄台組織の人物としては権栄台、姜晦九、白潤赫、崔次玉《チェ・チャオク》、安承楽《アン・スンナク》、安鐘瑞を、李載裕グループでは李載裕、卞洪大、金福女《キム・ボンニョ》、李順今《イ・スングム》、申徳均《シン・ドクキュン》、兪順熙、権五相、朴鎮洪《パク・チンホン》、李観述《イ・グワンスル》などを、そしてこの他に鄭泰植、崔容達《チェ・ヨンダル》、三宅鹿之助などを含めて実際人員数は一八名である。この「公開状」で言及された人物は、李載裕グループにおいて両組織の合同を仮想して作成した組織体系の責任者たちで、前出〈表2〉で権栄台グループが作成した組織体系に相応する性格をもっているのである。この文件は李載裕が三宅の官舎に隠れていた一九三四年五月、鄭泰植と三宅を通して両グループの統一論議が非常に進行していた時期に作成されたものと推定される。権栄台が鄭泰植グループを知ったのは一九三四年三月であり、李観述が保釈で出監したのも似た時期の同年三月であるためである。調書、三二九三〜九六頁参照。

(42) 調書、三八四一頁。

(43) 「赤色労働組合並赤色農民組合組織準備工作等事件」、六〇頁参照。予審決定書にはこのようにあるが検事局報告では二月頃だという。「城大教授三宅鹿之助赤化工作事件」七六九頁参照。

(44) 林炳烈、崔順伊、李元鳳、李順鳳、尹慶熙は〈表2〉には出ていない。彼等に関しては「赤色労働組合並赤色農民組合組織準備工作等事件」、六〇頁参照。

(45) 調書、六二五〜二六頁。

(46) 「城大教授三宅鹿之助赤化工作事件」、七二四〜二五頁の図表参照。

(47) 例えば権栄台グループがコミンテルンの指導に無批判的に従った非主体的運動だったという評価などである。アン・テジョン「一九三〇年代ソウル地域の朝鮮共産党再建運動」、二二五頁参照。

(48) 「城大教授三宅鹿之助赤化工作事件」、七五三頁、「李載裕逮捕見聞記」『思想彙報』第一〇号、二九八頁、およ

び「朝鮮に於ける共産主義運動の特殊性と其の発展の能否」『思想彙報』第一一号、一〇六頁参照。一番目の資料によれば五月一九日に京城医学専門学校門前で会おうとしたともいう。

(49) 調書、二五頁、八二二頁の三宅の証言参照。これと対照的にこの二つのグループの提携がなされたという主張もある。例えば京城日報一九三七年四月三〇日号外では「当時プロフィンテルンからの重大使命を帯びて入鮮してゐた太平洋赤色労働組合の権栄台を加へた三名によつて赤色労働組合、赤色農民組合、反帝同盟に関する朝鮮問題を決定、李載裕、三宅、権栄台三名が最高幹部として血の署名」をしたというのである。「京城を中心として赤化に暗躍狂奔しつつありたる李載裕竝金熙星等一味の犯罪概要及検挙の真相は左の通である」『思想ニ関スル情報綴』一九三七の添付図表参照。

(50) 李載裕は後述する機関紙「プロレタリア」に対して同様の批判をした。つまりこの機関紙が労働者を対象にしているにもかかわらずあまりにも難解で、比較的共産主義的色彩がないということである。このビラに対する李載裕の批判は、労働者を激憤させその憤激をどの方向に導くのか明確でなく闘争の形態と方法が明確でないというのであった。予審調書、第二回、四四二一～二三頁参照。

(51) 「赤色労働組合並赤色農民組合組織準備工作等事件」、六三～六四頁参照。また「城大教授三宅鹿之助赤化工作事件」、七六九頁にはこれと若干異なり、発刊時期を五月中旬、部数を約一〇〇部としている。原本はハン・ホングˎイ・ジェファ編前掲書、二八二～三〇五頁に収録。

(52) この頃権栄台は、ソウルゴム工場を中心に活動していた李明新にゴム工場部門の工場新聞の出版を計画するため適当な題材をつかんで投稿するよう勧誘した。「赤色労働組合並赤色農民組合組織準備工作等事件」、六四頁参照。李載裕グループが第三期に準備グループの機関紙として刊行した「赤旗」も、元来は各経営内の工場新聞を基盤にする計画だったが同じく実現しなかった点を想起すべきだ。

(53) 「朝鮮共産党再建コミンターン朝鮮レポート会議事件ノ概要」京畿道警察部『治安状況』一九三五年三月。

■第四部

(1) 調書、二一八〇〜八二頁。
(2) 調書、二一六七〜六八頁。
(3) 京城日報一九三七年四月三〇日号外、および金剛山人「朝鮮民族解放の英雄的闘士李載裕脱出記」『新天地』一九四六年四月号、九頁参照。
(4) 予審調書第二回、四四〇一〜二頁。江原道で検挙されたのは、李載裕グループとは別個の運動で権麒甲《クォン・インガプ》、曺圭弼《チョ・ギュピル》、洪光中《ホン・グワンジュン》等によるいわゆる江陵共産党事件である。この事件については大阪毎日新聞一九三五年八月二四日号外参照。
(5) 金剛山人、前掲文、一〇頁。
(6) 検事訊問調書第一回、三九五九〜六〇頁、および予審調書第二回、四四〇二頁。
(7) 金剛山人、前掲文、一一頁。
(8) 検事訊問調書第一回、三九六二頁。
(9) 金剛山人、前掲文、一二〜一三頁。
(10) 「李載裕逮捕見聞記」『思想彙報』第一〇号、一九三七年三月、二九六〜九七頁。
(11) 金剛山人、前掲文、一三〜一四頁。
(12) 調書、三九六九頁。
(13) 調書、八一五〜一八頁、四四一二頁
(14) 調書、二四〜二五頁。
(15) 検事訊問調書第三回、四〇三八頁。
(16) 京城日報一九三七年四月三〇日号外。
(17) 検事訊問調書第一回、三九七三頁。

(18) 検事訊問調書第一回、三九七三～七四頁。
(19) 調書、三八四二頁。
(20) 李載裕と同郷の彼女の父を郷里で知っていた間柄から、一九三三年一、二月頃ソウルで女子商業学校に通っていた沈桂月が李載裕を訪ねて来たことがあった。
(21) 一九一三年咸北明川で生まれた彼女は、一九二八年三月に故郷の花台公立普通学校を卒業した後、父母と一緒にソウルに行き四月同徳女子高等普通学校に入学した。在学中彼女は「同徳女子高等普通学校開校以来の才媛として注目されていた」が、四年生の時の一九三一年四月から李平山《イ・ピョンサン》、崔台龍《チェ・テリョン》等の指導下で共産主義思想に次第に共鳴した。六月に校内で同盟罷業事件を企てて退学処分を受けた後では、漢城製綿会社、朝鮮製綿会社、大倉織物会社等の女工を転々としたが、京城学生RS協議会を組織して活動した嫌疑で一九三一年十二月に検挙され、一九三三年一一月京城地法で予審免訴で釈放された。以後李載裕グループの運動に関与して活動し検挙されたが、一九三四年五月京畿道警察部から訓戒放免された。釈放後彼女はすぐ李載裕と連絡して、「アジトキーパー」として活動したが、一九三六年七月京城地法で懲役一年六か月を宣告され、一九三七年五月西大門刑務所から出所した。後述するようにこれ以後にも彼女は李観述などと共に非合法運動に関与し、一九三七年九月京城地法検事局から起訴中止処分を受けるなど持続的に運動を展開した。以上は「朝鮮共産党再建運動協議事件」『思想彙報』第九号、一九三六年十二月、二二四頁、および京畿道警察部『朴鎮洪外十名ニ対スル治安維持法違反事件意見書写』一九三八、五～一〇頁参照。またオ・ミイル「朴鎮洪――秘密地下闘争のレポで活躍」『歴史批評』第一九号、一九九二年冬号参照。
(22) 検事訊問調書第三回、四〇四〇頁。
(23) その前の九月頃から兪順熙らが警察の手配をうけ検挙された事件で、いわゆる龍山署事件である。
(24) 金剛山人、前掲文、一七頁。
(25) 検事訊問調書第一回、三九七五頁。

(26) 京城日報一九三七年四月三〇日号外参照。しかし予審で彼は朴鎮洪との情交関係の事実を否定した。予審調書第三回、四八六五頁。

(27) 解放後李観述は、自分は元来理想的な民族主義者で、教鞭をとったことも青年の教育を通して民族を覚醒させようという理想からであったと回顧している。しかし一九二九年光州学生運動以後、学生たちの反日思想が燃え上がる一方、「民族主義者たちの冷淡卑怯のことと甚だしくは日帝と妥協、自らへつらう有様を見て、彼は民族主義は取るに足らない自己偽装であると看破し、ひとえに共産主義だけが階級の利益だけでなく民族解放のためにも唯一の力量であり指針であり正当な路線だという結論を得て、共産主義者になった」と言っている。キム・オソン『指導者群像』テソン出版社　一九四六、一六八頁参照。

(28) 予審中に転向を表明して保釈で出所したが、一九三四年一二月京城地法で開かれた一審公判で懲役二年、四年の執行猶予を宣告された。この時期の他の知識人男性と同じく、彼には朴嘉耶《パク・カヤ》という本夫人〔正妻〕がいた。官憲資料で彼の妻としばしば言及される朴璇淑《パク・ソンスク》は同徳女高普の教え子で朝鮮総督府国勢調査課に勤務していた。李観述が釈放された後、彼女は国勢調査課を辞め梨花洞で煙草屋を営み細々と生計を維持していたが、二人の間には善玉《ソノク》（新聞資料ではこの名前で出てくるが戸籍の実際の名前は京玉《キョンオク》だった）という娘がいた。李観述の本夫人と庶出の娘の戸籍名は、本夫人との間に産まれた李観述の末娘京煥《キョンファン》に対する安載成《アン・ジェソン》氏のインタビューに基づいたものであり、資料を提供してくれた安載成氏に感謝申しあげる。

(29) 朴英出は一九二一年東萊高等普通学校入学し一九二五年同校四学年まで通い、家庭の暮らし向きのため退学した。一九二七年日本に渡り生物学の勉強を志して山口高等学校に入学し、一九三〇年卒業。同年京都帝国大学経済学部に入学、一九三四年三月に卒業した。彼が生物学に関心を持ったのは、山口高校に在学中ダーウィンの進化論、クロポトキンの相互扶助論を読み、両者が生物界における生物の生成、進化、発展という同一の命題を取り扱いながら全く異なった見解を主張していることを知り、自分が直接これを発生的に研究してみようと考えたのが始まりだったという。ところが経済恐慌の余波で自分の財産である不動産の価格も甚だしく下落し、比較的多額を要する生物学研究費をまかなえないだけでなく、月ごとの僅かな学費を調達することさえ容易でなく研究を断念してしまった。当時日本では三・一五、四・一六事件等大きな共産主義検挙事件が連日新聞で報道されており、そうした雰囲気において彼は次第に共産主義書籍を読みあさり始めた。それらの書籍を読むことで、彼は従来解決しなかった生物あるいは人類の生存の本来の目的はマルクス主義経済学によって解決できるのではないかと考え、生物学から経済学へ方向を転換し、大学卒業を前後して完全に共産主義に共鳴するに至った。一九三三年二月京都で共産主義運動を援助した嫌疑で検挙され、同年五月起訴猶予処分を受けたのもこのためであった。卒業後ソウルに出た彼は新聞雑誌社の記者になろうと運動する一方、共産主義運動に進出することを自分の任務だと確信していた。「朝鮮共産党再建運動協議事件」、二二一頁。

(30) 同前、二二二頁。

(31) 調書、二六頁参照。警察の過酷な弾圧下で保安のため運動者の間でしばしば採択されたこのような方式は、後述するように第三期に至り更に強化された。

(32) 調書、三八四六頁。

(33) 調書、二七頁、三三一五〜一六頁参照。

(34) 検事訊問調書第三回、四〇五〇頁。李鐘嬉、兪順熙が京城再建グループに加盟して活動した事実は調書の他の部分(例、三三一八〜一九頁)でも確認される。しかしこの時期に李載裕は兪順熙と李鐘嬉に直接会っていないとの陳述から判るように、李観述の指導下で兪順熙、李鐘嬉の二人が活動し、李載裕が彼等と連絡する必要があれば朴鎮洪が連絡を担当したのだと推定される。予審調書第二回、四四五六〜六二頁参照。

(35) 調書、三三三三〜三六頁。

(36) 検事訊問調書第三回、四〇四六〜四九頁。

(37) 「京城を中心として赤化に暗躍狂奔しつつありたる李載裕竝金熙星《キム・フィソン》等一味の犯罪概要及検挙の真相は左の通である」の図表、および「李載裕逮捕見聞記」、二九九頁参照。

(38) 調書、三三一六～一七頁。
(39) 調書、三八四三頁、および検事訊問調書第三回、四〇四六～四九頁。
(40) 予審調書第二回、四四四八～四九頁。
(41) 検事訊問調書第三回、四〇四六頁。
(42) 調書、三八四四～四五頁。
(43) 調書、三八四五頁。
(44) 朴英出が検挙後、法廷で「赤色労組を組織しようとした過程に入っていたが昨年（一九三五年—引用者）一月中旬頃に龍山警察署に探知されてしまい検挙されたと、組織体については否認」したこともこの脈絡から理解される。東亜日報一九三六年七月一五日参照。
(45) 予審調書第二回、四四四六頁
(46) 京畿道警察部『治安情況』、一九三五年三月、一九四頁。
(47) 「李載裕一派ノ鮮内赤化後継事件起訴中止者検挙ニ関スル件」京高特秘第一六〇〇号一、一九三五年六月、六～七頁参照。
(48) 「朝鮮共産党再建運動協議事件」、二二七頁。
(49) 調書、六一一頁。
(50) 「朝鮮共産党再建運動協議事件」、二二二頁、および検事訊問調書第三回、四〇四五頁。
(51) 京畿道警察部、前出、一九三～九四頁。
(52) 京城日報一九三七年四月三〇日号外。
(53) 調書、二八頁。
(54) 検事訊問調書第三回、四〇四五頁。
(55) 調書、二八頁。

(56) 調書、三八四三頁。
(57) 崔浩極の記憶によれば（調書、六二二～二三頁）この日付と共に末尾に「京城再建」という署名があったと言うが、李載裕は一九三四年一一月中旬新堂洞の尹鎮龍の家で、自分が複写紙に『自己批判文』を書いて京城再建という名を使った（調書、四〇四六頁）と陳述した。九月に作成されたこのパンフレットを、李載裕は一一月に筆写して朴英出と李観述と接触する過程で主要資料として使ったと思われる。
(58) 調書、六一八～二〇頁。
(59) 検事訊問調書第三回、四〇四七頁。また京城トロイカが「最初から下から上への統一戦線までは成功」したが「これで既に下部組織が出来たのに上部組織を持たなかった事は誤謬」（「李載裕逮捕見聞記」、二九九頁）であったとの言及も、前者の批判を言っている。
(60) 調書、三八四三頁、および検事訊問調書第三回、四〇四八頁。
(61) 例えば徐球源を通して崔浩極を獲得する過程とか、李載裕が検挙された後の朴鎮洪と孔成檜等による運動がその適当な例であろう。本書第八部：調書、六一五頁以下：京畿道警察部『朴鎮洪外十名ニ対スル治安維持法違反事件意見書写』参照。
(62) 予審調書第二回、四四四三～四四四頁。
(63) 検事訊問調書第三回、四〇五二頁。
(64) 調書、六二三頁、および検事訊問調書第三回、四〇五一頁。
(65) 一九三四年一一月李載裕と朴英出が会って九項目の学校内活動基準を決定したというのがこれである。これによれば代表的な条項を選択的に羅列している。つまり（1）学園内の一切の反動団体に絶対反対し、学生の自主的委員会を組織して活動の自由を図る、（2）学生が共青、反帝等に加入する自由を図る、（3）反動的教師の授業を拒否する自由を図る、（4）日本帝国主義の祝祭日の儀式参列に反対する、（5）朝鮮及び国際革命記念日に学生が記念活動をする自由の獲得、（6）学生ゼネストその他一切のカンパニアにおいて、朝鮮と日本人学校及び学生の間の共同闘争を図る、(7) 帝国主義戦争に絶対反対し、闘争を起こす、(8) ソビエト同盟及び中国革命運動支持闘争を起こす、(9) 日本帝国主義の国家権力の根本的転覆闘争、朝鮮の絶対独立闘争を図る、こと等だ。「朝鮮共産党再建運動協議事件」、二二二頁。また検事訊問調書第三回、四〇四三~四四頁にもこれに似た条項が紹介されている。

(66) 予審調書第二回、四四四七~四八頁。

(67) 「朝鮮共産党再建運動協議事件」、二一九~二〇頁参照。『治安情況』一九五~九八頁では四二名が検挙、九名が起訴され、一名ずつ少なくなっているが、その理由は金潤会が後で検挙され追加で起訴されたためである。

(68) 一九三〇年間島の龍井村所在の東興中学校を卒業した許和正は、同年約四か月程間島所在の私立小学校等で教鞭を取っていたが帰国した。一九三〇年冬頃から共産主義者徐基《ソ・ギ》の指導を受け工作委員会事件に関わり、一九三四年六月二五日京城地法で治安維持法違反で懲役一年六月を宣告されたが、同年七月一三日西大門刑務所から出獄し、再び運動に加担して活動した。「朝鮮国内工作委員会事件等予審決定書写」一九三二(金俊燁・金昌順編『韓国共産主義運動史』(資料Ⅱ)、五四二、五七二頁)、および「朝鮮共産党再建運動協議事件」、二二七~二八頁参照。

(69) これを理解するためには、当時運動者たちの間で両者の運動が派閥か否かに関する論議が騒がしかった雰囲気を念頭に置かねばならない。

(70) 朝鮮中央日報一九三六年七月一六日、一七日。

■第五部

(1) この事件の概要に対する資料には龍山警察署で作成報告した「京城事件再建運動検挙ニ関スル件」京龍高秘第二一六二号、一九三五年六月(『警察情報綴』一九三五)がある。この運動の中心人物の金根培は、一九二九年ソウルの普成高等普通学校に入学し、翌年の一九三〇年二月から左翼書籍を読み、共産主義思想研究を続け三学年時の一九三一年七月同盟休校事件に関連して退学処分を受けた経歴がある。

（2）「赤色救援会及読書会事件検挙ニ関スル件」、仁高秘第一一五一号一、一九三三年三月（『思想ニ関スル情報』一九三三）参照。厳密に言えば第二次ではなく第二の救援会であるが便宜上そのまま叙述した。

（3）また他の読書会には前出李載裕グループの金三龍らと活動した李錫冕《イ・ソンミョン》が所属していた。崔徳龍の指導下のそれぞれ異なる読書会に属していた金煥玉と李錫冕の二人が互いに知り合っていたのかどうかは不明である。ともあれ彼等二人が以後の運動でそれぞれ権栄台と李載裕の運動線に所属して別に運動を展開したことだけを指摘しておく。この事件で二人は治安維持法違反で検挙され李錫冕は警察で起訴猶予、金煥玉は起訴意見で検察に回付されたが起訴猶予処分を受け釈放された。

（4）貧農の家に生れた許次吉は仁川公立普通学校五学年を中退し、日本人家庭の雇い人として労働に従事したが、三井物産系列の塩業組合給仕として採用され、一九三五年一月には運送部の事務員に昇進し勤務した。

（5）京畿道警察部『治安状況』、一九四～九五頁参照。

■第六部

（1）調書、二八～二九頁。

（2）検事訊問調書第一回、三九七六頁。

（3）東亜日報一九三五年一一月六日、および朝鮮中央日報一九三六年四月一六日参照。

（4）調書、三八三一頁。

（5）以上の経過に関しては調書、二九、六八〇～八二頁、検事訊問調書第一回、三九七五～七七頁、および京城日報一九三七年四月三〇日号外参照。

（6）「やつらは物欲しげに苛付いて探し回ったが李載裕同志は笑い顔で爽快な口笛とともに自由自在に出没し、やつらの後ろにあるいは前に行商人や農夫や紳士の姿で現われたのだ。そうして数知れずやつらと出くわしたが、やつらは李載裕同志が横にいても気づかず、李載裕同志の姿はいつもソウル市内を自分の家のように歩き回ったが感づかれなかった。」金剛山人「朝鮮民族解放の英雄的闘士李載裕脱出記」『新天地』一九四六年五月号、五八頁参照。

（7）予審調書第二回、四四六三〜六四頁。

（8）調書、三八四七〜四八頁。

（9）大部分の資料では一九三五年一〇月李載裕が李鐘国と初めて会ったとしている。ところで警察捜査報告は同年五月とし、検事の調書では李載裕自身が同年九月だったと陳述している。調書、二九頁、および検事訊問調書第三回、四〇五三頁参照。この時期の確定が重要なことは、それが実際の運動期間を判定する問題と関連しているためである。

（10）予審調書第二回、四四七〇〜七一頁。

（11）予審で李載裕は、李鐘国に『自己批判文』を与えたのは彼の姉に読ませるためだと陳述した。李鐘国が読みたいといったが、「彼が読むとは思わず、読みたいというのは姉が言っているのだと思った」というのである。予審調書第二回、四四七五頁参照。このように李鐘国が姉の所在を知らないといったが、李載裕はこの言葉を信じないで、李鐘嬉の消息をわざと伝えなかったのだと考えた。調書、三八一六頁。

（12）調書、三六八頁、三八四八頁。

（13）予審調書第三回、四八五八〜五九頁。

（14）詳しいことはわからないが李鐘国はこのような連絡について消極的だったようだ。そうした態度は李鐘国の他の運動計画と関連があったのかもしれない。つまり一九三六年六月以来、彼は中国の新京方面で彼の姉の李鐘嬉、李平山《イ・ビョンサン》、崔三京《チェ・サムギョン》（崔秉喆《チェ・ビョンチョル》）らとともにある種の運動を模索していたが、翌年一九三七年四月内モンゴル地方で李平山、李鐘嬉とともに警察に検挙、押送されたのである。この事件に関しては「文春学一派ノ赤色救援会事件検挙ニ関スル件」京高特秘第一一九一号、一九三七年五月参照。

（15）当時兪順熙は咸興に潜伏し製糸工場の女工として活動していた。李載裕が兪順熙に連絡した目的は二つほどあったとみられる。一つは運動の窮極的目的が全国的党組織にあったので、他の地域との連携が必須的に要求された点、二つには第二期に平壌が代替活動地域として模索されたように、ソウルでこれ以上活動できなければ李載裕自身が咸興地方に根拠地を移すことを構想していた点である。第一期トロイカ時期に、金炯善《キム・ヒョンソン》が李載裕に咸興へ行って活動することを勧めた事実を想起する必要がある。また兪順熙と連絡する場所としては、李鐘国が指定した高陽郡漢芝面馬場里の全寬洙《チョン・グワンス》の家を利用しようとしたが、この家は彼の弟の全昌洙が齊洞公立普通学校に在学した当時の一九三一年八月から一九三四年三月まで、李鐘国の指導下で赤色読書会を組織して活動したことがあり、卒業後も二人が同居しながら思想運動をしたという関係でよく知っている仲であったためである（調書、三六八頁）。兪順熙の陳述によれば、李載裕から一九三五年一一月から一九三六年三月まで、自分がつくった暗号を使って明礬水で書いた書信を二回送ったと陳述している。いずれにしても兪順熙は李載裕から通信連絡を受けたが、李載裕がそれに対する返事を受けとれなかったことは明らかである。詳しい理由はわからないが、李鐘国は全昌洙を通じ兪順熙から五回ほど書信を受けたが李載裕には伝えなかった。後で李載裕は、兪順熙から自分にきた手紙は李鐘嬉と李鐘国の二人が受け取ったはずだと陳述した。調書、三八一二〜一三頁、三八一六頁、および予審調書第三回、四八六三頁参照。

(16) 警察では同年一月下旬、あるいは一九三五年一二月から一九三六年九月まで会ったが、近頃は連絡が途切れた状態だったと陳述した。調書、三〇頁、六七二〜七三頁参照。

(17) 公判調書第一回、五〇三四頁。

(18) 公判調書第二回、五〇八七〜八八頁。

(19) 例えば第一期に包摂を試みた延禧専門学校の李東壽や、転向して朝鮮中央日報社に勤務していた印貞植、李友狄などをあげられる。予審調書第二回、四四七七〜七八頁参照。

(20) 後に彼は運動から身を引く決心をして田舎に向ったが検挙された。公判調書第一回、五〇三五頁参照。

(21) 元来徐球源は一九三二年七月に洪原農民組合事件に関係して洪原警察署で訓戒放免されたが、以後一九三三年一二月と一九三五年五月の二回にわたり咸興地法検事局から治安維持法違反で起訴猶予処分を受けた状態で（公判調書第二回、五〇七五～七六頁）ソウルに上り、権栄台の後継組織であるコムグループ線で活動していた。

（22）調書、三三二三～三三三頁。

（23）調書、三八三七頁。

（24）徐球源と同じ洪原に生れた崔浩極は洪原公立普通学校を卒業した後私立育英学院補習科を経て一九三二年三月ソウルの中央高等普通学校に入学したが、一九三三年一一月盟休事件に関係して退学処分を受けた。この事件で検挙され監房に入っている時、彼は崔小福《チェ・ソボク》と知り合いその影響で共産主義者になった。公判調書第一回、五〇三九～四〇頁参照。

（25）調書、三三三〇～三三一頁。

（26）調書、六七〇頁、および公判調書第二回、五〇七六頁。

（27）調書、六六八頁。警察の調査では同志を保護するための保安措置として虚偽陳述したと考えることもできる。しかし当時はすでに徐球源と崔浩極が逮捕されており李載裕もそれを知っていた。逮捕されてから李載裕は彼等の名前を知ったと推定されるが、自身が作成した文で徐球源《ジョ・キュウゲン》［日本音読み］を曺球源《ソウ・キュウゲン》［日本音読み］と表記（調書、三八四八頁）している。警察や法院が作成した調書や判決文などだけからでは分からない内容である。

（28）もちろん自身が咸鏡道の農村生れで二、三年前に故郷を離れ咸興である事件に関係し、ソウルに来てからは李載裕の京城再建グループで活動する運動者だという事実を崔浩極に教えたのは、レポの形成において基本的に要求される情報であったろう。調書、五九二頁、五九八頁参照。

（29）東亜日報一九三六年七月一六日。

（30）「朝鮮共産党再建京城地方協議会事件」『思想彙報』第一六号、一九三八年九月、二六三頁以下参照。

（31）これは第一期に李載裕が統一体として構想した「朝鮮共産党京城地方委員会」と類似の目的と位相を持つ組織体だ。

(32) 調書、六九二〜九三頁、および検事訊問調書第三回、四〇六一〜六二頁。

(33) 調書、六九四頁。

(34) 調書、六九五〜九六頁。

(35) 「自分の線である京城トロイカの徐球源、また自分の線である京城再建の被疑者を選んだのは被疑者たちが実権を掌握するためのもの」ではないのかという検事の質問に、李載裕は相手を多く参加させる目算で名前を別々にして出したと答えた。また「京城トロイカでは徐球源、京城再建グループでは被告人を出す事にし、京城トロイカと京城再建グループが別箇のもののように相手側に見せようとしたのか」との予審判事の質問に対して、自身の意見を主張しこの機会に戦線を統一する目算だったと答えた。検事訊問調書第三回、四〇六二〜六三頁、および予審調書第二回、四四八一〜八二頁参照。

(36) 調書、六九三頁、および「朝鮮に於ける共産主義運動の特殊性と其の発展の能否」『思想彙報』第一一号、一九三七年六月、一〇七頁。

(37) これとは反対に「李載裕等と別箇に運動していたコムグループ派の運動者金熙星、白潤赫《ベク・ユンヒョク》、朴仁善《パク・インソン》等と重ねて折衝を繰り返し戦線統一に努力、これと提携が成立した」(「京城を中心として赤化に暗躍狂奔しつつありたる李載裕竝金熙星等一味の犯罪概要及検挙の真相は左の通である」、八頁)との報告もあるが、これは事実に合わない。調書、六三九頁、および検事訊問調書第三回、四〇六三頁参照。

(38) アン・テジョン「一九三〇年代ソウル地域の朝鮮共産党再建運動」、二四六頁参照。

(39) 調書、一一頁、三四頁参照。同年一〇月二〇日に発刊された機関紙『赤旗』は、再建グループとトロイカの統一体として「朝鮮共産党再建京城準備グループ」という名称を、京城コムグループに対して連合カンパニアを提案した一九三六年六月二三日当日付けで発表した。

(40) 調書、六八九〜九〇頁。

(41) 一九三六年七月下旬崔浩極と会った席で、徐球源はこのパンフレットを提示しつつその末尾にある京城準備グループについて「コムグループ以外の戦線を統一して京城再建グループからこの名称にわれわれの運動は変わったの」だとその意味を説明した。さらにこのパンフレットをもって「宣伝煽動することは非常によいがこの文書をそのまま交付することはよく考慮、制限しなければならない」といった。これは主に日帝警察を意識した保安的次元の処置だと思われる。調書、六三〇～三一頁、および検事訊問調書第三回、四〇六三頁参照。

(42) 検事訊問調書第三回、四〇六三～六四頁。

(43) 調書、三八四九頁。

(44) 調書、六三六～三七頁。

(45) 検事訊問調書第三回、四〇六三頁参照。上の調書四〇六〇頁には、一九三五年七月孔徳洞のアジトで作成したものとあるがこれは誤り。

(46) 『思想月報』第二巻第一二号、一九三三年三月号の裏面、および調書、六三〇頁参照。

(47) 各国の無産青年が軍閥と財閥に反対し闘争するという趣旨から一九一五年に制定されて以来、国際反戦日と同様に一九二〇年代以来社会運動圏で檄文、パンフレット等を通じて広く記念した日のうちの一つ。金俊燁・金昌順『韓国共産主義運動史』2、高麗大亜細亜問題研究所、一九六九、一三二頁の注二〇六参照。

(48) 検事訊問調書第三回、四〇六七～六八頁。

(49) 検事訊問調書第三回、四〇五八～五九頁。

(50) 調書、三二八一～八三頁。

(51) あるいは第一号と第二号がそれぞれ四〇部、第三号が一七部程度で、総九〇部程度を発行した（調書、六八七頁）ともいう。正式の謄写版でない代用品のため大量発行に限界があったこととともに、配布対象人員がそれほど多くなかったことから、この程度を計画したが減らしたかも知れない。検事訊問調書第一回、三九八一～八二頁、および第三回、四〇六五頁、予審調書第二回、四四八六～八九頁、および公判調書、五〇一八～二〇頁参照。

(52) 検事訊問調書第一回、三九八二頁。

(53) 検事訊問調書第三回、四〇六六頁。
(54) 調書、六八八～八九頁。
(55) 具体的には次の事項を当面の問題として提起した。
1 我々の運動方針と政治的報告を中心とする理論問題！
2 敵陣の政策暴露と大衆の不平、抗議闘争の集中。
3 大衆運動の展開のための戦略戦術問題、特に工場内の諸問題！
4 血みどろの闘争経験報告とその教訓。
5 大衆の政治的啓蒙のための諸問題。
6 革命的論文、小説、詩劇、脚本、評論、広告などの掲載。
(56) 調書、三二八八～八九頁。
(57) 「反動的天皇の欺瞞的下賜金一封を大衆に暴露しよう」は、「不敬な字句」を使用したとして警察から集中的に追求された。調書、三二八九～九二頁参照。
(58) 調書、三二九三～九六頁。
(59) 予審調書第二回、四四八七頁、および公判調書、五〇二〇頁。
(60) 予審調書第二回、四四八八頁。
(61) これに関しては調書、三三二九～三〇頁、および「京城を中心として赤化に暗躍狂奔しつつありたる李載裕並金熙星一味の犯罪概要及検挙の真相は左の通である」、八頁参照。
(62) 李載裕が検挙された以後の一九三七年七月初旬に李観述は朴鎮洪に会い「楊州郡蘆海面孔徳里アジトでの生活状況を説明し、その間の活動は新聞号外に発表されたものが運動の全部」だと説明した。京畿道警察部『朴鎮洪外十名ニ対スル治安維持法違反事件意見書写』、一〇～一三頁参照。
(63) 金剛山人、前掲文、六二頁。

(64) 公判調書、第一回、五〇二九、五〇三五、五〇五二～五三、五〇五五、五〇六四～六九、五〇八三～八四頁。当時の新聞は彼等が「なにも知らず社会科学を研究しようとしたが現在は社会科学を研究する考えは」全くないとの趣旨の陳述をしたと報道した。朝鮮日報一九三八年六月二五日、七月一三日参照。

(65) 公判調書第一回、五〇九一～九二頁。

(66) 京城日報一九三七年四月三〇日号外参照。

(67) 『思想彙報』第一一号、一〇九～一一八頁。

(68) 「朝鮮共産党再建京城地方協議会」、前掲書、二六八頁。

(69) あるいは九月ともいう。調書、三六五頁参照。

(70) この頃警察は、東大門外の競馬場付近と梨花洞の駱山付近で彼等をおとりとして李載裕を誘引しようとしたが、そのたびにいつも失敗だったという。金剛山人、前掲文、五九頁。

(71) 警察ではこのように陳述したが、検事訊問によると逮捕される一月ほど前に駐在所から戸口調査に来たという。調書、六八二～八三頁、および検事訊問調書第一回、三九八二～八三頁参照。

(72) 調書、六八六頁。

(73) 一九三七年四月三〇日。

(74) 公判調書第二回、五〇八九～九二頁。

(75) 調書、五〇九二～九三頁。

(76) 検挙されて以来一九三七年四月下旬に起訴される時まで留置場にいながら、李載裕は「思想犯の保護観察制度に対する所感」という文を書いたことがある。彼はその文で一九三六年に制定された思想犯保護観察法に対して「其れは恰も昭和三年度当時に凡ゆる『反対』や『考慮』の叫びを突破して緊急勅令で新治安維持法を発表して一般共産主義者たらんとする者等を威脅した其れと殆んど同じものではないか」との考えがふと思いついたとしながら、「治安維持法が重に共産主義者等を対象として其の武力的掠滅の為めに実施されるのと同じく、此の思想犯の保護観察法も重に共産主義運動者等を対象として其の善導的懐柔的且つ延刑的掠滅の為めに実施されるものではないか」と考える（「朝鮮に於ける共産主義運動の特殊性と其の発展の能否」の付録、『思想彙報』第一一号、一二九頁）、との評を下したことがある。ところで治安維持法により被検挙者数が増大すると日帝はいわゆる転向制度を木格的に推進したが、ここで転向者の転向確保のため監視・監督制度として保護観察の規定を治安維持法に設定しようとした。まずこれは一九三四年日本の第六五議会へ斉藤内閣が提出した、治安維持法改定案中への予防拘禁制度等新設により試みられた。即ち転向者には保護観察を、非転向者には予防拘禁を適用しようとしたのだ。世論の批判により削除されたこの予防拘禁制度は、一九四一年の第二次近衛内閣が提出した改定案で復活した。李載裕は数年後に自身がまさにこの法律の適用を受ける可能性を予め予想でもしていたかのように、強烈にこの法案を批判し、結局彼は実施されたこの制度の適用を受け、刑期を終えても釈放されず獄死してしまった。

■第七部

（1）この事件に関しては「産業別赤色労働組合、店員労働組合組織協議事件」『思想彙報』第一二号、一九三七年九月、一五五～七四頁、および「京城を中心として赤化に暗躍狂奔しつつありたる李載裕竝金熙星一味の犯罪概要及検挙の真相は左の通である」京畿道警察部『思想ニ関スル情報綴』、一九三七参照。後者の資料は朝鮮日報一九三七年五月一日に収録されている。

（2）この他にも直接的方式ではなかったが、ソウルに来て以後の一九三五年三月末頃、玄寛赫《ヒョン・グワンヒョク》を通して平南价川の左翼農民組合運動の指導もした。

（3）ソウル寿松普通学校、京城公立第二高普を経て一九三一年四月大邱師範学校講習科に入学した崔利七は、在学中大邱師範の教師だった玄俊赫《ヒョン・ジュンヒョク》の指導下で社会科学研究会を組織し、一九三二年一二月大邱地法で治安維持法違反懲役一年、執行猶予四年を宣告された経歴があった。東亜日報一九三二年一二月二日、および朝鮮中央日報一九三二年一二月四日参照。権又成と提携しながら崔利七は、一二月下旬馬山で朴鐘大などと会い「資本主義社会の矛盾と労働者の窮状を説明し、ソビエトロシアの労働者の境遇を賞讃」するなどの活動をした。

（4）黄海道遂安郡で普通学校を卒業し一三歳の時ソウルに来た李成学は、薬種商店員、印刷職工などを転々としたが、一九三一年慎弦重《シン・ヒョンジュン》などの京城帝大反帝同盟事件に関連して一九三三年一一月に懲役一年六か月、三年の執行猶予を宣告された。一九三五年八月中旬には権又成を鄭載轍に紹介するなどの活動をしていて起訴猶予処分を受けたが、翌年一九三六年二月には馬山で林和《イム・ファ》、李相北《イ・サンベ》たちと交友した。一九三七年七月には孔成檜《コン・ソンフェ》、朴鎮洪《パク・チンホン》たちとともに活動していて警察に検挙された。本書第八部、および京畿道警察部『朴鎮洪外十名ニ対スル治安維持法違反事件意見書写』、一九三八、八、八五〜八八頁参照。

（5）永登浦の公立尋常高等小学校の高等科を卒業した鄭龍鳳は、鉄道従業員養成所に入所し一九三三年三月に卒業、鉄道局京城工場技工として勤務した。一九三三年八月から尹泰恒《ユン・テハン》の指導を受けながら共産主義者になった。

（6）鄭載轍は一九二七年三月普通学校を卒業し、一九二九年五月から一二月まで大阪でメリヤス工場職工として勤務したが、帰国後釜山で釜山日報社の印刷職工として働いた。ソウルに来たのは一九三二年四月で、自由労働をしていたが、一二月から吉岡、大和、平和堂印刷所などを転々としながら職工として勤務した。このように典型的労働者出身としての彼が共産主義に関心を持ったのは一九三一年頃からだという。

（7）故郷で書堂程度の学歴を終え釜山公立第二商業学校に入学、一九二七年二月に中退した卞奇学は、翌年一九二八年六月勉学の目的で大阪に渡ったが思うように行かずすぐ七月帰国してしまった。以後彼は一九二九年三月から約一年間大邱専売支局雇員として勤務したが、一九三〇年四月にソウルに来た。京城苦学堂へ入学した彼は、翌年一九三一年苦学堂が閉鎖されるや新聞配達などをしながら独学し、一九三四年一二月から私立光星学院の教師として働いた。彼の思想は苦学堂在学当時、学校の急進的雰囲気から形成されたと推定される。

（8）金承塤は一九〇七年に父母に付き従いシベリアへ移住し、シベリアおよび間島地方を転々としながら農業に従事したり商店員としてどうにか生計を立てた。一九二五年春彼は金順九《キム・スング》の紹介で満州高麗共産青年会に加入し、延吉道支部龍井ヤチェーカに所属して支部の幹部李昌熙《イ・チャンフィ》および金順九の指導教養を受けたが、同年秋には頭道溝ヤチェーカ責任者として活躍した。一九二八年秋にML派高麗共産青年会満州総局員だった朴允瑞《パク・ユンソ》、李昌煕の紹介でモスクワ共産大学に入学、国際班へ編入し一九三一年秋に卒業した。卒業後二か月間モスクワのプロフィンテルンで研究したが、一九三一年一〇月中旬プロフィンテルン東洋部の斡旋で、ソウルにいた鄭泰玉《チョン・テオク》と連絡して一二月上旬ソウルへ到着した。しかし鄭泰玉はすでに検挙されてしまったため、鉄工所職工として働きながら運動の機会を模索していた。

(9) この批判は三人が合意したものではなく、金承塤がモスクワで共産大学を卒業後二か月の間に定立した理論に依拠したものだという。

(10) 金順萬は鉄原普通学校二学年を終了後四年制の鉄原労働夜学校で普通学校課程を修了、その後一六歳から鉄原警察署で給仕として雇用人生活をした。それを辞めた後一九二九年秋に光州学生運動が始まるや檄文を撒布し、一九三〇年四月京城地法で保安法および出版法違反で懲役一〇年を宣告された。彼が共産主義者になったのは、西大門刑務所で服役中に趙斗元《チョ・ドゥウォン》、鄭宜植《チョン・ウィシク》らとの交友を通してだったが、出監後彼は鉄原とソウルで労働しながらふたたび運動に参加し、鉄原の検事分局とソウルの検事局でそれぞれ一回ずつ起訴猶予処分を受けた。一九三四年一二月にソウルに来た彼は、翌年一九三五年七月下旬権又成と会い提携、活動することにしたが、権又成は朝鮮の客観的情勢として（一）日本帝国主義的金融機関が朝鮮へ進出し、労働者・農民に対する搾取はますます激しく彼等は飢餓線上にさまよっており、（二）民族主義運動者が行ってきた運動は労働者・農民のための運動ではなく、むしろ資本主義的進出が目的であるのみならず今日は日本帝国主義と手を結びその手先として労働者・農民を搾取しており、（三）産業合理化、新機械の設置などにより労働者・農民は失業者を無数に出し、下層階級の生活はさらに悪化している事実等を指摘した。また過去の共産主義運動は派閥闘争に明け暮れなんら大衆的基礎を持っておらず、したがって大衆の闘争意識は旺盛であるにもかかわらず指導の側面は極めて無力だと指摘し、金承塤と一致した見解を示している。これに依拠して権又成は金順萬を指導し、彼を金承塤に引き継いだのだ。

(11) 「産業別赤色労働組合、店員労働組合組織協議事件」参照。

(12) すでに見た金潤会《キム・ユンフェ》と兪順熙《ユ・スンフィ》、沈桂月《シム・ゲウォル》事件も同じ脈絡で理解できる。

(13) 「京城を中心として赤化に暗躍狂奔しつつありたる李載裕竝金煕星等一味の犯罪概要及検挙の真相は左の通である」の図表参照。またこの表は金煕星、安任均、安承楽などを含む赤色労組事件を別に分類した。しかしこれは金煕星を検挙できなかったため、上の判決文で見るように便宜上金承塤、権又成などとともに併合審理したに過ぎなかった。

(14) 安承楽の父親である安浚《アン・ジュン》（安秉鉉《アン・ビョンヒョン》）がソウル青年会で活動したために、早くも儆新学校に通う頃から彼は思想問題に多くの関心を持っていたという。病気で一時帰郷したが一九三〇年上京し、中央基督教青年会学校第一学期に入学したが思想事件に関連して退学処分を受けた。一九三二年秋から彼は姜貴男（姜敬子《カン・ギョンジャ》、姜京子《カン・ギョンジャ》）の家で、姜壽九《カン・スグ》および姜貴男の夫である安鍾瑞《アン・ジョンソ》などの指導を受けた。また苦学生相助会委員だった姜敬子は、一九三二年二月に大邱師範の玄俊赫事件と関連して検挙された経歴があり（朝鮮中央日報一九三二年二月二七日付）、姜壽九は確実ではないが前述の姜晦九と同一人物であると推定される。

(15) 例えば安承楽は（一）咸南で検挙された太労系を派閥と見るのかどうか、（二）現在は統一の時期なのかどうか、（三）京城トロイカ運動者李載裕が派閥なのかどうか、ということとともに、（四）国際線以外の部分を全部派閥と認定する。（五）運動はまず赤農組織を作った後党再建運動へ進まなければならない、という五条項をテストして、運動者として受け入れるどうかを決定したという。これは朴鎮洪と李観述から李載裕が伝え聞いたものだ。調書、三二九六～九七頁参照。

(16) あるいは（一）朝鮮共産主義運動史、（二）それに対する具体的批判、（三）朝鮮共産主義運動とコミンテルンの関係、（四）運動の統一方法、（五）工場内の組織方法、などに関して質問したのでこれに答えたもので、安承楽自身の意見は別に話さなかったという。予審調書第一回、四三八六～八七頁参照。

(17) 第一の提議には安承楽が応じず、第二の提議に対しては安承楽も賛成し共同闘争をすることにしたが、それ以上連絡をせず中断してしまった。このように初歩的共同闘争を基盤にして理論的統一をし、これを通して安承楽を獲得しようと構想したが、結局安承楽の拒否で具体的結実に至らなかった。

(18) 安承楽が五条項を挙げて運動者を試験したという事を通して教条的で観念的な派閥運動の典型的雰囲気を感じ取れるだろう。このような教条的試験はおそらく李載裕との会見の後から行われるようになったと筆者は考える。

(19) 李載裕は「ルンペン的生活をせずに工場にでも入り活動せよ」と勧めたし、安承楽は権栄台に「ルンペン的生活をやめて工場方面に就職」し活動することを約束した。

(20) これらの活動は論議段階に留まり実際はほとんど実現しなかった。この時期以後翌年七月中旬まで、安承楽が李柱夢《イ・ジュモン》と接触しつつ同じ問題を再び提起していることを見てもよくわかる。

(21) 柳梅吉は李載裕の第一期運動と権栄台のグループで重複活動し、第二期李載裕運動で活動したことがあった。

(22) 安承楽は一九三五年四月杏村洞の崔敬昌の家で七〇〇円を、次いで六月下旬に京釜線餅店駅前で二〇〇円の運動資金を彼から受け取った。前者の七〇〇円は白明欽が、後者の二〇〇円は洪淳迥が提供したものだった。彼等は一九三五年二月下旬に水原から来て運動を計画していたが、安承楽がその情報を聞き資金提供を受けたのだ。安承楽はこの金を運動資金に直接使わず、五月初旬ごろ医師権泰圭《クォン・テギュ》とともに鐘路三街に中央医院という病院を開業し、自分は会計と集金を受け持ちその収益で運動を展開した。ちなみにこの組織が明るみに出たのも白明欽の検挙が直接的な端緒になった。すなわち一九三五年九月下旬南朝鮮一帯を中心に展開された師団対抗演習に際しての特別警戒の一環として、西大門警察署が過去の左翼運動者の行方を調査中、水原の白明欽がソウルに来ていることが分かり検挙、取調べて事件の端緒がつかまれたのだ。朝鮮中央日報一九三五年一〇月四日、および朝鮮日報一九三五年一二月一七日参照。

(23) 普通学校四学年を修了後農業を営んでいた安昌大は、一九歳で日本に渡り三年間日雇い労働をして帰国した。朝鮮に帰った後にも農業に従事したが、一九三三年一月に上京し新聞配達と自由労働をしながら安承楽、姜貴男と同居して、鄭七星らと付き合い運動に参加した。

(24) 安昌大がいう派閥は李載裕グループを指し、優秀な指導者とはコミンテルンと連係を持つ権栄台などを指すものだ。また安昌大が崔成浩に対して（後述）「派閥闘争を排斥すること、同志金明順を派閥から離間」させ連絡を維持すること、などを指示したのも同じ意味と解釈できる。金明順は権栄台グループに属し朝鮮製糸で活動していたが、明るみに出てはいないが李載裕の第一期運動でも重複活動した可能性が高い人物だ。なぜなら李載裕の第二期運動に金明順が参加しているためだ。付け加えると、安昌大の運動部分には、前の鄭載轍と同様に李載裕組織に関連した運動者たちが相当数網羅されていた。例えば鄭七星は第一期に鐘紡で、許マリアはソウルゴムで活動した経歴があった。

(25) 崔成浩は一九二六年に江原道平康普通学校を卒業し、ソウルで善隣商業学校を経て一九三一年延禧専門学校商科に入学、一九三四年三月に卒業後光星学院教師、二西大門町の運輸通信社記者、南大門通りのサンエス商店店員などと転々とした。かれが共産主義思想に接したのは延禧専門時代という。

(26) 例えば「われわれの運動は大衆の信頼を必要とするので、自ら大衆の中に入り実生活を吟味しながら日常闘争を起すこと」、あるいは実践的で革命的インテリによる文化運動が重要でありプロレタリア文学を大衆に宣伝する必要があるが、文化サークル的高趣味に陥らぬよう注意しなければならない等だ。

(27) あわせて「インテリを運動に引き入れはするがヘゲモニーは労働者が掌握しなければならない」と強調した。

(28) 朝鮮日報一九三五年一一月二一日。

(29) 当時の新聞記事を見ると、日帝は李載裕を逮捕するのに血眼になり、李載裕と以前関係があったり親しかった運動者を手当たり次第検挙した。その渦中でこれらの組織が「副産物」として明るみに出たのだ。朝鮮中央日報一九三五年一〇月四日、および東亜日報一九三五年一一月六日参照。

(30) 朝鮮中央日報一九三五年八月二八日、東亜日報一九三五年九月一日、一〇月四日参照。

(31) 朝鮮中央日報一九三五年一二月一七日。

(32) 一九三七年七月一〇日の最終公判で権又成と金承塤が懲役三年六か月、安承楽が三年、鄭載轍が二年の実刑を宣告された。東亜日報一九三七年六月二五日、七月一一日。

(33)「京城を中心として赤化に暗躍狂奔しつつありたる李載裕竝金熙星等一味の犯罪概要及検挙の真相は左の通である」、および東亜日報一九三八年五月二四日参照。
(34) また金熙星と朴仁善を含む被告全員が転向した。東亜日報一九三九年四月一六日参照。
(35) 日帝警察は李載裕を未逮捕不拘束として起訴中止処分にした。東亜日報一九三五年一〇月二五日、一一月六日参照。
(36) 調書、五九一～六二四頁。
(37) 調書、三八四〇頁。
(38) 検事訊問調書第三回、四〇四七頁。
(39) 金炅一「一九三〇年代前半期ソウルの反帝運動と労働運動」、一九五頁参照。
(40) もちろん前に見たように、李載裕の第一期運動でも運動者同士が活動部分を取り替えたり渡す現象はあった。しかしこれは運動の進展に従い組織の整備という次元から自然に提起され、運動者自らにより進められたものであり、本人の自由意志を無視して一方的に行われたものでは決してなかった点を念頭に置く必要がある。
(41)「朝鮮共産党再建京城地方協議会事件」『思想彙報』第一六号参照。
(42) 主要資料は「永登浦赤色労働組合組織準備会事件検挙ニ関スル件」京永警高秘第三〇二三号、一九三七年四月(『思想ニ関スル情報綴』、一九三七)および「永登浦ヲ中心トスル赤労ノ組織準備工作事件検挙ニ関スル件」京高特秘第九〇六号、一九三七年四月(『思想ニ関スル情報綴』、一九三七)などがあげられる。
(43) 李中龍は一九三一年洪原赤色農民組合事件に関係して、一九三三年二月懲役二年、執行猶予五年を宣告された。従来の闘争経歴が相当だったため李圭渉や金亨得はソウルでの彼の活躍をとても期待したという。

■第八部

(1)『朴鎮洪外十名ニ対スル治安維持法違反事件意見書写』一九三八、前出、および「孔元桧等共産主義運動協議

事件並事変に関する造言飛語事件」『思想彙報』第一八号、一九三九年三月、一八九～九二頁。

（2）当時の新聞（東亜日報、一九三八年六月二三日付）もこの事件を「李載裕運動の別派」と扱った。また最近のある研究者は李載裕の準備グループ時期の運動を三時期に分け、最後の時期にこの運動を含めた。アン・テジョン「一九三〇年代ソウル地域の朝鮮共産党再建運動」、前出、二四七～四八頁参照。

（3）慶尚南道、統営で生まれた孔元檜は一九二三年四月ソウルにきて、私立中央高等普通学校に入学し、一九二七年三月に卒業した。同年四月に延禧専門文科に入学したが家計の事情で七月に退学してしまった。彼が社会運動に興味を感じたのは一九二六年春からだというが、この年四月に彼はソウル青年会に加入し翌一九二七年四月にはその会の庶務部執行委員として活動した。その中で合法運動の限界を感じた彼は非合法運動に進んだ。一九二九年四月に全羅北道の朝鮮共産党再建運動に関連し逮捕され、一二月に予審免訴で出獄し、一九三一年八月には赤色労働組合促進に関する檄文を撒布し、出版法および保安法違反で懲役六か月を宣告され、翌一九三二年二月に出獄した。出獄後の三月末に彼は自身の故郷から李漢景《イ・ハンギョン》と共に釜山に進出し運動することを計画し、そこの運動者である金尚珠《キム・サンジュ》らと議論したが、金尚珠が検挙されたうえ警察の監視が厳しくあきらめ、ソウルにきて赤衛隊運動を主導した。この事件で一九三四年一一月中旬懲役三年六月を宣告された彼は、一九三六年一二月西大門刑務所から満期出獄した後、故郷の統営邑内で一時洋服店を営んだが、ソウルに来て一九三七年六月上旬朴鎮洪に会った。

（4）前に見たように孔成檜は李載裕の第一期運動に関連し、一九三四年一月西大門警察署に検挙され訓戒放免された。一九三六年七月三〇日には京城地方裁判所で、第二期運動に加担した嫌疑で懲役一年六ケ月を宣告されたが転向意思を表明し、執行猶予で釈放された。以後彼は逆転向し、京城部測量人夫の仕事をしながら実践運動に従事した。

（5）李載裕の第一期運動で上位トロイカのひとりとして中心的活動をした安炳春は、この事件で一九三五年七月二七日京城地方裁判所で懲役二年を宣告され、一九三七年六月二三日大田刑務所から出獄した。

(6) 権栄台の後継組織の性格を持つ権又成の運動線で活躍していたが、李載裕の後継運動の性格を持つ孔成檜の運動に加担した鄭龍鳳は、この運動で独自に事業を営み運動資金を提供する役割をした。

(7) 「意見書」には孔元檜が「李載裕の運動は派閥でないと考える。これは国際線である権（栄台）との連絡を拒否した事実がないため」と述べたとあるが、資料の脇段にはペン字で「以下の事は孔元檜が否認」したと書かれている。担当検事が記載したと推定されるこのペン字から推察すると、彼は検事の訊問で李載裕が派閥でないという見解を否定したようだ。

(8) 安炳春が指す一九三六年の運動とは、前述した一九三六年六月頃金熙星グループに対する共闘を通した統一運動を指し、太労は権栄台系列の安承楽《アン・スンナク》の運動を指すようだ。「朴鎮洪外十名ニ対スル治安維持法違反事件意見書写」、前出、二四頁、四八～四九頁参照。

(9) しかし朴鎮洪は、李載裕が恋愛関係を否認して大衆の信望を獲得しようとした態度に対しては批判的に見ている。ここで恋愛関係とは李載裕を巡り李順今と朴鎮洪自身の間に生じた三角関係を指し、この問題は李観述によっても批判を受けた。

(10) 李載裕が検挙された後、当時の一新聞は、李観述が「もと〱実践の闘士ではなく李載裕のシンパ（sympathizerの略称、同調者、同情者を意味する―筆者）的存在として引きずられてゐたもので李載裕無き後は全く自滅の他なく、従来のやうな闘争は想像されない、……であって半島共産党運動は事実上全く壊滅終熄するに至つた」（京城日報、一九三七年四月三〇日付号外）と報道した。しかし京城コムグループでの運動を含み、以後の彼の活動はこのような評価と予想から外れたものだった。

(11) 李観述「朴憲永氏と私―反日闘争の回想（完）」『現代日報』一九四六年四月一九日（『朴憲永全集6』朴憲永全集編集委員会、歴史批評社、二〇〇四、一五〇頁）。

(12) そうかと思えば、七月一〇日李観述が送った差出人なしの無記名の手紙を受け七月一六日午前一〇時に鷺梁津電車終点で会おうという連絡を受けたともされる。しかしこれは二番目の会合を指すもので、連絡方法に関する言及を除いては信頼度が劣る。「治安維持法違反被疑者李観述ノ手配ノ件」京高特秘第一八六五号ノ二、一九三七年七月（『思想ニ関スル情報綴』、一九三七）参照。

(13) 一月前の六月に朴鎮洪が孔元檜に会った時、彼が原則論に立ち、李載裕の運動を比較的好意的に評価した事を考慮したのであろう。

(14) 当時汝矣島京城飛行場は軍事目的に使われていたため警察の監視が厳しく、また降雨により漢江の水が増し地理的に不便であるのにもかかわらず、李観述がなぜ汝矣島を会合場所に選択したのかははっきりしない。日帝の報告のとおり「急迫化している時局関係を見、一味と共に何か事を敢行しようとたくらんでいる」と見ることもできよう。「時局柄注意ヲ要ルス治安維持法違反容疑者ノ行動ニ関スル件」、京高特秘第一八六五号ノ一、一九三七年七月（『思想ニ関スル情報綴』、一九三七年）参照。また「治安維持法違反被疑者李観述ノ手配ノ件」、前出を参照。

(15) 李観述「朴憲永氏と私―反日闘争の回想（完）」、前出、一五〇～五一頁。

(16) 李観述と数回接触したにもかかわらず、李載裕グループの運動に対する安炳春の評価は変わらなかったと見られる。彼が権栄台グループの崔慶玉、金喜鎮らと提携しているのを見ると、恐らく監獄で権栄台グループの影響を受けたものと推定される。一方孔元檜は安炳春などと結びつく間に、李載裕グループに対する安炳春の評価に影響を受け、初めの考えとは異なり李載裕グループを派閥と整理するのに同意したと見られる。

(17) 一九三〇年代ソウルの党再建運動を研究したアン・テジョンは、李載裕グループの国内派グループが、(一)ソウル地域左翼戦線統一運動を主導し、(二)革命的社会主義を輩出する再生産基盤が優勢で、(三)長期間運動の現場で指導力を持続的に維持し、(四)国際共産主義組織から一貫して組織的独自性と主体性を追求してきた、という点で一九三七年ソウル地域の左翼戦線が、李載裕グループにより萌芽的に統一されたと主張した。議論の根拠と結論は異なるが、筆者は国際派に対する国内派運動の優位性としてこの評価に注目したい。アン・テジョン、前出、二五一～五一頁参照。

(18) このような主張は当時国内運動者の情勢判断と運動展望の一端を垣間見せるもので、少数の例外を除けば、少なくとも国内運動のこのような雰囲気は、時期が進むにつれさらに強まり一般化されて行った。

(19) 朴鎮洪は数回にわたり彼に会い、世界情勢を聞いたり彼が書いた『朝鮮農村機構分析』や『満鉄調査月報』などを土地問題研究資料として渡され、これを孔元檜に伝達したりもした。朴鎮洪は印貞植に世界情勢の把握と原則問題の研究を勧め、あるいは運動資金の調達を頼んだりもしたが、基本的に印貞植の態度は「不純だ」と判断していた。朴鎮洪を恋慕していた印貞植は、彼女の実践的経験を素材に文芸を通し萎縮した朝鮮無産大衆を自覚させ、プロレタリア女流作家として革命運動の一翼を担うことを薦めたが、朴鎮洪は彼が本当に運動をする意思はないと判断し、一定の距離をおき必要な範囲内でのみ関係を維持した。

(20) 忠南、牙山郡出身で別名蕉影《チョヨン》と呼ばれる。普通学校卒業後東京に渡った南男徳は、城石高等女学校に入学したが学資金のためにまもなく中退し帰郷したが、ふたたび神戸、青島等を転々とした。この間彼女は二度の結婚と離婚を繰り返した。一九三六年一二月に帰国した後、京畿道振威郡平沢駅前の朝日カフェで女給として働いたが、翌一九三七年八月ソウルにきて実践活動をしながら、李観述との連係を試みた。

(21) 趙秉穆は一九二八年七月李載裕が検挙された事件に同じく関連した人物だ。ところが李載裕はいわゆる第四次共産党事件に関連して検挙されたが、筆者が確認したところ関係者一七五人の名簿に彼の名前を見つけられなかった(『治安概況』、前出、一一三〜一二三頁、特に一九八頁を参照)。この事件で四、五年服役したので中心人物であることは確かだが、ひょっとすると趙青龍《チョ・チョンニョン》(炳烈《ピョンニョル》)が彼なのかもしれない。ともあれ出獄後彼は、北満州方面でソ連国内へ越境しようとして逮捕されたが、うまく言い逃れて釈放された。朴鎮洪との会談で、彼は国際線と連結しなければ正しい路線の運動を展開できないので、あらゆる方法をつくし国際線と連絡することを主張する一方、李載裕が統一問題に関して国際線との提携を拒否したり派閥を犯した事はないという見解を表明した。

(22) 当時孔元檜は女性の同志と結婚するために配偶者を探していて、朴鎮洪の斡旋で金在善に会ったが金在善は彼の求婚を断った。それで李順今と結婚しようとしたが、同じく李順今が断り挫折した。李順今は当時二〇〇〇円程度の持参金を持って結婚相手を探していたが、孔元檜の提案を拒否すると朴鎮洪は次に金舜鎮を紹介した。李順今が「階級的にも人間的にも気に入った」(前出、五四から五五頁)との意思を示したので二人の結婚は本格的に推し進められた。このように朴鎮洪が李順今の結婚を積極的に斡旋したのにはいくつかの理由があった。まず李順今が結婚し自身も適当な配偶者を選択し結婚すれば、李載裕を巡る三角関係を清算できるという事と共に、李順今は結婚と同時に自身の持参金を運動資金として提供するという内諾があったので、自身が潜伏する場合の資金を受けられるからだった。以後朴鎮洪が京城コムグループ事件で検挙され一九四四年一〇月に出獄し金台俊と結婚、延安に行った経過に対しては、イム・ヨンテ「革命的知識人金台俊」『社会と思想』一九八八年九月号、ハンギル社、二四一～四四頁参照。

(23) 東亜日報、一九三八年六月二三日。

(24) 金炅一「京城コムグループと地方組織」『韓国近代労働史と労働運動研究』文学と知性社、二〇〇四、四九九頁参照。

(25) 一九三九年一二月永登浦で朴憲永と会ったという回顧とは異なり、一九四二年九月二八日の京城地方法院の予審公判で、李観述は一九四〇年二月二七日永登浦駅で京城にくる鉄道線路の上にある坂道入口で会ったと、多少遅れた時期で陳述した。李観述の「被告人訊問調書（第七回）」『朴憲永全集4』朴憲永全集編集委員会、歴史批評社、二〇〇四、一一八頁参照。

(26) 思想犯予防拘禁令の実施が差し迫ったと予想された当時の状況で、朴憲永は万一この制度が施行されたら、転向もしていない自身が最も早く逮捕されると憂慮した。実際にこの制度が植民地に適用されたのは一九四一年であったが、すでに叙述したように李載裕も刑期満了後その適用を受け、清州保護刑務所で獄死した。李観述の「被告人訊問調書」（第七回）、前出、一一八頁参照。

(27) 李鉉相の「被告人訊問調書（第一回）」『朴憲永全集4』、前出、一四三頁。

(28) 李観述「朴憲永氏と私―反日闘争の回想（完）」、前出、一五一頁。

(29) 李順今は一九三九年九月頃仁川に行き活動していた。警察に顔が知られているためいつでも逮捕される恐れがあっただけでなく「別に行く所もなく、また私が（李観述―筆者）見るにまだ子供のように思われ、それほど遠くに離しておくこともできず、また亡命するためには田舎よりは良さそうなため」李観述が仁川に送ったという。李観述は言及しなかったが、仁川に活動根拠地を作ろうという目的もあった。李観述の「被告人訊問調書」（第六回）、前出、一二六頁参照。

（30）李観述の「被告人訊問調書（第七回）」、前出、一一八～九頁。

（31）李観述の「被告人訊問調書（第七回）」、前出、一一八頁。

（32）具体的な内容については、金炅一「京城コングループと地方組織」、前出参照。

（33）李観述「朴憲永氏と私—反日闘争の回想（完）」、前出、一五一～五二頁。

（34）詳しい経過は李観述の「被告人訊問調書（第一一回）」、前出、一二七～二八頁参照。

（35）李観述の「被告人訊問調書（第七回）」、前出、一二一頁、および李観述「朴憲永氏と私—反日闘争の回想（完）」、前出、一五一頁参照。

（36）他の被告人や咸興で逮捕された下部組織の運動者は、皆京城コムグループという秘密結社があると考えたと述べた、という予審判事の話に対し、李観述は「意識程度が低く、また同志を獲得するにあたってなんでも秘密秘密と言って、秘密を少しも明らかにしないからそのように考えたようだ」と答弁した。李観述の「被告人訊問調書（第一三回）」、前出、一三一頁。

（37）ピャトニツキーの論文集は組織論に関する代表的な著作で、三〇年代に運動者に広く普及し読まれ、シン・ジュベク、前出、一二三～一七三頁に翻訳、紹介されている。

（38）李観述の「被告人訊問調書（第一三回）」、前出、一三一～三二頁。

（39）以上の経過については、李観述「朴憲永氏と私—反日闘争の回想（完）」、前出、一五一～五二頁参照。

■第九部

（1）金炅一『日帝下労働運動史』創作と批評社　一九九二、二六二頁。

(2) ハンギョレ新聞一九九〇年三月二三日。
(3) 強調は引用者。Harvey J. Kaye, The British Marxist Historians, Polity Press 1984（ヤン・ヒョシク訳『英国のマルクス主義の歴史家たち』歴史批評社　一九八八、一六三頁）。
(4) 李載裕「朝鮮に於ける共産主義運動の特殊性と其の発展の能否」の付録、「思想犯の保護観察制度に対する所感」『思想彙報』第一一号、一三一～三二頁。
(5) 金炅一、前掲書、三九五～九六頁参照。
(6) 検事訊問調書第二回、三九八七～八八頁。
(7) 調書、三二七八、三八二二頁。
(8) 李載裕、前掲文、シン・ジュベク編『一九三〇年代民族解放運動論研究』1、八三～八四頁。
(9) ソ・ジュンソク『韓国現代民族運動研究—解放後民族国家建設運動と統一戦線』歴史批評社　一九九一、一五四頁。
(10) 代表的に「朝鮮に於ける共産主義運動の特殊性と其の発展の能否」を挙げることができる。この文でかれがいう朝鮮共産主義の運動の「特殊性」とはまさに朝鮮の民族問題に対する認識と理解される。
(11) 検事訊問調書第四回、四一六一頁。
(12) 金剛山人「朝鮮民族解放英雄的闘士李載裕脱出記」『新天地』一九四六年五月号、五七頁。
(13) 調書、三八四一頁。
(14) 検事訊問調書第二回、四〇〇〇～一頁。
(15) 大日本紡績会社が南部朝鮮で誘引して一人当たり五円ずつで売ったのを自身が直接救助したという。李載裕、前掲文、シン・ジュベク編、前掲書、八〇頁。
(16) 同所。
(17) 同所。
(18) 同書、八二頁。

(19)『京城日報』一九三七年四月三〇日号外。

(20)『思想彙報』第一六号、二六五頁参照。この論争の核心は合法運動と非合法運動の結合という問題だった。楊平地域農民運動の組織方法を廻り、農民の間に講を組織してこの講員を獲得・教養し、ある程度進んだ後赤色農組に転換しようとの李星出の合法運動重視論と、弾圧と取り締まりから合法運動はこれ以上不可能につきこれに対する未練を捨て、姑息に講を組織することよりは初めから赤色農組を非合法的に組織しようとの卞洪大の主張が対立していた。一九三三年四月李載裕に会った卞洪大は、主張者を隠してこの理論対立を紹介しつつ李載裕の意見を聞いて来た。これに対し李載裕の答えは、非合法運動のみで一貫することもよくなく、また合法運動のみでは目的達成ができないので、可能な限り合法運動を巧妙に利用し非合法的に指導することがよいだろうとのことであった。これより三月ほど後に李載裕はまた卞洪大に会い、この考えをさらに具体的に伝えた。すなわち講と赤農の組織を主張する両側の立場はともに誤りで、その理由は左翼非合法的にしようとしても現在の情勢では直接的に可能ではなく、また合法的に講組織でやろうとすれば右偏向になりやすいので、その中庸を選び合法運動に適当に非合法運動を加え、農民を左翼的に導きこの運動が進展すれば、各村に赤農の分会や班を組織せねばならぬだろうと主張した。これに卞洪大はそうだと膝を打ち、李星出の誤りとともに自身の誤りを認めたという。調書、一五九四〜九九頁参照。

(21)検事訊問調書第三回、四〇三〇頁。

(22)京城日報一九三七年四月三〇日号外、およびキム・オソン『指導者群像』、四七一頁。

(23)「朝鮮共産党再建運動協議事件」『思想彙報』第九号、二二五頁。

(24)京畿道警察部『朴鎮洪外十名ニ対スル治安維持法違反事件意見書写』、六七〜六八頁参照。このような内在的欠陥の指摘とは対照的に、前出の『新天地』へ寄稿した金剛山人は、李載裕が逮捕された理由として主に「日帝の野蛮なテロ」という外部的要因をあげた。

(25)「京城を中心として赤化に暗躍狂奔しつつありたる李載裕竝金熙星等一味の犯罪概要及検挙の真相は左の通で

ある」、三頁参照。
(26) 京畿道警察部『治安情況』、一六一頁。
(27) 前掲書、一九五~九八頁の資料による。直接関連がない金潤会を除外したものだ。
(28) 『京城日報』一九三七年四月三〇日号外。
(29) 金剛山人、前掲文、前掲書、四月号、七頁。
(30) 「李載裕逮捕見聞記」『思想彙報』第一〇号、二九四頁。
(31) 金剛山人、前掲文、一七頁。
(32) 「李載裕逮捕見聞記」、三〇〇頁。
(33) 金剛山人、前掲文、前掲書、五月号、六一頁。
(34) 李載裕、前掲文、シン・ジュベク編、前掲書、七四~七五頁から抜粋引用。
(35) 「李載裕逮捕見聞記」、三〇五頁。

〈参考文献〉

■資料

●『京城日報』『大阪毎日新聞（朝鮮版）』『東亜日報』『時代日報』『朝鮮日報』『朝鮮中央日報』『中外日報』

●キム・ボンウ編『日帝下社会運動史資料集—地方別記事集』第一・二巻　ハンウルアカデミー　一九八八

●金俊燁・金昌順編『韓国共産主義運動史』（資料）Ⅰ・Ⅱ　高麗大学校亜細亜問題研究所　一九八〇

●ハン・ホング、イ・ジェファ編『韓国民族解放運動史資料叢書』全五巻　京沅文化社　一九八八

●『日帝下朝鮮関係新聞資料集成』永進文化社　一九八九

●『朝鮮思想通信』（朝鮮思想通信社）一九二七年一月〜一九三〇年一二月

●金炅一編『日帝下社会運動史資料集』全一〇巻　韓国学術情報　二〇〇二

●「秘密結社朝鮮共産党並高麗共産青年会事件検挙ノ件」京畿道　京高秘第八〇三六号　一九二八年一〇月二七日（梶村秀樹・姜徳相編『現代史資料二九　朝鮮（五）』みすず書房　一九七二）

●京畿道警察部『治安概況』一九二九年五月

●朝鮮総督府警務局「満洲ニ於ケル共産党ノ直接行動ニ関スル件」朝保秘第一三二七号　一九三〇年一〇月（前掲、梶村秀樹・姜徳相編『現代史資料二九　朝鮮（五）』）

●『朝鮮共産党組織計画検挙ノ件』一九三〇年一一月一二日　京高秘第九三六三号の別紙第一二号

●「朝鮮共産党中央幹部金燦取調状況ノ件」朝保秘第六四四号　一九三一年八月二二日（前掲、梶村秀樹・姜徳相編『現代史資料二九　朝鮮（五）』）

●「ML系朝鮮共産党再組織事件検挙其他ニ関スル件」京本警高秘六七五一号（『思想ニ関スル情報綴』一九三一年一〇月）

●「朝鮮国内工作委員会事件等予審決定書写」一九三二年（前掲、金俊燁・金昌順編『韓国共産主義運動史』（資料）Ⅱ）

●「中国共産党満省委員会東満特別委員会朝鮮内工作事件ノ検挙ニ関スル件」京城地方法院検事局思想部　一九三二年四月（前掲、金俊燁・金昌順編『韓国共産主義運動史』（資料）Ⅱ）

●「日本に於ける情勢と日本共産党の任務」一九三二年四月（村田陽一編訳『コミンテルン資料集』第五巻　大月書店）

●金炯善等の「予審請求書」『思想事件起訴状判決写綴』一九三三年

●「赤色救援会及読書会事件検挙ニ関スル件」仁高秘代一一五一号ノ一　一九三三年三月（『思想ニ関スル情報綴』一九三三年）

●『思想月報』第二巻第一二号　一九三三年三月

●「朝鮮国内工作委員会事件等予審決定書写」京城地方法院　一九三三年四月（前掲、金俊燁・金昌順編『韓国共産主義運動史』（資料）Ⅱ）

●京大全学部学生代表会議編「京大問題の真相」『現代史資料四二思想統制』みすず書房、一九七六

●「三宅、李載裕ノ協議決定セル各種情勢討議」（前掲、ハン・ホング、イ・ジェファ編『韓国民族解放運動史資料叢書』第四巻）

●「城大教授三宅鹿之助ヲ中心トスル鮮内赤化工作事件検挙ニ関スル件」京高秘第二四一〇号　一九三四年八月（前掲、金俊燁・金昌順編『韓国共産主義運動史』（資料）Ⅱ）

●「朝鮮共産党再建コミンターン朝鮮レポート会議事件ノ概要」京畿道警察部『治安情況』一九三五年三月

●「三宅城大教授の赤化運動事件」『思想彙報』第二号　一九三五年三月

●「朝鮮共産党再建運動事件」『思想彙報』第二号　一九三五年三月

●「仁川赤色グループ検挙ニ関スル件」京龍高秘第四八七八号　一九三五年六月（『警察情報綴』一九三五年）

●〔三宅鹿之助〕「感想録」『思想彙報』第四号　一九三五年九月

●「赤色労働組合竝赤色農民組合組織準備工作等事件」『思想彙報』第四号　一九三五年九月

● 「共産青年同盟準備委員会、江陵赤色農民組合結成準備委員会等組織事件」『思想彙報』第四号　一九三五年九月

● 姜文永の「判決書」『検事局情報』一九三六年

● 「朝鮮共産党再建運動競技事件」『思想彙報』第九号　一九三六年一二月

● 朝鮮総督府殖産局『朝鮮工場名簿』一九三六年版　朝鮮工業協会

● 「李載裕逮捕見聞記」『思想彙報』第一〇号　一九三七年三月

● 「永登浦赤色労働組合組織準備会事件検挙ニ関スル件」京永警高秘第三〇二三号　一九三七年四月（『思想ニ関スル情報綴』一九三七年）

● 「永登浦ヲ中心トスル赤労組織ノ準備工作事件検挙ニ関スル件」京高特秘第九〇六号一九三七年四月（『思想ニ関スル情報綴』一九三七年）

● 「京城を中心として赤化に暗躍狂奔しつつありたる李載裕竝金熙星等一味の犯罪概要及検挙の真相は左の通りである」京畿道警察部（『思想ニ関スル情報綴』一九三七年）

● 「朝鮮共青再建咸興平野委員会組織準備委員会事件」『思想彙報』第一一号　一九三七年六月

● 李載裕「朝鮮に於ける共産主義運動の特殊性と其の発展の能否」『思想彙報』第一一号　一九三七年六月

● 「時局柄注意ヲ要スル治安維持法違反容疑者ノ行動ニ関スル件」京高特秘第一八六五号の一　一九三七年七月（『思想ニ関スル情報綴』一九三七年）

● 「治安維持法違反容疑者李観述ノ手配ノ件」京高特秘第一八六五号の二　一九三七年七月（『思想ニ関スル情報綴』一九三七年）

● 「産業別赤色労働組合、店員労働組合組織協議事件」『思想彙報』第一二号　一九三七年九月

● 京畿道警察部『朴鎮洪外十名ニ対スル治安維持法違反事件意見書写』一九三八年

● 「朝鮮共産党再建京城地方協議会事件」『思想彙報』第一六号　一九三八年九月

● 「孔元檜等共産主義運動競技事件竝事変に関する造言飛語事件」『思想彙報』第一八号　一九三九年三月

● 李観述「被告人訊問調書（第六～一三回）」（『朴憲永全集四』朴憲永全集編集委員会、歴史批評社、二〇〇四）

● 李鉉相「被告人訊問調書（第一回）」（『朴憲永全集四』、前出）

■研究著書・単行本

● 강현욱『항일무장투쟁시기 노동운동』조선노동당출판사 一九六四（『일제하 조선노동운동사』、일송정 역사신서 三、一九八九）

● 고준석『조선공산당과 코민테른』창작과비편사 一九八九

● 김경일 편『북한학계의 一九二〇～三〇년대 노농운동연구』창작과비평사 一九八九

● 김경일『일제하 노동운동사』창작과비평사 一九九二

● 김남식・심지연 편저『박현영노선 비판』두리 一九八六

● 김오성『지도자군상』대성출판사 一九四六

● 김준엽・김창순『한국공산주의운동사』一～五、고려대학교 아세아문제연구소 一九六七～七六

● 배성찬 편역『식민지시대 사회운동론연구』돌베개 一九八九

● 서대숙『한국공산주의운동사연구』화다 一九八五（一九六五）

● 서중석『한국근대민족운동연구——해방후 민족국가 건설운동과 통일전선』역비한국학연구총서 一、역사비평사 一九九一

● 신주백 편『一九三〇년대 민족해방운동론연구』I 새길 一九八九

● 윤대원『식민지시대 민족해방운동』한길사 一九九〇

● 이방송・김정명、한대희 평역『식민지시대 사회운동』한울림 一九八六

● 이재화『한국근현대민족해방운동사——항일무장투쟁사편』백산서당 一九八八

● 李錫台『사회과학대사전』一九四八（한울림、一九八七）

● 임영태 편『식민지시대 한국사회와 운동』사계절 一九八五

● 한국근현대사연구회 一九三〇년대 연구반『일제말 조선사회와 민족해방운동』한길사 一九九一

● 伊藤孝夫『滝川幸辰 汝の道を歩め』ミネルヴァ書房、二〇〇三

● 磯谷季次『わが青春の朝鮮』影書房 一九八四（김계일 역、『우리 청춘의 조선』、사계절）

■論文

● 金剛山人「조선민족해방 영웅적 투사 이재유 탈출기」、『신천지』一九四六년 四·五월호

● 김경일「一九二〇、三〇년대 인쇄출판업에서 노동조합 조직의 발전」「一九三〇년대 전반기 서울의 반제운동과 노동운동」「경성콩그룹과 지방조직」、『한국 근대 노동사와 노동운동』문학과 지성사、二〇〇四

● 김인덕「조선공산당의 투쟁과 해산——당대회를 중심으로」、한국역사연구회 一九三〇년대 연구반『일제하 사회주의운동사』한길사 一九九一

● 변은진「一九三〇년대 경성지역 혁명적 노동조합연구」、한국근현대사연구회 一九三〇년대 연구반『일재말 조선사회와 민족해방운동』일송정 一九九一

● 신주백「一九三〇년대 혁명적 노농운동의 조직문제에 관한 한 연구」、『역사비평』제七호、一九八九년 겨울

● ——「조선공산당 재건운동의 조직방침」、한국역사연구회 一九三〇년대 연구반『일재하 사회주의운동사』한길사 一九九一

● 안태정「자주적 공산주의자 이재유의 혁명노선과『좌익전선운동』」、『역사비평』제一四호、一九九一년 가울

● ——「一九三〇년대 서울지역의 조선공산당 재건운동」、한국근현대사연구회 一九三〇년대 연구반『일제말 조선하회와 민족해방운동』일송정 一九九一

● 우동수「조선공산당 재건운동과 포민테른——동방노력자공산대학 졸업자들의 활동을 중심으로」、한국연사연구회 一九三〇년대 연구반『일제하 사회주의운동사』한길사 一九九一

● 이관술「박헌영씨와 나－반일투쟁의 회상(완)」、『현대일보』一九四六년 四월 一九일자(『박헌영전집六』、박헌영전집편집위원회、역사비평사、二〇〇四)

● 이애숙「이재유 그룹의 당재건운동(一九三三~三六년)」、한국역사연구회 一九三〇년대 연구반『일제하 사회주의운동사』한길사 一九九一

● 이종민「당재건운동의 개시(一九二九~三一년)」、한국역사연구회 一九三〇년대 연구반『일제하 사회주의운동사』한길사 一九九一

● 임경석「국내 공산주의운동의 전개과정과 그 전술(一九三七~四五년)」、한국역사연구회 一九三〇년대 연구반『일제하 사회주의운동사』한길사 一九九一

● 임영태「혁명적 지식인 김태준」、『사회와 사상』一九八八년 九월호、한길사

● 金森襄作「만주에서의 조선 중국공산당 합당과 五・三〇봉기」(『一九三〇년대 민족해방운동』거름)〔金森襄作『満州』における中朝共産党の合同と間島五・三〇蜂起について」『朝鮮史叢』七 一九八三・六〕

● 堀内稔「朝鮮共産黨再建運動」(『一九三〇년대 민족해방운동』거름)〔堀内稔「一九三〇年代・朝鮮共産党の再建運動」『朝鮮一九三〇年代研究』むくげの会編 三一書房 一九八二〕

● 古屋貞雄外「暗黒下の日朝人民の連帯——昭和初期日本人先覚者の体験を聞く(座談会)」『朝鮮研究』、日本朝鮮研究所、一九六六年八月号

● 北河賢三「一九三〇年代の思想と知識人」鹿野政直・由井正臣編『近代日本の結合と抵抗』日本評論社、一九八八

■訳者補記

金昊一編『日帝下社会運動史資料集』(全一〇巻　韓国学術情報　二〇〇二)には以下の「李載裕調書」が収録されている。

第八巻：「被疑者訊問調書」第一回（一九三七年四月二三日）、第二回（一九三七年四月二四日）、第三回（一九三七年四月二六日）、第四回（一九三七年五月一日）。

第九巻：「被告人訊問調書」第一回（一九三七年一一月一七日）、第二回（一九三七年一一月二六日）、第三回（一九三八年二月三日）。「予審終結決定」(一九三七年予第一一号)。「公判調書」：第一回(一九三七年一一月一七日)、第二回(一九三八年七月五日)、第三回（一九三八年七月一二日）。

なお、これらの「李載裕調書」は、韓国で二〇〇六年七月にプルンヨクサから刊行される、金昊一著『李載裕研究』改訂版に「付録」として収録される予定だという。

訳者あとがき

一、著者紹介

本書は、金炅一《キム・ギョンイル》著『이재유연구―1930 년대서울의혁명적 노동운동―』(『李載裕研究―一九三〇年代ソウルの革命的労働運動―』ソウル・創作と批評社　一九九三)の日本語訳である。金炅一先生に翻訳の許諾をいただいたのは昨年(二〇〇五年)八月であったが、しばらくして原書の「改訂版」が刊行される予定であることがわかり、「改訂版まえがき」および「改訂本文」(主に第八部が大幅に加筆された)の原稿を送ってもらうことができた。したがって本書は、原書初版をもとに翻訳しつつ、改訂版改訂箇所を取り入れており、事実上「改訂版」の日本語訳となっている。改訂版は二〇〇六年七月ソウル・プルンヨクサ(青い歴史)出版社から発行される予定とのことであり、期せずして日韓同時出版となる。

金炅一韓國學中央研究院教授は、一九五六年光州生。一九八二年ソウル大学校社会学科卒業後、同大学院で研鑽、一九九一年博士課程を修了した。労働史、女性史、地域研究、東アジア研究等、幅広い研究領域で活躍されている。

著書に『日帝下労働運動史』(博士論文、創作と批評社　一九九二)、『韓国の近代と近代性』(白山書堂　二〇〇三)、『韓国近代労働史と労働運動』(文学と知性社　二〇〇四)、『女性の近代、近代の女性―20世紀前半期の新女性と近代性―』（プルンヨクサ　二〇〇四）があり、編著として『北韓学界の一九二〇・三〇年代労農運動研究』（創作と批評社　一九八九）、『日帝下社会運動史資料集』全10巻（韓国学術情報　二〇〇二）、*Pioneers of Korean Studies*, Academy of Korean Studies, 2004 がある。

論文には、労働史関係で「日帝下ゴム労働者の状態と労働運動」「E・P・トムソンの社会史と階級理論」「一九二九年元山ゼネストについて」「一九二〇・三〇年代印刷出版業における労働組合組織の発展」「一九三〇年代前半期ソウルの反帝運動と労働運動」等があり、主要なものが前記著書『韓国近代労働史と労働運動』に収録されている。女性史では、「植民地期朝鮮の新女性―その他者認識とアイデンティティ―」（歴史評論〈日本〉六二四号　二〇〇二、四）、「一九七〇年代民主労働運動の争点―女性と知識の問題を中心に―」（歴史批評　通巻73号　二〇〇五冬季号）、「出世の知識、解放の知識―一九七〇年代民主労働運動と女性労働者―」（民主社会と政策研究　通巻9号　二〇〇六）等がある。また、東アジア関係では、「植民地時期国際民間機構の内容と性格―太平洋問題研究会（ＩＰＲ）と太平洋会議を中心に―」（韓国民族運動史研究　第39号　二〇〇四）、「アジア連帯の歴史的教訓―アジア民族会議とアジア連盟の事例―」（精神文化研究　第96号　二〇〇四）、「大東亜共栄圏の〝理念〟とアジアのアイデンティティー」（白永瑞他『東アジアの地域秩序―帝国を超える共同体へ―』創作と批評社　二〇〇五）等がある。

二、原書との出合い

訳者（井上）が原書と出合ったのは、「京城帝大教授三宅鹿之助事件」に取り組む過程であった。「三宅事件」について文化センター・アリランの朝鮮地域史料研究会で報告した時、イ・ジョンミン先生（中央大学非常勤講師）から『李載裕研究』という本がありますよと教えられた。早速購入してとりあえず「まえがき」と、三宅と李載裕の関係が叙述されている「第二部八」を読んだ。そしてこの本が、五千頁余の膨大な「李載裕調書」を発掘し、流し字の日本文で書かれた難渋な資料を読み解いて書かれたということに敬服した。官憲調書を見たことがあればわかるように、それは書きなぐられたカナ交じりの日本文で、独特の表記もあり、日本人でも読み進むには相当の慣れが必要なのである。それと同時に、三宅鹿之助と李載裕の「提携」についての叙述には異和感を覚えた。私は官憲資料が描き出した三宅と李載裕の「数回の会合、協議、方針執筆」説はでっち上げだという意見であり（井上學「一九三〇年代日朝共産主義者の邂逅―三宅鹿之助と李載裕―」、運動史研究会編『昭和史―社会運動史の語られざる断面』白順社　近刊予定参照）、その点を金炅一先生に手紙で質問した。この最初の手紙を出したのが二〇〇四年六月のことであった。金炅一先生が「改訂版まえがき」にふれられているように、「李載裕生誕一〇〇年」について問い合わせたのはこの時のことであった。

三宅と李載裕の「提携」に関して異論をもちつつ、『李載裕研究』を少しずつ読んでいくことによって、李載裕の生涯と思想を知らされ、一九三〇年代朝鮮共産主義運動における「国内派」の活動を教えられた。それらは、三宅鹿之助のみならず、京城帝大反帝同盟事件の市川朝彦等や朝鮮反帝同盟京城地方組織準備委員会の和田獻仁等、日本社会運動史がなおざりにしてきた在朝日本人の活動を明らかにするためにも不可欠のことごとであった。訳読は遅々として進まなかったが、『李載裕研究』を翻訳し、一人でも多くの日本人に紹介したいという気持ちが強くなってきた。そして、「第六部」まで読み終わった昨年夏に翻訳許諾のお願いをしたのであった。

三、本書の内容について

本書は、抑圧的軍事政権が支配した韓国の一九七〇年代に、李載裕の「英雄的革命運動」が「三〇年代左翼運動の神話」として密かに語り継がれていた雰囲気の中で大学時代を送った金炅一教授が、八〇年代前半大学院に進んでから発掘した膨大な官憲調書を検証し、「具体的な歴史的事実を一つ一つ積み重ね」て、三〇年代朝鮮国内における労働運動、革命運動の中核的運動を解明、叙述した労作である。

本書の内容について、ここでは訳者が特に関心をもったことにふれたい。

金炅一教授は、李載裕の「生と思想」を「革命的であると同時に民族的であり、また民族的であると同時に民衆的であった」と評価し、一九三〇年代における李載裕の運動の特長を明らかにしている。われわれは本書に描かれた人物、運動を通して、朝鮮民族解放運動における「民族と階級」の問題を具体的に考えることができるとともに、「朝鮮民衆の一九二〇～三〇年代史」(『梶村秀樹著作集』第4巻)の厚みを理解することができる。

金炅一教授は「国際主義路線に追従する運動者たちの英雄主義的で権威主義的な運動方式とは対照的に国内に運動の基盤をおく李載裕に代表される運動を強調」している。本書は李載裕の運動を三つの時期に区分して詳述しているが、その各時期に対応する「他の系列の運動」にも言及して、李載裕の「他の共産主義者とは異なる運動方式」を浮き彫りにしている。そこでは、国内に運動基盤をおいて、「トロイカ」方式という独自の創意的方式で「党再建運動」に取り組んだ李載裕を中心とする「国内派」の運動の特長が、「国際線」との路線闘争において描き出されている。本書が叙述する「李載裕に代表される運動」像は、われわれの植民地期朝鮮共産主義運動のイメージを大いに刺激するであろう。

李載裕と同時代の日本の共産主義者は、一九三〇年代初期の日本の運動内で「朝鮮における共産主義運動は長い間の分派闘争を続けているから、早まっていずれかのグループを支持するというような軽率な態度をとってはならぬ」といっていた（風間丈吉『非常時共産党』）。ここには当時の運動内部における一定の体験が反映しているが、このような「同時代の証言」が、いまもわれわれの一九二〇、三〇年代朝鮮共産主義運動史のイメージに影響しつづけてはいないだろうか。本書が描き出した、主体的な民衆運動の立場で「分派闘争」を批判し、苦闘した李載裕像は、われわれの「朝鮮共産主義運動における分派闘争」認識の限界性をも暴き出すだろう。

四、本書の意義について

最後に、最近経験したことによって気づかされた本書の意義について述べたい。

昨秋、現在韓国労働運動、社会運動における左派の代表的指導者であり、「在野の元祖」と慕われている李寿甲《イ・スガブ》先生を、ソウル・永登浦の事務所（民族正気守護協議会、ＡＷＣ韓国委員会）に知友四人とともに訪問した。韓国解放60周年記念ＫＢＳテレビ番組「8・15の記憶」で、初めて「南朝鮮労働党員」であったことを明らかにされた李寿甲先生の半生記を伺うためであった。

事前勉強とばかりに、手元の『南朝鮮労働党史』（高峻石著）『南部軍』（李泰著、安宇植訳）をめくってみた。そして「あれっ」と思った。解放直後（一九四六年一一月）に結成された南労党の指導的幹部たちの中に「金三龍、李鉉相、李観述」等の名前を「発見」したからである。かれらは皆『李載裕研究』の主人公ではないか！　かなり前に読んだ時にはつながらなかった「解放前、後」が、『李載裕研究』を読んだことによって一体となって立ち現れたのであった。朝鮮戦争時南朝鮮パルチザン主力部隊「南部軍」を率いた李鉉相司令官こそ、第一期トロイカ時期から「最高トロイカ」の一人として登場する李鉉相その人であるという「発見」は、とりわけ新鮮な驚きであった。

李寿甲先生は、全評（朝鮮労働組合全国評議会、一九四五年一一月結成）、南労党精神を継承するということは、解放革命期の精神を継承することだと強調した。先生の歴史精神が抱懐する朝鮮解放運動のイメージは、深くそして豊かなもので、それは奇しくも先生が生まれた一九二五年朝鮮共産党創立に連なっており、また、南北を越えて民族一体の闘争として広がっていた。李寿甲先生が、その「理論のもとで活動を始めた」という再建朝共のボリシェビキ金三龍、李鉉相、李観述らは、解放を目前にしながら一九四四年一〇月清州保護教導所で獄死した李載裕の同志たちであり、熾烈な解放革命闘争を南北一体で戦った人達である。金三龍は一九五〇年三月韓国警察に検挙され六月二七日「犠牲」となり、李観述は「精版社偽造紙幣事件」（一九四六年五月）で米軍政庁に検挙され一九五〇年六月大田刑務所で虐殺された。李鉉相は一九五三年九月一七日智異山での「韓国軍討伐隊」との戦闘で「戦死」したのであった。

金炅一教授が本書で克明に叙述した朝鮮国内に運動の基盤をおいた李載裕に代表される「一九三〇年代ソウルの革命的労働運動」史が、われわれの、南と北を別々にし、また解放前と後を切り離すような歴史認識を批判し、われわれに朝鮮反帝革命運動の豊かな歴史を気づかせてくれるにちがいないという思いは、李寿甲先生の不屈の半生を知ることによって一層強まった。

李寿甲先生を訪問したのが一〇月三〇日であった。翌日帰宅すると金炅一先生からeメールが届いていた。「（日本語訳出版まで）時間があれば数箇所補完し、序文を書きたいのだが」という相談であった。折り返し、訪韓していながら時間的都合でお会いできなかった非礼をわび、翻訳が遅れているので時間的余裕がある旨返信した。そして間もなく「改訂版序文」と「改訂箇所」原稿が送信されてきたのであったが、その「改訂版序文」中に、「智異山の麓全北南原の民主労働党中央研修院で李載裕先生60周忌追悼式が開催された」とあるのを読んだ時、なんとも不思議な感に撃たれた。「追悼式」が行なわれたのは一〇月二九日だったとある。なんと、われわれはその日光州民衆抗争（一九八〇年）「5・18事跡地」を訪ね、ソウルへ向う途次全州近くに宿泊したのである。南原とは四〇kmも離れてはいない。この訪韓中金炅一先生に初めてお会いする機会を持ちたかったのだが、どうしても時間のやりくりがつかないため、何の連絡もしなかったことが徒となった。千載一遇の機会を逸したという無念とともに、密かな因縁を感じた。

しかしそれとともに、いやそれ以上に目を引かれたのは、「追悼式」に招待された金炅一教授が、李載裕事件の新聞報道と金日成抗日遊撃隊の普天堡戦闘の連関性に注目され、「国内社会主義運動と満州での抗日武装闘争運動は民族解放という共同の大義に収斂されえたという事実を筆者は強調したい」と書かれていることであった。わたしは深く共感した。ここに、われわれが『李載裕研究』から汲み取るべき眼目があると思ったのである。

五、おわりに

本書日本語訳は、井上學・元吉宏の共訳である。先述のように井上は「第六部」まで訳読した時点（二〇〇五年八月）で翻訳許諾を得たが、自身の韓国文翻訳の非力なるを痛感し、延世大学大学院で数年間研鑽を積んだ友人元吉宏に共訳者としての協力を依頼した。元吉宏は「第七・八・九部」および「改訂稿」を訳出し、井上訳文「第一〜六部」の誤りや漏れを訂正しつつ、入力を進めた。また、人名の読みを付した。このような協働作業によって訳稿がなったのであるが、本書日本語訳文の主な責任は、全体の訳文推敲を行なった井上學にある。

訳出にあたって多くの方々のお世話になった。

李載裕生誕地（本籍地）の現在地名を〔訳注〕で示すことができたのは、司空俊《サゴン・ジュン》元朝鮮大学校教授・地理学博士のおかげである。該博な知見による貴重なご教示に厚く感謝申しあげたい。なお、旧咸鏡南道三水郡別東面船所里の現在地名は、本文〔訳注〕の通り朝鮮民主主義人民共和国両江道三水郡蕃浦里であるが、その複雑な変遷についての司空俊博士のご教示をここに紹介しておきたい。「一九四二年四月まで旧地名。同年同月恵山郡に編入、恵山郡別東面となった。一九五二年一二月恵山郡は咸鏡南道甲山郡の一部を組み入れ恵山市に改編、同時に別東面の六里などを恵山市に組み入れたが、別東面船所里はそのまま残った。五四年一〇月両江道が新設され、両江道恵山市になるにともない一定の改編があり、さらに六一年三月にも恵山市にいくつかの里が編入されたが、別東面船所里は編入されなかった。しかし別東面船所里はなくなり、蕃浦里の一部落として虚川江の流域に船所の名を残した。」

韓国にある資料の所在照会、文献複写等で韓国国立中央図書館司書曺在順《ジョ・ジェスン》先生、ソウル大学校中央図書館司書洪順永《ホン・スニョン》先生にたいへんお世話になった。記して感謝申しあげたい。

本書とともに、安載成《アン・ジェソン》著、吉澤文寿・迫田英文共訳『京城トロイカ』が、同時代社から出版される。かつて金炅一著『李載裕研究』を読んだことがあった作者が、「京城トロイカ」の生存者李孝貞《イ・ヒョジョン》との数奇な出会いを通して、「京城トロイカ」の群像を感動的に描いた小説である（原著二〇〇四年出版）。

両書が共に、現代東アジアの平和と人民の交流を願う多くの読者とめぐり会うことを切望し、この二冊が一緒に世に出ることを可能にしてくれた、川上徹同時代社社長の勇断に感謝申しあげる。

二〇〇六年三月二五日

井上　學

著者

金 炅 一（キム・ギョンイル）

1956年生。ソウル大学校、同大学院卒業。韓国学中央研究院教授。主要著書に『日帝下労働運動史』『韓国の近代と近代性』『韓国近代労働史と労働運動』『女性の近代、近代の女性— 20世紀前半期の新女性と近代性—』がある。

訳者

井上　學（いのうえ・まなぶ）

1943年生。「海峡」同人。反帝同窓会編『編集復刻反帝新聞』（1984年）、鹿地亘資料調査刊行会編『日本人民反戦同盟資料』（全12巻・別巻1、1994年）の編集担当、解題執筆（共に不二出版）。

元吉　宏（もとよし・ひろし）

1959年生。延世大学言語研究教育院韓国語課程（通称、韓国語学堂）研究班修了（1998年12月）、延世大学校大学院言語情報開発研究院（現、言語情報研究院：ILIS）国語情報学協同課程等で学ぶ。

李載裕とその時代——一九三〇年代ソウルの革命的労働運動

2006年8月15日　初版第1刷発行

著　者　金 炅 一
訳　者　井上　學／元吉　宏
装　幀　藤原邦久
発行者　川上　徹
発行所　㈱同時代社
〒101-0065　東京都千代田区西神田2-7-6　川合ビル
電話 03(3261)3149　FAX 03(3261)3237
印刷・製本　中央精版印刷株式会社

ISBN4-88683-582-1